安徽师范大学中国经济学管理学建设系列教材

马克思主义政治经济学实践教学案例

陈　龙　　伍旭中 ◎主编

安徽师范大学出版社
ANHUI NORMAL UNIVERSITY PRESS
·芜湖·

图书在版编目(CIP)数据

马克思主义政治经济学实践教学案例/陈龙,伍旭中主编. -- 芜湖:安徽师范大学出版社,2024.9.

ISBN 978-7-5676-7030-3

Ⅰ.F0-0

中国国家版本馆CIP数据核字第2024FQ5313号

马克思主义政治经济学实践教学案例　　　　　　陈　龙　　伍旭中◎主编
MAKESIZHUYI ZHENGZHI JINGJIXUE SHIJIAN JIAOXUE ANLI

责任编辑:阎　娟　　　　　　责任校对:刘　翠
装帧设计:张　玲　汤彬彬　　责任印制:桑国磊
出版发行:安徽师范大学出版社
　　　　　芜湖市北京中路2号安徽师范大学赭山校区
网　　址:http://www.ahnupress.com/
发 行 部:0553-3883578　5910327　5910310(传真)
印　　刷:江苏凤凰数码印务有限公司
版　　次:2024年9月第1版
印　　次:2024年9月第1次印刷
规　　格:700 mm×1000 mm　1/16
印　　张:15.5
字　　数:222千字
书　　号:978-7-5676-7030-3
定　　价:48.00元

序

在大学本科有关经济学的各门学科中，马克思主义政治经济学属于基础性学科，是经济学类和工商管理类等各专业学生必须学习掌握的基础性理论课程，地位十分重要。目前，在全国多所高校开设的政治经济学课程，实际上是马克思主义政治经济学在我国传播的主要渠道。列宁曾经说过，政治经济学"使马克思的理论得到最深刻、最全面、最详尽的证明和运用"[①]。在我国，马克思主义政治经济学长期保持着主流经济学的地位，对社会主义经济建设和改革起着重要的指导作用。党的十八大以来，习近平总书记高度重视马克思主义政治经济学。2015年11月23日，在十八届中央政治局第二十八次集体学习时的讲话中，习近平总书记强调："马克思主义政治经济学是马克思主义的重要组成部分，也是我们坚持和发展马克思主义的必修课……各种经济学理论五花八门，但我们政治经济学的根本只能是马克思主义政治经济学，而不能是别的什么经济理论。"[②]因此，在社会主义新时代，搞好马克思主义政治经济学的研究与教学，不仅能够更好地服务于国家社会的发展，还能够更好地落实立德树人的目标，为实现中华民族伟大复兴培养社会主义事业建设者和接班人。

从历史上看，早在新民主主义革命时期，马克思主义政治经济学就

[①] 列宁：《卡尔·马克思》，《列宁选集》第二卷，人民出版社，1995年版，第428页。

[②] 习近平：《不断开拓当代中国马克思主义政治经济学新境界》，《求是》，2020年第16期。

已经成为党在红军大学、苏维埃大学、抗日军政大学和陕北公学等高校开设的核心课程之一。新中国成立以后，作为政治理论课一部分的马克思主义政治经济学更是成为全国所有高校所有专业的必设课程①。要知道马克思主义政治经济学曾经在中国高校传播的程度可以从教材的发行量窥见一斑。例如，我国著名马克思主义政治经济学家蒋学模教授主编的《政治经济学教材》，从1980年7月第1版到2003年7月第12版第66次印刷发行，总发行量超过了1800万册，创造了全国高校社会科学教材发行量之最。但是随着西方经济学在中国的影响力不断上升，马克思主义经济学的指导地位削弱和边缘化的状况堪忧，很多学生自觉不自觉地把西方经济学看成我国的主流经济学②。目前，我国高等院校马克思主义政治经济学课程设置和教学安排面临着比较严峻的形势，在本科生培养计划和教育教学中，马克思主义政治经济学作为经管类专业核心课程的地位被严重削弱，教学内容和课时被大幅压缩，政治经济学作为理论经济学难以在青年学生的专业课程学习中发挥理论引领作用③。马克思主义政治经济学教学存在被边缘化的倾向。这固然与西方经济学的"西学东渐"有很大关系，但也与马克思主义政治经济学教学本身存在的问题密切相关。长期以来，对马克思主义政治经济学课程亲和力、理论解释力和学科渗透力这"三力"挖掘的不足，是导致该课程被贴上"过时论""空泛论""无用论"等标签的重要原因之一。因此，增强马克思主义政治经济学在大学本科课堂教学中的说服力和感染力，就必须注重提升马克思主义政治经济学的"三力"。

本教材在充分吸收国内马克思主义政治经济学教材优点和特色的基础之上，采用案例的方式辅助教学，将马克思主义政治经济学的基本原理与当代经济社会发展的实践充分结合起来，充分展示马克思主义政治

---

① 张旭：《建国以来高校政治理论课"政治经济学"课程的历史沿革》，《天府新论》，2016年第4期。

② 刘国光：《经济学教学和研究中的一些问题》，《经济研究》，2005年第10期。

③ 刘荣材：《构建中国特色社会主义政治经济学的原则与路径——兼与几种流行观点商榷》，《社会主义经济理论与实践》，2018年第6期。

经济学的理论解释力和学科魅力。

（一）贯彻落实习近平新时代中国特色社会主义经济思想

党的十八大以来，以习近平同志为核心的党中央坚持观大势、谋全局、干实事，成功驾驭了我国经济发展大局，提出了一系列治国理政的新理念新思想新战略，在实践中形成了习近平新时代中国特色社会主义经济思想。习近平新时代中国特色社会主义经济思想根植于波澜壮阔的经济建设伟大实践，系统阐释了中国经济改革发展问题，明确回答了经济形势怎么看、发展阶段怎么分、发展目标怎么定、新阶段经济工作怎么做、社会主义现代化建设怎么干等一系列重大问题，是实现经济长期可持续发展的根本遵循，是新时代推动我国经济高质量发展的行动指南，体现了社会主义政治经济学的系统创新和伟大飞跃，写下了21世纪马克思主义政治经济学的辉煌篇章。将习近平新时代中国特色社会主义经济思想落实进教材是培养担当民族复兴大任时代新人的需要。课程教材是育人载体，集中体现党和国家意志，要进一步提升课程教材育人价值，必须将习近平新时代中国特色社会主义经济思想融入其中，进行统筹设计、系统安排。

本教材将习近平新时代中国特色社会主义经济思想看作由不同层次构成的整体，贯彻落实在教材结构和内容之中。一方面，本教材全面准确理解和把握习近平新时代中国特色社会主义经济思想的精髓，进行体系化凝练，明确学习的内容范畴。另一方面，本教材在方法论上充分阐释了习近平新时代中国特色社会主义经济思想的辩证唯物主义和历史唯物主义哲学基础，以及以人民为中心和以问题为导向的理论品格。

（二）积极推进马克思主义政治经济学的大众化

大学本科的马克思主义政治经济学教学面临的一个客观事实是：我

们的教学对象是刚刚进入大学的年轻学生，基本没有接触过经济学。某种程度上说，在很多高校，马克思主义政治经济学实际上充当了当代大学生经济学的入门课程。但马克思主义政治经济学往往又被认为是一种高度抽象的理论课程，令人望而生畏。多数教材在内容上实际上是马克思的《资本论》的压缩版，而要让刚入学的本科生领悟《资本论》的逻辑之美，着实存在较大的难度。不少大学生认为马克思主义政治经济学深奥难懂，内容空洞，因而产生了抵触情绪。给大学生讲授政治经济学的难度，只有亲历者才能感知。当代的大学生已经是"00后"，他们的成长背景、文化认知、思维方式以及语言风格等与"60后""70后""80后""90后"都存在不同。马克思主义政治经济学的教学首先要认识到教学对象的变化，才能真正做到与时俱进。

本教材本着积极推进马克思主义政治经济学大众化的基本原则，试图通过浅显易懂的文字，用走心、妥帖且青春的表述方式，让年轻的大学生穿越时空，与一个鲜活而贴近"00后"心灵的马克思相遇。在教材设计上力争做到有趣、有料、有识，通俗易懂且极富感染力。让马克思主义政治经济学在21世纪更接地气，更加具有亲和力。只有这样才能展现马克思主义政治经济学的真实的学科形象和魅力，凸显马克思主义政治经济学在当下的积极现实意义，真正让马克思主义深入当代大学生的心灵。

（三）着力提升马克思主义政治经济学的当代解释力

作为当前世界上最大的发展中国家，中国40多年经济的高速增长与制度转型为经济学的理论创新提供了绝妙的素材。但在很长一段时间内，中国成为西方经济学学术训练的"实验室"和"跑马场"，一些人不加分析地使用西方主流经济学概念来随意"裁剪"中国的实践素材，以至于西方的"影子主义"和"影子模式"在国内很有市场，从而导致了马克思主义政治经济学在学科中"失语"，教材中"失踪"，论坛上

"失声"的尴尬局面。这种局面，使得马克思主义政治经济学和西方经济学之间似乎形成了一种"分工"，即马克思主义政治经济学仅仅被认为是一种意识形态的指导，而现实经济问题的解释基本上要求助于西方经济学。政治经济学是当代大学生的经济学启蒙和核心基础课程。如果不能够改变这种刻板的印象或偏见，就无法真正发挥马克思主义政治经济学的实践价值。当前，很多马克思主义政治经济学教材仅仅是对马克思主义政治经济学基本理论的转述，缺乏对这些基本原理用于解释当代世界经济社会发展现象的应用，这也是造成上述偏见的重要原因之一。相反，许多西方经济学的教材充满了大量的案例研究。在介绍基本原理的同时，充分展示了理论对现实经济社会的解释能力，这无形之中增加了西方经济学的魅力。

事实上，与西方经济学相比，马克思主义政治经济学解释现实经济问题的能力更强，如马克思主义政治经济学的社会总产品再生产理论、相对剩余价值生产理论等对形成以国内大循环为主体、国内国际双循环的新发展格局具有重要的解释力。因此本教材的一个核心理念，就是要着力提升马克思主义政治经济学的当代解释力。本教材不只是直接转述马克思主义政治经济学的基本原理，而是通过丰富的案例，将理论与实践充分结合起来，来展现马克思主义政治经济学对当代经济社会发展问题的解释能力，使当代大学生能够直接领悟和感受到马克思主义政治经济学的生命力。

（四）不断增强马克思主义政治经济学的学科引领力、渗透力

在当代本科教学的学科体系中，马克思主义政治经济学的课程较少。虽然政治经济学是理论经济学下的二级学科，与西方经济学并列，但马克思主义政治经济学的课程一般只有"政治经济学"和"《资本论》导读"两门课程。剩下所有的经济学课程基本都属于西方经济学的范畴，诸如发展经济学、宏观经济学、农业经济学、制度经济学等。这

种课程设计，给人的感觉似乎就是马克思主义政治经济学对诸如发展、宏观调控、农业现代化、制度变迁等现实问题缺乏解释能力，因而在客观上造成了马克思主义政治经济学的"边缘化"，以至于不少经管类专业取消了马克思主义政治经济学的相关课程。

本教材力图在教材设计上进行创新，在教学内容上利用马克思主义政治经济学基本原理对当代中国制度变迁、宏观经济管理以及农业现代化、平台经济、金融化等重大经济社会发展过程中的现实问题进行充分的阐释，不断增强马克思主义政治经济学的学科渗透力。并期望通过这种方式，引发对学科体系、课程体系和教材体系的全面变革，让马克思主义政治经济学真正成为经济学专业具有引领地位的学科。

本教材是马工程教材《马克思主义政治经济学概论》中资本主义部分的配套教材，力图通过翔实的案例增加政治经济学这门课程的吸引力。由于编者水平有限，教材还存在许多不足之处，期待广大同仁们在教学实践中进一步完善，共同推动政治经济学课程建设的高质量发展。

目　录

导　论

　　在马克思主义政治经济学研究方面，《资本论》有着重要的指导意义。2016年5月，习近平在哲学社会科学工作座谈会上的讲话中就指出："有人说，马克思主义政治经济学过时了，《资本论》过时了。这个说法是武断的。远的不说，就从国际金融危机看，许多西方国家经济持续低迷、两极分化加剧、社会矛盾加深，说明资本主义固有的生产社会化和生产资料私人占有之间的矛盾依然存在，但表现形式、存在特点有所不同。国际金融危机发生后，不少西方学者也在重新研究马克思主义政治经济学、研究《资本论》，借以反思资本主义的弊端。"党的十八大以来，习近平经济思想成为21世纪马克思主义政治经济学发展的最新形态。2017年10月，党的十九大把习近平新时代中国特色社会主义思想确立为党的指导思想。同年12月召开的中央经济工作会议，第一次对习近平新时代中国特色社会主义经济思想作出科学概括。这一概括，以坚定不移地贯彻新发展理念为主要内容。理念是行动的先导，一定的发展实践都是由一定的发展理念来引领的。党的十八大以来，中国共产党对经济关系演进和经济形势变化作出科学判断，对发展理念和思路作出及时调整，形成了推进我国经济持续健康发展的一套制度体制框架。这一过程形成的新发展理念作为系统的理论体系，回答了关于发展的目的、动力、方式、路径等一系列理论和实践问题，阐明了我们党关于发展的政治立场、价值导向、发展模式、发展道路等重大政治问题。本部

001

导　论

分作为马克思主义政治经济学实践教学案例的导论，将结合习近平同志的论述选择若干案例进行分析和探讨。

案例一　政治经济学的由来与发展

一、政治经济学观念的演进

从词源上看，经济（economy）一词源自希腊语，意为管理家庭的法规。希腊的家庭一词还兼有家族（氏族）、财产权的意思，包括家庭内的一切动产。政治（politics）一词源自希腊语（polis，城邦），并延至一般国家和社会。古希腊思想家，如色诺芬、柏拉图和亚里士多德等人，都就政治和经济现象进行过讨论，并且提出"经济学是政治的经济，认为它是关于征收国家岁入的一种技艺"。"（因为）供给国家的需要与供给家庭的需要之间，有着明显的相似性，因而在希腊语中，'政治经济学'一词就作为政府的艺术或政府经济活动中财政金融部门的一个适当的专有名词而出现了。"在古希腊特殊的城邦制度下，政治生活是公民普遍追求的最高生活，政治的地位远高于经济，作为维护政治的基本手段，经济研究只能是政治研究的一个方面。

17世纪，法国在亨利四世和黎塞留统治下，国家机构发展，公共行政范围不断扩大。1615年，法国重商主义者蒙克莱田在《献给国王和王太后的政治经济学》一书中首次明确使用了"政治经济学"（political economy）的概念，提出他对社会、国家经济政策的看法与建议。对这一极具历史意义的事件，熊彼特给予了恰如其分的评价："我们这门科学或多种科学的凝聚物在十七世纪被一个不十分重要的作者命名为政治经济学……从此以后，就有意无意产生了一种看法，似乎我们这门学科唯一关心的就是国家的经济。"在经历了接近一个世纪的沉寂后，詹姆斯·斯图亚特继承了先前蒙克莱田的框架，创作了《政治经济学原理研究》（或译为《自由国家内政学概论》）一书，提出"政治经济学的主要任务，是为人民（或译作"居民"）提供他们生活所需的基本基金，和社会所需的所有物品，并扫除其中存在的各种障碍"。与书名一致，该书的核心是国家内政学，其第一章名为"人类的政治"。16世纪末出现在德奥的"官房学"，作为一种社会经济思想，集经济政策、立法、行政管理、公共财政等为一体，堪称这一时期政治经济学强调"政治"的范本。

西尼尔论及这一时期的政治经济学时，指出"早期所谓的政治经济学家，并没有突出政治经济学中的'经济'一词，而更为强调对政治的探讨"。萨伊也认为"某些学者在研究时把良好政治的基本要素与国家财富或私人财富的增长所依存的原理混淆起来"。19世纪的政治经济学家西尼尔和萨伊等人普遍认识到，先前"政治经济学家"所讨论的问题大多是政治问题，对国家的关税、财政等问题的研究也往往牵连了过多政策与法律的内容；讨论财富问题时对农业、制造业的讨论没有紧扣行业与财富之间的关系，反倒就行业本身进行了多余的讨论。罗宾斯指出："在所谓重商主义时期留下的大量流行文献中，大多都是关于贸易法规、铸币制度、济贫赈灾等具体问题的论述……直到18世纪在重农主义者和苏格兰的思想家们的著作中，才开始出现……现代称之为经济学的研究工作。"

1758年，作为法国重农学派的创始人与古典政治经济学的奠基者魁奈在《经济表》中"（给出了）它（政治经济）作为科学的经济学组织的精确表述"，用以概括有关财富性质、再生产和分配的讨论。尽管他的著作没有用"政治经济学"来命名，也没能彻底摆脱"政治"，但是确实传达出了与此前政治经济学强调的"管理""控制"不同的含义，表现出对"经济"的关注。1776年《国富论》发表，"将这两个相差甚远的研究区分开来"，超越了这种强调政治学理论框架的传统，将讨论核心从政治话题转移到了财富本身。亚当·斯密在该书第一、二篇集中探讨了核心理论——分工、价值和分配；第三、四篇总结并梳理了此前的经济发展史和经济学说史；第五篇讨论国家的经济职能和公共财政的问题。尽管斯密也讨论了政府职能，但是其关注点在于国民财富增长与市场秩序建立，"政治"不再是政治经济学的唯一目的。"他（斯密）将经济学从政治学中分离，在处理相关问题时像对待物理对象与自然规律一样。"按照罗宾斯的观点，政治经济学所包含的两个层面的含义——"对经济行为的描述"和"对经济政策的制定"——在斯密这里得以完成。

二、政治经济学的分流

斯密创立以财富为主要研究对象的学科框架后，政治经济学中"经济"的部分逐渐成为研究的核心——伴随着"经济自由主义"的发展，政府的"守夜人"角色日渐深入人心，对"看不见的手"的研究也逐渐深入。正是在这样的学科背景下，政治经济学出现了分流的趋势。

在英国，斯密身后的政治经济学家们基本延续了他的研究思路。李嘉图在斯密的基础上出版了《政治经济学及赋税原理》（1817），并沿用了"政治经济学"的名称，其讨论的内容涵盖了价值与价格理论、地租理论、国际贸易理论和赋税理论。李嘉图的研究思路恰恰说明，在与政治学分野后，政治经济学已经成功步入独立的发展轨道。紧接着，马尔萨斯的《政治经济学原理》（1820）、麦克库洛赫的《政治经济学原理》（1825）与约翰·穆勒的《政治经济学原理》（1848）相继出版。尽管他们在一些具体理论上有着迥异的观点，但这并不妨碍他们在共同的学科框架内讨论，以及对抽象先验的经济学理论进行进一步的发展——这同李嘉图对政治经济学的理解与贡献一脉相承。其中，约翰·穆勒对政治经济学学科的认识的贡献，特别是在普遍经济学理论抽象方面尤为突出。早在《政治经济学原理》出版之前，他就在一篇论文中提出"政治经济学是一门探寻社会现象规律的科学，规律来自于人类在财富生产中各种行为的组合，在一定范围内这些现象并不因追求其他目标而改变"。

同一时期欧陆的政治经济学家在与英国学者的交流学习中也同样承担着发展政治经济学的历史任务。西尼尔在其《政治经济学大纲》（1836）中总结，"当代欧洲大陆学者对政治经济学的含义也进行了进一步的探讨。斯托赫先生认为，'政治经济学和一国的繁荣昌盛直接相关，它是研究一国的物质财富和文化的根本性的科学'。西斯蒙第说，'以政府的角度来说，政治经济学是一门研究人类物质福祉的科学'。萨伊则认为政治经济学，是一门社会经济学科，它综合了我们对社会各组织部门的性质和职责的认识'……事实上，他们的研究往往走上了立法者和政治家的思想套路，并没有真正深入于财富问题的研究"。他提出政治经济学家要更深入地探讨财富问题，更集中于对根本观点的研究，而不应该过多关注道德和福利问题。西尼尔将斯密的政治经济学框架同财富问题更紧密地联系起来，开始尝试摆脱道德哲学对政治经济学研究的束缚，单纯对经济学理论进行深入研究。

但是欧陆的政治经济学家对于斯密体系的继承与发展主要集中在经济发展状况较好的法国，其他地区则是另外一番光景。德意志地区当时尚未统一，处在社会矛盾与民族矛盾的双重压力之下，传统的古典政治经济学理论完全不能满足德意志发展的需要，所以在浪漫主义与民族主义思潮的影响下，出现了主张采用历史归纳法并以此闻名的德国历史学派。历史学派的先驱李斯特早先是斯密的信徒，但是其思想在后期发生了重大转变——尽管李斯特的代表作《政治经济学的国民体系》（1841）依然以"政治经济学"命名，但是他只承认特定国民体系的政治经济学，反对斯密的"世界主义政治经济学"（尤其以他提出"幼稚产业论"来反对基于绝对优势和比较优势理论的国际贸易为典型）。此后，旧历史学派开始以"国民经济学"来命名著作，新历史学派也在一定程度上继承了这样的命名方式，如罗雪尔所著的《历史方法的国民经济学讲义大纲》（1843）、施穆勒所著的《国民经济学大纲》（1900）等。熊彼特指出，此时德国的国民经济学（国家科学）与早先斯图亚特所说的政治经济学在内涵上是一致的——强调经济性的公共政策，但是这种看法显然把经济学的范围看得过于狭窄了。在奥地利学派那里，门格尔的著作放弃了传统"政治经济学"的命名方法，选择以《国民经济学原理》（1871）为题。此外，尽管杰文斯的《政治经济学理论》（1871）、帕累托的政治经济学讲义》（1896）和《政治经济学教程》（1906）依然以"政治经济学"命名，但是心理学派强调心理分析，数理学派侧重对数学工具的利用，他们所理解的经济学内涵与所使用的经济学分析方法不仅不同于早期的古典政治经济学家，也与同时代其他国家与学派的政治经济学家相去甚远。

在经济学理论和学科认知方面，政治经济学家之间出现了巨大的差异：一方面，以穆勒为代表的英法政治经济学家在摆脱政治学对政治经济学的禁锢之后，基于本国良好的经济发展情况、较为稳定的经济市场秩序与第一次工业革命的巨大推动，开始强调在抽象的经济学理论方面进行更深入的探讨，构建"世界主义"的经济学；另一方面，其他国家的政治经济学家或者由于社会经济条件的限制，在实践中一次次宣告古典政治经济学理论的无效性，开始探索符合本国实际需要的经济学理论，又或者基于方法和理论的进步性，开始从新的视角和思路对政治经济学进行反思和批判。布雷登指出："以穆勒为代表的政治经济学家在方法论上奉行的先验主义和抽象演绎方法使得经济学（Economy）作为一门科学其实只是英国的商业学，使得政治经济学家们试图建立的政治经济学公理被一次又一次地证明其局限性所在。"

这一时期对政治经济学正统理论的怀疑，也在一个侧面体现出随着社会经济背景的变化，经济学在时间和空间上的广泛传播过程中出现了很多新的问题，需要更多新的理论与方法来加以解决。也就是说，在从古典经济学向新古典经济学转变的过程中，研究对象和方法无法再简单局限于个别单纯的普遍抽象理论，经济学体系的复杂化与多样化趋势开始显现。许多经济学著作的命名方式中透露出的政治经济学体系的扩张和发展也反映出这一趋势，而这种命名方式同样也明显体现出经济学与其他学科之间的接触与交流。安德森所著的《关于激发人民勤奋劳动精神的方法研究》（1777）、杜普所著的《公共工程的效用计量》（1844）、瓦尔拉斯所著的《政治经济学与公正》（1860）和《社会财富的数学理论》（1883）、维塞尔所著的《社会经济理论》（1914）等书，都反映出政治经济学受到伦理学、物理学、数学、社会学等学科广泛的影响，政治经济学的研究领域已经从单纯的财富领域扩展到生活的方方面面。

通过对这一发展阶段的仔细梳理，我们不难发现政治经济学在发展的过程中出现了明显分流的趋势——英国、法国、德国以及其他各国对于政治经济学的学科认知出现了较大的差异。这种差异也体现为不同学科与经济学之间界限的模糊，经济学不断采纳其他学科的分析方法和研究手段，开始为各种社会现象提供强有力的解释工具。政治经济学的范围限制越来越不能容纳其自身体系化、复杂化、多样化的发展需要。

三、经济学的产生与政治经济学的后续发展

当政治经济学的研究领域从政治目的转移到财富增长，再到资源分配与效率提高，从单纯的普遍理论演绎到理论与现实的结合，政治经济学原有的学科认知至少经历了三个重要的阶段：首先是将"经济"作为研究手段而强调"政治"的前古典经济学时期，其研究核心在根本上是政治理论与实践；接着是斯密将"经济"从"政治"中解放出来并经由其他政治经济学家发展的古典经济学时期，研究对象是以国民财富为核心的抽象的普遍经济理论与经济政策；然后是学科认知在不同地区产生明显分流的过渡时期，研究对象开始向其他方面拓展。

19世纪出现了对于政治经济学的两种批判：第一种批判是马克思主义政治经济学的批判思路——马克思确定政治经济学是研究和探索"市民社会的解剖学"，恩格斯则把政治经济学描述为对"现代资本主义社会的理论分析"，这种观点保留了"政治经济学"名称，但是批评了它的研究范围和方法；第二种批判则主张彻底改变政治经济学的名称。在

一定意义上，马克思主义政治经济学也可以被看作是前一个部分讨论中政治经济学分流的表现，但是我们也必须意识到马克思主义政治经济学与其他分流之间存在着本质的不同。

西方主流经济学基本延续了第二种批判思路，用"经济学"取代了"政治经济学"，这也正是本文接下来要讨论的内容。当经济学的全部研究领域拓展到生活的方方面面，如资源的分配、个人的效用享受、决策与博弈、外部性与矫正等时，政治经济学的研究框架已经不再足以容纳学科本身发展的需要。杰文斯在1879年版《政治经济学理论》的再版序中写道："若干小的修正，可以一述者，例如以 Economics 代替 Political Economy，我以为 Political Economy 这一个双名是麻烦的，应尽早放弃……我觉得最好的名称，是 Economics。这个名称，既与旧名称比较更近似，又在形式上与 Mathematics，Ethics，Aesthetics 及其他各种学科的名称可以类比，且从亚里士多德以来就已通用。据我所知，这个名称是麦克劳德君重新提起的。但剑桥马歇尔君亦曾经用它，我们希望，近百年来为法国经济学者称为 La science économique 的科学，将一律采用 Economics 这个名称。不过，我虽在本文改用新的名称，但书名仍以不改为是。"佩特曼对此评论说，"（政治经济学中政治学与经济学的）分离是在19世纪取得的，部分是由于英国理论家威廉·杰文斯的著作"。杰文斯在这里已经表示出要摆脱政治经济学所限定框架的强烈诉求，也表现出不满足于单纯的理论研究的诉求。他理想中的经济学应该是与数学、伦理学、美学一样的独立学科，是包含着子学科的一门发展完善的学科。杰文斯要做的，首先是实现 economy 与 politics 的分离，接着是从 economy 到 economics 的进步，这两者是互为补充的。对杰文斯而言，经济学理论非常重要，但也只是经济学（economics）的一个部分，他做出的贡献也不仅仅局限于经济学理论，还包括经济统计学、经济史和经济思想史。正如他在序言中写的，"发展经济学，改进经济学，乃是经济学家的无止境的工作"。

在这样的发展趋势下，新古典经济学的创始人马歇尔在他1890年出版的《经济学原理》中首次以"经济学"为题，正式完成了在命名上以"经济学"取代"政治经济学"的历史任务。巴里·克拉克在分析经济学"科学化"的实质时指出，政治学和经济学的分离，使"经济学集中研究个人在市场上对物质利益的追求。利用个人理性假设及用货币作为衡量原因与结果的尺度，使经济学家能够在很大程度上仿照19世纪的物理学建立其理论大厦"，这正是将经济学与政治学彻底分离的任务的意义所在。而马歇尔写给埃奇沃思的信中——"在我看来理论是重要的，但是如果由抽象的、理论的、一般的经济学成为完全的经济学，那么这是最为灾难性的……普遍的理性的确是重要的，但是广泛而深入地对事实进行研究也是同样重要的"——又体现出将经济学发展为一个系统学科的任务的意义所在。马歇尔用"经济学"取代"政治经济学"，既完成了经济学与政治学的彻底分离使得纯粹经济学的理论研究形成独立传统，又构建了完整的体系化的学科框架，使得经济学能够容纳更多维度的经济研究。在这两个意义上，经济学才能被认为是真正产生了。

在经济学体系化的基础上，政治经济学的角色也发生了变化，迎来了新的发展。近30年来，作为西方主流经济学的一个重要分支，新政治经济学（New Political Economy）发展迅速，并在中国引起了越来越多的关注。作为经济学和政治学的交叉学科，新政治经济学的特点在于用经济学理论和方法来研究政治问题，关注政府、立法民主、公共选择等传统政治学议题，其研究思路在根本上与西方主流经济学一致，而不同于马克思主义政治经济学。作为学科分支，新政治经济学的发展得益于经济学的体系化发展：一方面可以更好地继承延续已有的研究理论与方法；另一方面也可以更好地同其他学科进行交叉，研究新的议题。而20世纪60年代以来在美国兴起的激进政治经济学则不同于新政治经济学的内涵与地位，更多是站在主流经济学的对立面，吸收借鉴马克思主义政治经济学的理论，批判美国的社会制度。但是他们在对马克思主义政治经济学进行应用和探讨的过程中，也出现了背离马克思主义政治经济学的倾向。这两派不同内涵的"政治经济学"都是经济学学科发展的组成部分，也都在不同程度上延续了早先批判古典政治经济学的两种思路，这说明当下经济学的学科建设还在继续，对经济学的学科认知还在深化。在这个意义上，我们可以大胆做出论断，中国特色社会主义政治经济学本身也应当成为经济学学科认知和学科建设的重要组成部分，既要充分继承马克思主义政治经济学的批判思路，也要借鉴西方经济学各流派的理论观点，不仅要发展具有中国特色的经济学，还要在经济学的现有框架下促进经济学本身的发展。

资料来源：杜丽群，王欢，经济思想演进历程中的学科认知——从蒙克莱田的"政治经济学"到马歇尔的"经济学"，《政治经济学评论》，2019 年第 4 期，有改动。

案 例 讨 论

1.政治经济学这一概念具有哪些含义？

2.从政治经济学到经济学，反映了西方经济学发展的哪些倾向？

3.政治经济学是经济学还是政治学，还是政治加经济的学科？

案例二　如何看待马克思主义政治经济学方法论中的"逻辑与历史相一致原则"？

在马克思主义政治经济学的方法论体系中，流传最广、讨论最多、争议最大的一种方法，非逻辑与历史相一致原则莫属。该原则不仅被大多数马克思主义研究者挂在嘴边，甚至不读《资本论》的门外汉都耳熟能详。

综观学术界对于逻辑与历史相一致原则的争论，大致可以划分为"支持派""反对派"和"辩解派"三类不同的观点。

"支持派"，顾名思义就是认为逻辑与历史相一致原则是马克思《资本论》的基本方法论。这一派别强调，范畴安排的逻辑必须符合客观历史的发展过程，即范畴的逻辑顺序必须和历史顺序严格相一致。此观点源于恩格斯在《卡尔·马克思〈政治经济学批判〉》中的经典阐述。后来经过卢森贝《〈资本论〉注释》和苏联《政治经济学教科书》的强调，逻辑与历史相一致原则开始广为流传。"支持派"面临的最大挑战是马克思在《资本论》中是否贯彻了逻辑与历史相一致的原则。对该问题的回答，存在两种不同的意见。一种意见认为，恩格斯阐释的这一原则在马克思的《资本论》中得到了完全贯彻。如罗申塔尔在《马克思〈资本论〉中的辩证法问题》一书中认为，"在《资本论》中逻辑无条件地是资本主义的历史发展的反映"。张薰华、洪远朋在《〈资本论〉提要》中指出，在《资本论》中"……结构严密，逻辑的顺序和历史的顺序相一致"。另一种意见认为，虽然逻辑与历史相一致原则是马克思经济学的基本方法论，但《资本论》中并没有彻底运用该方法。持这类观点的学者又采取了两种不同的处理方法。一种处理方法认为，需要对《资本论》进行改写。如宇野弘藏认为，需要将逻辑与历史相一致原则贯彻始终，因而需要对《资本论》中很多不彻底的地方进行改写，把《资本论》变成真正科学的、马克思式的东西。另一种处理方法认为，需要对《资本论》的研究主体进行划分。如田光认为，要研究《资本论》逻辑与历史相一致问题，必须区分资本主义社会本身的历史、资本主义社会形成的历史以及前资本主义社会的历史，而《资本论》的逻辑必然与资本主义社会本身的历史相一致，而与资本主义形成史和资本主义前史有些方面一致，有些方面不一致。从这些论述可以看出，"支持派"强调无论是马克思还是恩格斯，实际上都主张在安排范畴的顺序时采用逻辑与历史相一致的原则。

"反对派"，即认为逻辑与历史相一致的原则不是马克思《资本论》的基本方法论。该类观点强调，马克思《资本论》的叙事逻辑虽然在一定程度上确实结合了历史，但将其概括为逻辑与历史相一致则全然属于虚构。国外学者卢卡奇、本泽勒、阿尔都塞、巴里巴尔、默斯托、卡弗、见田石介等，国内学者沈佩林、孟捷等都可以归为这一类。一方面，"反对派"将批判的矛头指向恩格斯，如卢卡奇、本泽勒等认为，恩格斯的观点沾染有恩格尔泛逻辑主义和历史目的论的色彩。孟捷认为，所谓逻辑与历史相一致的原则实质上是滥觞于恩格斯的一种理论教条，与马克思主义经济学的叙述和建构方法并不吻合。另一方面，与"支持派"不同，"反对派"强调了马克思和恩格斯在逻辑与历史相一致原则问题上的不一致性。如马塞罗·默斯托认为，"恩格斯认为在历史和逻辑之间存在着平行性，而这一点马克思在《导言》中予以断然拒绝。而且，由于这一观点是恩格斯加在马克思身上的，它后来就在马克思列宁主义的解释中变得更为贫乏和程式化"。卡弗认为，"在恩格斯将马克思在《政治经济学批判》中所使用的方法归结为'历史从哪里开始，思想进程也应当从哪里开始'之际，恩格斯也就走向了马克思的反面"。基于这些观点，"反对派"强调要对逻辑与历史相一致的理论教条进行批判性反思和彻底的清算。

"辩解派"，即主张将逻辑与历史相一致原则转化为逻辑与历史辩证统一或有机统一等观点。一方面，与"支持派"不同，"辩解派"明确反对将逻辑与历史相一致视为马克思《资本论》的基本方法，认为这种表述违背了马克思主义唯物辩证法。如魏旭和陈冬源认为，逻辑与历史相一致原则主张的范畴的逻辑顺序与历史顺序的严格匹配，是一种形而上学的观点，而"逻辑与历史相一致"也是一种唯心主义表达。黄瑾和林铨指出，"逻辑与历史相一致"有别于"逻辑顺序与历史顺序严格一致"，马克思在《资本论》中的叙述方法是要反映逻辑与历史二者之间的辩证关系。袁吉富认为，逻辑与历史相一致的方法在学理上具有含混性，在马克思恩格斯那里也找不到文献上的充分证据，不应当将该原则视为马克思主义一个基本方法。另一方面，辩解派又不同意"反对派"对该原则进行彻底的清算，而主张将这一原则改造为"逻辑与历史有机统一""逻辑与历史辩证统一""逻辑与历史相结合""逻辑与历史相统一"等表述。"辩解派"强调，不是恩格斯误读了马克思，而是学术界误读了恩格斯。正是"支持派"和"反对派"的误读、曲解、否定和批判，将马克思经济学的方法论弄得面目全非。将"逻辑与历史相一致"改造为"逻辑与历史有机统一"等不仅可以还原马克思经济学方法论的真相，而且避免了将其排除在马克思经济学方法论体系之外的危险。为了支持这种观点，这一派别的学者做了大量的辩解，主要集中在三个方面。一种观点，将逻辑与历史有机统一视为马克思经济学叙述方法和研究方法的结合。这种见解实际上是主张结合马克思经济学研究的"两条道路"来解读逻辑与历史相一致原则问题。另一种观点，放宽了逻辑与历史"相一致"的条件。即认为逻辑与历史有机统一，并不意味着范畴的逻辑顺序与历史顺序要完全严格的一致，逻辑顺序与历史顺序的偶然不一致不仅不违反唯物辩证法，而恰恰体现了唯物辩证法。第三种观点，认为《资本论》中既有历史方法，也有逻辑方法，但即使是纯历史方法，也要服从逻辑方法，从这两个方面综合起来看，可以说是逻辑与历史相统一。基于此，"辩解派"认为，"支持派"和"反对派"两类观点都没有厘清逻辑与历史之间的辩证统　关系。

资料来源:陈龙,马克思主义政治经济学方法论中的"逻辑与历史相一致原则"问题研究,《政治经济学报》,2022年第4期,有改动。

案例讨论

1.逻辑与历史相一致原则是《资本论》的叙述方法，还是研究方法与叙述方法的统一？

2.马克思在《资本论》中采用的叙述方法究竟是什么？中国特色社会主义政治经济学理论体系构建是否可以采用逻辑与历史相一致原则？

案例三　诺贝尔经济学奖的倾向性

一、诺贝尔经济学奖与西方主流经济学

诺贝尔经济学奖于1969年首次颁发，授予了丁伯根和弗里希两位计量经济学家，这或许表明诺奖委员会对经济学的数学化的态度。此后表彰了萨缪尔森、希克斯和阿罗。在构建和充实现代西方经济理论方面，他们三人的工作确实是一流的。进入70年代后，"滞胀"难题导致了处于主流地位的凯恩斯主义经济学受到各种新理论的挑战，或者说，这一时期的西方经济学相对缺乏主导性的理论。与之相对应，70年代的诺贝尔经济学奖在缺乏支配性理论的情况下，多授予了在方法上有所建树的经济学家。进入80年代，新自由主义思潮在经济学界不断发展壮大。相应地，新自由主义经济学家斯蒂格勒、布坎南出现在诺贝尔奖获奖名单中。与此同时，凯恩斯主义经济学也并未失去正统地位，因而诺奖同样表彰了对凯恩斯主义经济学的发展有着重要贡献的托宾和莫迪利安尼。90年代的西方经济学是新自由主义者的天下，诺贝尔经济学奖也不例外。诺奖历史上共有11位理论经济学家属于新自由主义阵营，即弗里德曼、斯蒂格勒、布坎南、科斯、贝克尔、福格尔、诺思、卢卡斯、莫里斯、维克里、阿玛蒂亚·森，他们中有8位的获奖时间是在90年代。

诺贝尔经济学奖的获奖成果一方面反映了诺贝尔奖委员会在理论上对自由市场经济原则的推崇，另一方面它也想借对理论的表彰来表明自己对现实经济问题的态度。80年代末、90年代初正是苏东剧变之时，1991年和1993年的诺奖分别授予了科斯和诺思，在他们的理论中，产权明晰（私有化）是一个主要的内容；90年代末，发达市场经济国家竭

力推崇国际经济一体化，1999 年的获奖者授予在国际经济学领域有突出贡献的蒙代尔，他用 IS—LM 模型对开放经济中的货币和财政政策稳定性的说明，以及最优货币区域理论都可以作为国际经济一体化的理论基础。

尽管诺贝尔奖委员会坚持着它的价值标准，但它也只是在某一理论成为主流之后才对其进行表彰，这样，诺奖就带有了对某一理论的主流地位盖棺定论的意味。科斯的理论早已成熟，并于 80 年代得以普及，但直到 1991 年才获奖；纳什等人的博弈论方法同样如此，他们之所以到 1994 年才获奖，是因为博弈论到 90 年代才成为西方经济学中的主流方法；莫里斯的开拓性贡献是在 70 年代中期做出的，他于 1996 年才被表彰，这同样也是因为信息经济学和企业理论到 90 年代才成了主流理论；蒙代尔更是早在 60 年代初就已完成了将 IS—LM 模型引入开放经济理论的工作，而他 1999 年才获奖。许多经济学家则因为过世太早，没能等到他们开创或倡导的理论流行起来而与诺奖失之交臂，比如芝加哥学派的奠基人弗兰克·奈特，1972 年去世，新自由主义者（弗里德曼除外）于 1982 年首次获奖；凯恩斯主义在美国的代表人物汉森 1975 年去世，诺奖于 1981 年和 1985 年表彰了两位凯恩斯主义经济学家；博弈论的开创者之一摩根斯坦 1977 年去世，纳什等于 1994 年获奖。

诺贝尔经济学奖过分地偏爱新自由主义经济学家，尤其是所谓"芝加哥学派"的经济学家。在历届获奖者中，属于这一学派或与其有关的经济学家共 18 人。冈贝尔是这样解释这一现象的："瑞典皇家科学院对芝加哥大学的偏爱一定程度上是因为瑞典的政治转变，它已从福利国家向政府作用弱化了的'自由'国家过渡。"从思想史上来看，新自由主义自 70 年代凯恩斯主义出现危机以后开始成为西方经济学的主流思潮。在宏观经济理论中，货币主义首先发动了对凯恩斯主义的攻击；此后，以理性预期学派为代表的新古典宏观经济学更是将自由市场原则发挥到了极致。在微观经济理论中，从交易费用理论和产权理论发展起来的企业理论、管制理论、制度变迁理论等，其目的也就在于论证自由市场原则的实现条件和实施方式。诺贝尔经济学奖对新自由主义理论的褒奖与这一奖项所坚持的原则和价值取向是再一致不过的了。

在经济学方法方面，诺贝尔经济学奖所奖励的成果大致可分为计量经济学方法、优化方法和博弈论三大类，再加上库茨涅茨的国民收入统计方法和里昂惕夫的投入产出方法。所有这些成果无一例外都是经济学数学化的成果。与主流经济学的自由市场原则相伴的一个特征就是它的数学化。经济学的数学化始于边际革命，这与经济学的核心问题和研究对象的转变相联系。一方面，边际革命的一个结果就是使西方经济学摆脱了价值决定问题的纠缠，专注于市场价格及其均衡的实现的研究。一旦排除了不可量化的因素，数学方法就可以顺利地引入分析过程。另一方面，罗宾斯明确地将经济学定义为配置的科学之后，经济学问题就成了选择中如何实现最优化的问题，这又为数学方法的引入铺平了道路。随着西方经济学越来越强调"交易"问题，经济单位之间的关系成了研究的热点，而这种关系在很大程度上也是一个策略问题，于是博弈论迅速在经济学的数学方法中取得了支配性地位。我们在这里不打算对经济学的数学化作任何判断，但在诺贝尔经济学奖委员会的眼中，经济学方法似乎就只包括主流经济学所坚持并不断深化的数学方法。第一届诺奖授予了计量经济学的肇始者丁伯根和弗里希，而不是授予明确了西方经济学研究对象的罗宾斯（1984年去世），这就可以看出它对数学方法的偏爱。另外，真正研究经济学方法论并颇有建树的经济学家也没有出现在获奖者的名单中，比如马克·布劳格和哈奇森（这里有一个值得注意的现象是，以上两人都是英国经济学家，在诺奖的获奖名单中几乎找不到更注重经济学思想而不是分析技术的英国经济学家）。拒绝吸收其他社会科学领域所发展的方法和理论，狭隘地固守功利主义的假定前提是主流经济学的一个特点，诺贝尔经济学奖肯定了这一特点并具有明显的导向性。

我们可以得出一个结论：诺贝尔经济学奖作为西方主流经济学的奖项，它一贯的评判标准就是坚持和维护自由市场机制。无论主流经济学如何更替，这一基本原则始终没有改变。从诺奖的获奖成果来看，无论是方法还是基础理论，甚至与现实问题密切相关的应用理论，都是围绕着发挥自由市场机制这一主题的。在这一授奖前提下，它肯定和鼓励经济学分析技术的发展以及主流经济学研究范围的拓展。它不是一个公正地评价所有经济学研究成果的标准，只是与西方主流经济学的发展相映成趣的一个奖项。"诺贝尔"这个符号成就了它至高无上的地位，主流经济学用它的地位来证实自己的地位，同时它又具备了指引经济学按照它所希望的方向去发展这种功能。因而，所有的"异端"，无论它有多大的理论贡献和现实影响，都与诺奖无缘。甚至与主流经济学同属一个阵营的杰出经济学家，就因他学术生涯中的一点点左倾"劣迹"，也免不了被排除在诺奖之外。那么，被诺奖所排除的经济学家，在学术成就上是否就真的达不到诺奖的要求呢？

二、诺贝尔经济学奖的偏见

证明诺贝尔经济学奖存在偏见的最好办法就是举出完全有资格获奖、因为非学术成就方面的原因而未获奖的西方经济学家。下面我们以琼·罗宾逊、勒纳和加尔布雷思为例，来证明诺贝尔经济学奖的偏见。

我们的第一个证据是琼·罗宾逊（1903—1983）。她一生最大的贡献当数不完全竞争理论的提出（同时提出这一理论的另一位经济学家张伯伦因于1967年去世而与诺奖无缘）。这一理论对微观经济学的贡献毫不逊色于希克斯和萨缪尔森对微观经济学的发展。仅凭此一点，她就具备了荣获诺贝尔经济学奖的资格。此外，她还尝试将凯恩斯的有效需求原理应用到增长理论中去。这一工作尽管最初是由哈罗德进行的，但"琼·罗宾逊的著作不仅更全面、更富于启示，而且还包含了源于卡莱茨基而不是凯恩斯的有效需求理论"。作为一位坚定的凯恩斯主义者（尽管她被称为凯恩斯左派），她的成就也不逊色于诺奖得主托宾和莫迪利安尼。萨缪尔森这样评价罗宾逊夫人："琼·罗宾逊对经济学的功劳非常之大，因为她在这个学科的各个领域都作出了许多贡献：不完全竞争、凯恩斯宏观经济学、国际贸易、对马克思主义分析方法的贡献和对它的批判、增长理论、经济哲学，以及其他很多。"

如此一位成绩卓越的西方经济学家之所以未能获得诺贝尔经济学奖，原因就在于她对马克思主义经济学的研究和赞赏。她在《论马克思主义经济学》一书中"试图像对早期凯恩斯主义那样对马克思予以应有的评价"，加之她对社会主义中国和朝鲜的浓厚兴趣，她必然被排除在诺贝尔经济学奖之外。斯库拉斯说道："琼·罗宾逊在经济学界有两个独特之处：她是迄今为止所有伟大经济学家中唯一的女性；也是在世的（当时是1981年——引者注）伟大经济学家中唯一还没有获得诺贝尔奖金的人。这两点是经济学界的耻辱。"弗里德曼更是指明了罗宾逊夫人未能获奖的原因："整个经济学界几乎会无异议地同意，在这段时期内，可能只有一位女性候选人完全符合相关的评鉴标准——她就是英国的经济学家罗宾逊夫人……诺贝尔奖委员会之所以未授予她桂冠，无关乎性别歧视，而是可能反映了某种偏见的存在。今天在座的经济学者，应该知道我所指的偏见是什么。"

我们的另一个证据是阿巴·P.勒纳（1905—1982）。勒纳在国际贸易理论和福利经济学方面的贡献足够荣获诺贝尔经济学奖。西托夫斯基这样评价勒纳的成就："勒纳是最后一批非数理经济学家之一……第一次完整地、综合地和明确地陈述和讨论了帕累托最优状态的实质和界限，以及作为最优状态必要条件的两个等式……在国际贸易理论方面，勒纳先于萨缪尔森15年……就推导出了生产要素价格均等定理……他设计了两个国家两种商品模型的标准几何学，这种几何学作为整整一代人的教科书而广为人知……"

但是，勒纳同样有一部足以使他得不到诺贝尔经济学奖的著作，即1944年出版的《统制经济学》。该书被西方学者认为是对社会主义经济学的一项贡献，书中的理论尽管也是以边际成本和边际收益原则为基础，而且被认为无论对资本主义还是社会主义的政策制定者改善经济运行都是有用的，但它显然不符合诺贝尔奖委员会的价值观。尽管勒纳有这么一部不受诺贝尔奖委员会欢迎的著作，但他绝对属于西方主流经济学家之列。他于1966年成为美国经济协会的杰出会员，于1980年出任大西洋经济学会的会长。在诺贝尔奖委员会的眼里，这些都不足以弥补他对社会主义经济学的"贡献"这一"劣迹"。

第三个例子是加尔布雷思。加尔布雷思是一位争议很大的经济学家。斯蒂格勒认为"他的特点就是没有对某一经济学问题进行专门的研究"。科斯也曾对加氏的制度分析颇不以为然。我们同时也注意到，对加尔布雷思的批评主要来自新制度经济学的倡导者，因为二者虽都以"制度经济学"为名，但对待自由市场经济的态度却大相径庭。加尔布雷思总的来说对自由市场机制的态度是谨慎的，他的理论中带有明显的干预色彩。更重要的是，他和其他经济学家所倡导的"新制度经济学"的理论体系来源于主流（正统）经济学最为猛烈的抨击者凡勃伦。凡勃伦指出了正统经济学的两个根本缺陷：目的论的哲学基础和快乐主义的心理学基础。主流经济学就是在这种缺乏牢固的、科学的根基的情况下发展至今。支持凡勃伦批评的加尔布雷思和"新制度经济学"的理论当然难以融合到主流经济学中去，而且与主流经济学存在根本的冲突。尽管如此，他作为一个名噪一时的学派的领袖而被排除在诺贝尔经济学奖之外，这至少不是一个正常现象。况且，他对经济学也有突出的贡献，只不过这些贡献不属于主流经济学之列罢了。赖斯曼认为加尔布雷思的功绩在于他遵循斯密和马克思的传统，运用历史和演进的方法来研究经济现象，而且他在厂商理论和政府干预理论中将政治概念引入了经济学。"低估他对经济学作出的突出贡献，和对社会科学的一般性贡献，将是错误的。"

在以上三位经济学家中，前两位是自由市场经济的维护者，但他们看到了主流经济学对自由市场原则固执地坚持这一错误的态度，想要跨越意识形态的障碍，为自由市场原则寻找可能的补充。对任何一种理论来说，这种尝试都是有益的、必需的。但主流经济学的诺贝尔经济学奖并不这样认为。我们从诺奖的历史和特性中看到的，似乎是诺贝尔奖委员会所理解的主流经济学的发展应该是分析技术上的精细化、自由市场原则的泛化。用狭隘的主流经济学的原理去解释它原来没有解释或解释不了的现象，这是主流经济学的发展；公开地用价值取向上存在冲突的理论来补充和修正主流经济学的不足，那就是对主流经济学的背叛，或者说是对主流经济学所维护的意识形态的背叛。这是诺贝尔经济学奖的合理逻辑。以上三位经济学家中的第三位是自由市场原则的反对者，他不赞成主流经济学对经济学的研究对象和方法的理解，想通过发展凡勃伦的进化经济学方法，把经济现象作为一个进化的过程，作为一个与其他社会现象和社会环境密切相关的范畴来研究。这是拓展经济学的研究范围的一条途径，尽管这一途径不一定可行或者缺乏进一步的论证，但主流经济学和它的诺贝尔经济学奖武断地拒绝了这种尝试。这不是一种开放的科学的对待批评者的态度，而且已经不是"偏见"的含义所能概括的了。

资料来源：张林,诺贝尔经济学奖的倾向性,《财贸经济》,2003 年第 10 期,有改动。

案例讨论

1.如何看待西方主流经济学的政治倾向？

2.如何理解经济学具有的阶级性，阶级性是如何影响经济学研究的？

3.坚持和发展马克思主义政治经济学，应该如何科学对待西方经济学？

案例四　使命型政党与制度变迁的两条道路

一、列宁晚年之问与中国道路的源起

中国革命、中国道路的缘起跟十月革命有密切关系，如何理解十月革命所开辟的道路的性质非常关键。大家请看这幅照片，这是后来成为意大利共产党总书记的葛兰西。他在十月革命以后写了一篇文章，文章题目很有意思，叫《反〈资本论〉的革命》。

有人讲到马克思的理论很难中国化，其实这个问题俄国人也碰到了。葛兰西为什么将其称之为《反〈资本论〉的革命》？因为葛兰西意识到俄国革命是不能直接用《资本论》的理论解释的。他这里指的马克思的理论是指第二国际时期流行的生产力一元决定论，葛兰西认为这样的理论很难解释十月革命。

当然，我们都知道葛兰西本人跟第二国际，跟考茨基那些人不一样。考茨基等人不光在理论上，也在实践上反对俄国搞社会主义。

葛兰西在实践上拥抱社会主义，他后来成了意大利共产党的总书记。当然，他清晰地意识到，对《资本论》和历史唯物论作生产力一元决定论的理解与十月革命之间存在矛盾，客观上需要加以协调。

无独有偶，作为中国共产党创始人之一的李大钊也遇到了这个问题。李大钊在1919年发表于《新青年》的一篇文章《我的马克思主义观》也谈到了这个问题，这篇文章很长，他从历史唯物主义讲到政治经济学，讲得很细。

李大钊同志理论水平很高，今天我们要重新认识大钊同志的地位。他说，马克思有两个观点，一个是生产力决定生产关系，生产力是推动历史的根本因素；另一个是讲阶级斗争是历史的火车头，这两个理论之

间有矛盾。如果你接受第一个观点，你就无法理解俄国革命，也无法理解当时的中国为什么要搞社会主义。

在这个问题上，我想提一下列宁本人对十月革命道路的认识。今天我们讲马克思比较多，列宁讲的比较少，我觉得这个是不对的。马克思的很多设想，是理论设想，真正实践是在后人那里。

列宁在晚年有一个政治遗嘱，是临去世之前写的一篇小文章，题目叫《论我国革命》，我把它概括为"列宁晚年之问"。列宁问了两个问题，并对这两个问题做了初步回答。

第一，第二国际主义者认为十月革命不是社会主义革命，只是一次政变，针对这一质疑，列宁提出，世界历史是由特殊性和一般性共同组成的，《资本论》为理解世界历史提供了一般性理论，但是世界历史还有特殊性。

所以，列宁包括毛泽东的最大贡献在于提供了一个关于革命形势的特殊性的理论。比如我们今天回顾的列宁的两个重要理论，一个是关于帝国主义最薄弱链条的理论，一个是建党的理论。

这两个理论解释了十月革命实现的客观条件和主观条件。毛泽东也一样，当年在井冈山的时候，毛泽东回应林彪红旗还能打多久时，给出了回答。毛泽东在井冈山时期有三篇重要文献，他说我们为什么能搞工农武装割据，原因在于：（1）国内反动派不是铁板一块；（2）帝国主义不是铁板一块，因此我们能够进行武装割据。

这两个条件如果不成立，则革命很难成功。比如二战以后，东南亚国家共产党搞武装斗争，就因为不具备上面两个条件而很难成功。因为世界体系、美国人铁板一块，没有像当年那样的条件。从井冈山时期到后来抗日战争时期，一边是英美帝国主义，另一边是德国日本帝国主义；国内一边是蒋介石，另一边是汪精卫。我们看《沙家浜》，里面有活生生的表现，反动派不是铁板一块，因此共产党能壮大。

第二，列宁进一步问凭什么我们不能先取得上层建筑，赶上西欧发达国家水平？这个就触及葛兰西和李大钊的那个问题：如何处理历史唯物主义与俄国革命所开辟的道路以及与中国革命、中国道路之间的相互关系。

如果要理解中国道路，我们就必须对历史唯物主义有一个新的理解。习近平总书记在纪念马克思两百周年的讲话中也提到，我们要对历史唯物主义有新的理解，传统的生产力一元决定论有片面性。

二、制度变迁的第二条道路

制度变迁可以概括为两条道路。传统的生产力一元决定论讲的是制度变迁的第一条道路，即生产力的变化造成生产关系的变化，经济基础的变化造成上层建筑的变化。

世界历史当中，制度变迁第一条道路的例子也很多，我认为最典型的当属春秋战国时期的秦国。秦国的生产力水平当时是最先进的。按照考古发现，秦国在用牛耕地和农具中使用铁器方面是较早的，其生产力在六国当中是先进的。所以商鞅变法为什么能比较成功，有其生产力的基础。

当时有个制度叫析户，也就是 18 岁以上男丁要分户，即搞小农经济。为什么能搞小农经济呢？因为已经有了牛耕和铁器等，否则只能是大庄园生产，我们叫农奴制庄园。农奴制庄园向小农经济过渡需要以生产力为前提。

无论十月革命还是中国革命，都不属于制度变迁的第一条道路，而是制度变迁的第二条道路。因为它们都是从上层建筑的变革开始的，通过生产关系的变化，最终引起生产力的质的革命。这是制度变迁的第二条道路，这条道路在世界历史上也有很多例子。

比如美国加州伯克利大学洛杉矶分校（UCLA）的马克思主义史学家布伦纳（Brenner）就曾经研究过类似问题。他比较了 16 世纪以后英格兰、法国和东欧的制度变迁道路。在 16 世纪时，它们的生产力水平都是一样的，为什么在两三百年后，其制度变迁轨迹完全不一样呢？因为在 16 世纪，这三个地区阶级斗争形势不同，政治关系主宰了此后两三百年间各自制度变迁的轨迹。

我们是在制度变迁的第二条道路上，列宁对此当然认识得很清楚。然而，制度变迁的第二条道路最终要与制度变迁的第一条道路相结合。列宁在去世前一直反复强调，劳动生产率的进步是新生的社会主义制度战胜旧制度的最关键条件。毛泽东说评价一切政党好坏的标准是什么，归根结底是看它能否解放中国人民的生产力。

生产方式是由生产力、生产关系两个系统组成，生产方式变迁可以从左边开始，这是制度变迁的第一条道路；生产方式的变迁也可以从右边开始，这是制度变迁的第二条道路。

但是，如果要实现生产方式的根本变化，这两个系统都得变化，光变一个，另一个不变，生产方式的跃迁是不可能实现的。

因此，我把生产关系的改变在先，但最终导致生产力质变的制度变迁道路，叫作有机生产方式变迁。十月革命、中国革命要证明自己是真正马克思主义意义上的社会革命的话，必须要引致这样一场有机生产方式的变迁。

三、引导有机生产方式变迁的政治领导力量：使命型政党

如何理解中国共产党？中国共产党的根本使命是什么？它是引导这一场有机生产方式变迁的政治领导力量，这是中国共产党人的根本使命。从这个意义上来看，我们可以看到历代领导人，都非常清楚地认识到了这一点。

比如邓小平同志曾经指出，"革命是要搞阶级斗争，但革命不只是搞阶级斗争。生产力方面的革命也是革命，而且是很重要的革命，从历史的发展来讲是最根本的革命"，"改革是中国的第二次革命"，等等。

今天习近平总书记也强调"改革开放只有进行时没有完成时"，即要引起一场生产力的根本的革命，需要通过变革生产关系实现。

我们社会主义初级阶段的整个现状都是变革的对象，变革没有停止过。在有机生产方式变迁完成之前，变革都不会终结。如果我们把这个论断和历史终结论进行对比，就会发现这是关于世界前途的两种完全不同的政治哲学判断。

从党的根本使命出发，可以派生出其他一些具体历史使命，我归纳为下述三重具体使命。第一，是国家的形成，我们1949年新中国成立。第二，就是中华民族的伟大复兴。还有第三，就是引领世界走向共产主义。

从这三重具体使命出发，又可以进一步派生出党的一些更具体的功能。比如集中力量办大事，还有党领导国有企业、党组织领办合作社等。党的合法性在哪里呢？党的合法性就在于它要完成它的所有这些使命，它所担负的功能决定了它的政治合法性。

我们党的领导人都在推进这个工作。比如说，如何理解毛泽东的《矛盾论》，他并非抽象地思考马克思主义哲学问题，而是聚焦了中国革命、中国革命道路概念化。

因此，为了解决葛兰西和李大钊已经意识到的传统历史唯物主义的矛盾，以修正历史唯物主义，毛泽东提出，当不变革生产关系，不变革上层建筑，我们就不能发展生产力的时候，变革生产关系就是矛盾的主要方面，或者变革上层建筑就成为矛盾的主要方面。这是针对传统的生产力一元决定论讲的，是对生产力决定生产关系，经济基础决定上层建筑的一个重大修正。

新中国成立以后到50年代晚期，毛泽东还有进一步的提法。他在读苏联《政治经济学教科书》的笔记当中讲，资本主义一开始也是先变革生产关系，再引起生产力的变化，我们社会主义也一样。毛泽东还试图把这种观点一般化。

今天，习近平总书记也很强调这一点，他指出，社会主义市场经济的特点是政治经济化和经济政治化，而且政治具有决定性的反作用。乍一看有点不好理解，反作用就反作用，怎么又具有决定性呢？生产力决定生产关系叫决定性作用，怎么又说政治、上层建筑具有决定性反作用呢？其实这也很好理解。这是对毛泽东、张闻天等我们党领导人思想方法的继承和发展，几代中国共产党人对马克思主义做了创造性发展。

在中国特色社会主义市场经济中，国家具有两重性：一方面是政治制度、上层建筑；另一方面，它又是经济制度和经济基础。今天我想说党也是如此，具有两重性。国家或党之所以成为经济基础的一部分，是因为国家或党承担着生产关系的功能。

资料来源：孟捷在"中国政治经济学40人论坛·2021"上题为《使命型政党与中国特色社会主义道路》的演讲，有改动。

案例讨论

1.两条制度变迁的道路，反映了生产力和生产关系之间具有怎样的辩证关系？

2.如何理解党的经济作用？

3.从生产力与生产关系角度看，社会主义市场经济与资本主义市场经济具有哪些不同？

案例五　建构中国自主的经济学知识体系

2022年4月25日，习近平总书记在中国人民大学考察时指出："加快构建中国特色哲学社会科学，归根结底是建构中国自主的知识体系。要以中国为观照、以时代为观照，立足中国实际，解决中国问题，不断推动中华优秀传统文化创造性转化、创新性发展，不断推进知识创新、理论创新、方法创新，使中国特色哲学社会科学真正屹立于世界学术之林。"习近平总书记的重要论述，为发展中国特色社会主义政治经济学、建构中国自主的经济学知识体系提供了根本遵循。

从构成来讲，中国自主的经济学知识体系包括基于对中国经济科学认识的规律体系，基于规律性认识提炼出来的范畴体系，基于范畴的累积及对范畴之间逻辑关系的梳理而形成的理论分析体系，基于理论分析体系形成的学科体系、学术体系、话语体系，以及理论联系实际的方法论体系。建构中国自主的经济学知识体系，需要注重以下几个方面。

一、坚持以习近平经济思想为指导

习近平总书记指出："现在，各种经济学理论五花八门，但我们政治经济学的根本只能是马克思主义政治经济学，而不能是别的什么经济理论。"建构中国自主的经济学知识体系，必须坚持马克思主义政治经济学的指导地位。我们要深入研究马克思主义经典著作，系统掌握马克思主义政治经济学基本原理和方法论。同时要认识到，时代在发展变化，我们在改革开放与经济发展实践中遇到的很多问题不可能在马克思主义经典作家的著作中找到现成答案。只有坚持把马克思主义政治经济学基本原理同中国实际和时代特征相结合，不断推进马克思主义政治经济学中国化时代化，才能不断焕发其强大生命力。

习近平经济思想是习近平新时代中国特色社会主义思想的重要组成部分，实现了马克思主义政治经济学中国化时代化新的飞跃。习近平经济思想创造性地提出一系列新理念新思想新战略，如加强党对经济工作的全面领导，坚持以人民为中心的发展思想，树立和坚持创新、协调、绿色、开放、共享的新发展理念，我国经济已由高速增长阶段转向高质量发展阶段，使市场在资源配置中起决定性作用、更好发挥政府作用，推进供给侧结构性改革，构建新发展格局，推动经济全球化健康发展等，集中体现了我们党对经济发展规律特别是社会主义经济建设规律认识的深化和拓展，是马克思主义政治经济学在当代中国、21世纪世界的最新理论成果。在当代中国，坚持和发展习近平经济思想，就是坚持和发展马克思主义政治经济学。经济理论工作者要深入学习习近平经济思想，加强对习近平经济思想的学理化研究、学术化阐释，以习近平经济思想指导中国自主的经济学知识体系建构，坚定不移用科学理论武装头脑、指导实践、推动工作。

二、提炼和总结我国经济发展实践的规律性成果

习近平总书记指出："我们要立足我国国情和我们的发展实践，深入研究世界经济和我国经济面临的新情况新问题，揭示新特点新规律，提炼和总结我国经济发展实践的规律性成果，把实践经验上升为系统化的经济学说。"党的十八大以来，在习近平经济思想科学指引下，我国经济建设取得重大成就，国内生产总值超过114万亿元，人均国内生产总值超过1.2万美元，国家经济实力、科技实力、综合国力跃上新台阶，我国经济发展平衡性、协调性、可持续性明显增强，迈上更高质量、更有效率、更加公平、更可持续、更为安全的发展之路。建构中国自主的经济学知识体系，要加强习近平经济思想的学理化研究、学术化阐释，梳理和总结标识性概念、范畴、表述，着力建构系统化、学理化的知识体系，加快推进中国特色社会主义政治经济学学科体系、学术体系、话语体系建设；要在习近平经济思想指导下，从新时代中国特色社会主义经济建设面临的客观条件和实际问题出发，结合新实践、挖掘新材料、总结新经验、扩展新视野、作出新概括，提炼和总结我国经济发展实践的规律性成果，把实践经验上升为系统化的经济学说，不断丰富发展中国特色社会主义政治经济学。

三、秉持开放的学术态度，丰富研究方法和研究路径

马克思主义是不断发展的开放的理论。马克思的科学研究就像列宁所说的那样："凡是人类社会所创造的一切，他都有批判地重新加以探讨，任何一点也没有忽略过去。"建构中国自主的经济学知识体系，要在习近平经济思想指导下，融通古今中外各种资源，吸收借鉴人类文明

的优秀成果。中华优秀传统文化是中华文明的智慧结晶和精华所在，是中华民族的根和魂，是我们在世界文化激荡中站稳脚跟的根基。建构中国自主的经济学知识体系，要从中华文明宝库中汲取精华，把马克思主义政治经济学基本原理同中华优秀传统文化相结合，推动中华优秀传统文化创造性转化、创新性发展。西方经济学关于金融、价格、货币、市场、竞争、贸易、汇率、产业、企业、增长、管理等方面的知识，有反映社会化大生产和市场经济一般规律的合理内涵。建构中国自主的经济学知识体系，也要借鉴西方经济学的有益成分，坚持去粗取精、去伪存真，坚持以我为主、为我所用。建构中国自主的经济学知识体系，还要丰富研究方法和研究手段。既要重视规范分析，也要重视实证分析；既要重视定性分析，也要重视定量分析；既要重视演绎分析，也要重视归纳分析；既要重视历史分析，也要重视逻辑分析。丰富研究方法和研究手段，对于中国特色社会主义政治经济学创新发展、走向世界，不断提升学术水平和国际影响力具有重要意义。

资料来源：杨瑞龙,建构中国自主的经济学知识体系,《人民日报》,2022年8月15日第9版,有改动。

案例讨论

1.什么是中国自主的经济学知识体系？它与西方经济学知识体系有哪些区别？

2.如何构建中国自主的经济学知识体系？它应该坚持哪些基本原则？

第一章　商　品

导言：政治经济学是马克思主义的重要组成部分，列宁指出："马克思的经济学说就是马克思理论最深刻、最全面、最详细的证明和运用。"[①]学好用好马克思主义政治经济学具有重要的意义。习近平总书记强调："马克思主义政治经济学是马克思主义的重要组成部分，也是我们坚持和发展马克思主义的必修课。"[②]从马克思主义政治经济学中，我们党寻找到了中国特色社会主义的基本理论、基本纲领和基本政策的依据，进而形成了中国特色社会主义政治经济学。2012年6月19日，习近平在视察中国人民大学《资本论》教学与研究中心时指出："马克思主义中国化形成了毛泽东思想和中国特色社会主义理论体系两大理论成果，追本溯源，这两大理论成果都是在马克思主义经典理论指导之下取得的。《资本论》作为最重要的马克思主义经典著作之一，经受了时间和实践的检验，始终闪耀着真理的光芒。加强《资本论》的教学与研究具有重要意义，要学以致用，切实发挥理论的现实指导作用，进一步深化、丰富和发展中国特色社会主义理论体系。"本章围绕着商品理论的核心内容，整理了相关的案例供同学们学习参考。

---

① 《列宁全集》第二十一卷，人民出版社，1959年版，第41页。

② 习近平：《论把握新发展阶段、贯彻新发展理念、构建新发展格局》，中央文献出版社，2021年版，第58页。

案例一 水和钻石价值悖论

"价值悖论"，最初是由18世纪欧洲一个并不太出名的金融家约翰·劳（John Law，1671—1729）提出来的。后来，亚当·斯密在《国富论》中借用了这个例子："水的用途最大，但我们不能以水购买任何物品，也不会拿任何物品与水交换。反之，金刚钻虽几乎无使用价值可言，但需有大量其他货物才能与之交换。"

"边际效用价值论"解释"价值悖论"的关键，是把效用区分为"总效用"和"边际效用"：

——总效用：消费者在一定时间内从一定数量的商品的消费所得到的效用量的总和；

——边际效用：消费者在一定时间内增加一单位商品的消费所得到的效用量的增量。

那么，"边际效用"又是如何破解"价值悖论"的呢？边际效用价值论的解释逻辑，是这样的：

对人类而言，水的总效用巨大，没有水我们无法生存。但是，人类消费某种物品的数量越多，其最后一个单位的边际效用就愈小。由于人类用水的数量很大，因而最后一单位的水所带来的边际效用是微不足道的。与此不同，相对于水而言，钻石的总效用并不大。但是，由于人类能拥有的钻石数量稀缺，物以稀为贵，所以它的边际效用就很大。总之，价值不是由总效用决定的，而是由边际效用决定的。所以，钻石的价值就会大于水。

西方经济学自以为"边际效用"成功解释了"价值悖论"，为此得意扬扬到不能自已。

"边际效用"能不能镇住马克思，我暂且不论。我要告诉诸位的是，"边际效用"的解释有很多漏洞，而且漏洞巨大。

漏洞一：效用比较到底是定性标准，还是定量标准？

在比较水与钻石的"总效用"时，"边际教授"使用的是"定性"标准，而不是"定量"标准——也就是以满足人类需要的"重要性"，来衡量水和钻石的"总效用"。但是，在比较水与钻石的"边际效用"时，"边际教授"使用的却是"定量"标准，而不再是"定性"标准——也就是以物品数量的多少，来衡量水与钻石的"边际效用"。

搞笑的是，虽然总效用被定义为"消费量的总和"，似乎是一个量的概念，但是，在水与钻石的价值比较中，总效用的含义已经不再是"消费量的总和"（数量概念），而是"物品满足人们生存需要的性能及其重要性"（质量概念）。

漏洞二：不同物品的效用，在数量上如何比较？

同种物品的效用，在"数量"上固然是可以比较的（比如：一升水比较两升水，一克拉钻石比较两克拉钻石）。但是，不同种类的物品，其效用在"数量"上如何进行比较？这个问题，马克思早就有过深刻的分析。比如，对于"两把斧子值一只绵羊"的交换等式，马克思说，这里的数量绝不是"效用"的数量，而只能是"劳动"的数量。为什么？因为"作为使用价值，商品首先有质的差别；作为交换价值，商品只能有量的差别，因而不包含任何一个使用价值的原子"。

所以马克思断言："这种共同东西不可能是商品的几何的、物理的、化学的或其他的天然属性。商品的物体属性只是就它们使商品有用，从而使商品成为使用价值来说，才加以考虑。另一方面，商品交换关系的明显特点，正在于抽去商品的使用价值。"

同样道理，在"50吨水值1克拉钻石"的交换等式中，所谓"边际量"的比较绝不会是"效用量"的比较，而只能是"劳动量"的比较。

只不过，这种比较是通过"价格"来实现的。如果真想明白其中的道理，我建议大家认认真真读读《资本论》第一卷第一篇"商品和货币"的第一章"商品"。

漏洞三："效用"的内涵，咋就不能"一以贯之"？

在比较水与钻石的"总效用"时，"效用"的含义是指物品满足人们需要的某种"有用性"；但是，在比较水与钻石的"边际效用"时，"效用"的含义则成了物品的"稀缺"程度。更有甚者，很多"边际教授"干脆把稀缺等同于效用，为了能够解释"价值悖论"，"效用"的内涵随心所欲到了"我说啥，就是啥"的地步。

西方经济学既然自称"科学"，那么展开讨论就必须遵守起码的形式逻辑。形式逻辑有一个基本定律叫"同一律"，其含义是指：在同一思维过程中，必须在同一意义上使用概念和判断，而不能在不同意义上使用概念和判断。通俗地讲，把两件事情搅和在一起"浑水摸鱼"，那是没有说服力的。

可是，"边际教授"在解释"价值悖论"时，一会使用效用判断，一会使用稀缺判断，或者干脆把两个概念搅和在一起说事。某资深"边际教授"曾说："一种物品要具有价值，必须具有有用性，也具有稀缺性。"

说好的"清蒸带鱼"，结果端上来的是"海陆空乱炖"。这样的厨师，你够格吗？

在衡量科学的标准中，美国科学哲学家库恩有一个"简单性"标准。就是说，理论的基本假设越少，理论内涵的歧义越小，这个理论就越好。对于逻辑混乱的理论怎么办？对不起，那就要用"奥卡姆剃刀"修理它！"奥卡姆剃刀"是14世纪逻辑学家、圣方济各会修士奥卡姆提出的原理："如无必要，勿增实体。"意思是说，理论必须"删繁就简"，必须剃掉多余的赘肉。

把效用和稀缺搅拌在一起（甚至还把生产要素拉进来凑热闹），以为这样就能够为"效用价值"辩护——我请教一下自诩为"科学"的西方经济学，对比库恩的"简单性"标准，如此内涵混乱的"边际效用价值论"，科学吗？我看很够呛啊！

漏洞四：逻辑上的"同义反复"，有意思吗？

边际效用价值的逻辑在于："价值跟着效用走，效用跟着欲望走"。那么，欲望跟着什么走呢？回答是："欲望跟着稀缺走"。所以我们可以发现，边际效用价值论的逻辑最后必然指向"稀缺性"。

如果我们进一步追问："稀缺又是跟着什么走呢？"依据"稀缺就是价值"的定义，回答是："稀缺跟着价值走。"那么，价值跟着什么走呢？回答是："价值跟着效用走。"

瞧见没有？转了一圈，又转回去了。

"稀缺"哑火了，拿"效用"说事；"效用"卡壳了，拿"稀缺"顶缸。一个自我循环的解释原地打转，无休无止。"边际效用价值论"就是一个同义反复的"毛线圈圈"。

如果弄个"毛线圈圈"就能够搞定价值理论，那也就罢了。可笑的是，这个"毛线圈圈"最终还是要靠"稀缺性"来打个结。问题是，即使"稀缺性"这个结，也救不了"价值悖论"的大驾。

结论："边际教授"白忙活了。

怎么就"白忙活"了？如果真正懂得劳动价值论，就不会产生"价值悖论"的困惑。所谓"价值悖论"，根本就是一个伪问题。

做"伪问题"的人，能不"白忙活"吗？

资料来源：赵磊,如果马克思错了（之三：边际效用）,https://www.szhgh.com/Article/opinion/xuezhe/2018-11-28/185933.html,有改动。

1.为什么边际效用价值论无法解释水和钻石的价值悖论？

2.为什么只有真正懂得马克思的劳动价值论，才能破解水和钻石的价值悖论？

案例二　专访伊娃·易洛思　情感为何沦为商品？

社会学家伊娃·易洛思（Eva Illouz）曾在《资本主义的情怀》（les Sentiments du capitalisme）一书中提出了"情感资本主义"的概念，用以揭示消费主义逻辑与情感日益紧密的纠缠。她2018年出版的文集《快乐至上》（Happycratie）则探讨了"幸福产业"如何操纵人们的生活。2019年2月初，再推力作《情感商品》。法国《新观察家》杂志在该书出版之际对易洛思进行了专访。

Q：您之前在《快乐至上》中揭示了幸福产业如何支配人们的生活，迫使人们不断追求自我完善。而在《情感商品》这本书中，人们会不免惊恐地发现，这不过是"情感资本主义"中最显而易见的一个症状而已。

A：我认为有必要重新审视"资本主义"及其概念的历史，以便揭示一种尚未被理论化的商品形式，我称之为"情感商品"，或曰"emodity"，也就是"情感商品"（emotional commodity）这个英文词组的缩写。

马克思在《资本论》中将商品定义为一个实际存在的物品，其价值由生产它的工作时间决定。然后到了鲍德里亚，他把商品非物质化了，商品成了一组符号。但情感商品既不是前者也不是后者。

安妮·弗莱伯格（Anne Friedberg）提出了"体验商品"（commodity-experience）的重要概念，这可能是最接近"情感商品"的。但这位理论家没有看到情感本身就已经是商业战略的目标，并将成为资本主义发展的最强大的载体之一。这一点通过互联网和社交网络表现得越来越明显了：互联网在某种程度上就是一种巨大的情感商品，而社交网络则是情感流通。

Q：究竟何谓"情感商品"？它是如何被生产出来的？

A：我举个例子来回答你。1921 年，美国伟大的发明家托马斯·爱迪生宣布推出一项实验计划，用以研制能触发特定情绪反应（moods）的音乐录音。此后他招募了一个心理学家团队，在美国人中选取了大约 3000 名留声机用户进行调研，进而发展出了一套按 12 种情感对唱片分门别类的系统。

用音乐激发情感不是什么新鲜的奇思妙想。但爱迪生团队真正想要的，也是这项计划的新颖之处，是制造出能够"催生"个人良好情绪萌芽的唱片，从而使它们具备更有利于市场的价值。爱迪生最终放弃了这个项目，但后人又将其延续下来。早在 20 世纪 20 年代，人们就已经开始摸索着从商品所带来的情感效应中获利，并将这些效果转化为商品的价值本身。

我们还可以从中区分为两个步骤。首先是音乐本身，过去人们在资产阶级沙龙、音乐厅或是社交舞会中听音乐，因此那时它是一种社会或集体体验，而随着留声机和唱片的发明，它变成了个人消费的对象，成了有形实体。随后人们尝试预先在这种个人化的新型音乐商品中注入情感。这就是如何通过建立情感与音乐商品的联系来将情感本身变成商品。

Q：所以这种商品是由人们共同制造的吗？情感商品被主体需求并消费，是为了满足它承诺带来的某种情感，而这种情感又是主体自己制造出来的。

A：这就和"产消合一者"（prosumer，亦译为"生产性消费者"）的概念联系起来了，这在消费社会学中是一个非常重要的概念。这个由"生产者"（producer）和"消费者"（consumer）合成的词，描绘的就是这么一种一本万利的由消费者自行完成生产工作的新发明。这是宜家的理念：著名的"比利"橱柜，我们要自己来组装；也是麦当劳的理念：我们要自己存放托盘、丢弃餐具。消费越来越普遍地成为一种消费与生产合一的方式。而对于一部分情感消费来说，消费者更是在实际上被招募来生产他正在消费的东西。例如在放松工作坊中，是您自己通过锻炼来给自己带来放松。

Q：您在书中提到，消费理论家们没有认识到情感商品的有效性，也就是说它们真的创造出了所承诺的情感状态，并由此产生新的社会准则。请您解释一下。

A：譬如"浪漫"这个词被用来形容某个时刻或某种氛围的含义，是伴随着某些商品成为浪漫主义情感的代名词而产生的。自然风光或餐厅的形象先是在营销中和情侣关联起来，渐渐地，这些画面本身就被赋予了"浪漫"的标签，而如今在贩卖"浪漫之旅"的旅行社传单上，印着的是烛台小圆桌的照片……

这是情感商品与情感的相互建构的最好的例子，这样的情感过去是不存在的。过去有浪漫的爱情，但所谓浪漫气氛则只是奢华和放松的混合体，是一种20世纪才出现的体验，包含了越来越形式化的餐厅（柔和的灯光、精致的菜肴、舒缓的音乐）或旅游区等。如今围绕爱情，我们拥有非常强大而烦琐的社交机制。

之所以说情感商品与情感相辅相成，是因为情侣也会反过来期待享用这些消费体验，以获得一种鹣鲽情深的感受。情人节就是通过消费来反复证明爱恋情感的典型经验范例。

Q：您指出当今众多经济领域都致力于情感生产，资本主义是从何时开始这种转变的？

A：从20世纪60年代开始这个进程逐渐明朗并泛化，当时的市场开始将"自我"视为其生产最主要的目标受众。从历史上来看，这和精神分析学的发展相对应，精神分析为深入剖析自我并发现"真实自我"提供了工具。

消费社会达到了实体商品饱和的状态（四台冰箱很难一次性卖给同

一个人），继而抓住"真实性"的概念大书特书。广告商将这一理念变成了"做你自己！"的口号。从60年代开始，我们看到一个新市场在飞速扩张："自我完善"的市场。

我们去国外旅行，感受"真正的"的大自然，认识"他者"，体验陌生的文化；我们咨询心理医生以改善自己的情绪状态……此外，追求真实感的行为还能带来无穷无尽的经济利益——我们永远也无法真正明白自己是谁。

Q："真实性"是如何构建主观性的？

A：我认为，真实性的概念在现代性主题中占据着重要位置，常被视作一种虚构。卢梭是它的开创者，他假定存在一种原始的本性，然而这一本性却常常被社会施加的诸多奇异技巧所腐化。在这样的世界观之下，我们在社会中所扮演的角色、所定义的身份就变得可疑，无法反映出一个人的深层本质。

与之形成对照的，是狄德罗笔下拉摩的侄儿所说的："我是一件事物，我是它的反面，你永远不知道我是谁。"从哲学上来说，还有大卫·休谟，我和他最有默契，对他来说，"自我"是一种形而上学的错觉。

只不过，这种"真实自我"的虚构在今天已经成为具有极强掌控力的概念。正是它促使男男女女抛弃婚姻去过"更真实的生活"，放弃工作遵从本心去搞音乐……这是一个产量颇丰的假设，因为它是诸多经济与社会行为的基石，也包括精神健康和消费行为。

这也是为什么这个形而上的幻想已几乎变成了现实：它获得了某种实在的本体，因为它在很多不同的地方已经制度化，而正是这些制度给予人们真实的感觉。此外，如果说过去将"自我"的宗教观念制度化的是教会，那么在今天将自我观念制度化的就是消费市场，以及利用精神分析学科的各种心灵调节机制。

此外真实性与真诚无关。真诚与否属于人与他人的关系范畴，是我的话语和我的思想的异质性。而真实性与之相反，是一种人与自己的关系。真实的主体自认为超然于权利、上司、职场乃至家庭限制之外。这是一个自愿并自证的反制度主体。因此他会以非常激烈的方式同自己建立关系。

Q：最让人着迷而又不安的是意识到我们的情感可以被操纵、制造，这只是市场构想并运作出来的结果。一旦人们理解了资本主义对情感的影响，又该怎么去区分"真实的"情感和"模拟的"情感呢？

A：这其实是"何为情感真相"的问题。我对此没有最终的答案，因为没有脱离规范的主观性。美学哲学家们都爱思考一个问题：读托尔斯泰的著名小说，我明知道安娜·卡列尼娜是一个不存在的虚构角色，还是会为她而哭泣。这种情感该如何界定？它是真实还是虚假的？这是我下一本书要探讨的主题，但在我看来这种情感境遇已经成为我们整个文化的范例。

我们沉浸在许多情境中，知道它们要么是虚构的（比如电影），要么是由别人创造出来的。在互联网上也是一样，我们与见不到面的人互动，但可以感受到因他们而产生的情感。

"朋友"又该如何界定？是真人还是虚构的人物？界限并不清楚。他们是介于现实与虚构之间的实体，必须为此创造一个新类别。因为我们与这类实体分享了越来越多的主观性。这就是为什么我们在餐厅常看到四个年轻人坐在一起，每个人都在低头玩手机，在手机中和他们互动的人，也许比那些在场的人有更强的存在感。也许在一个正在成行的新世界中，虚拟存在可能比现实世界更能有效地调动我们的认知和关注。

Q：您在书中指出，资本主义文化一方面强调"理性"是人类行为的原动力（每个行为都经过回报考量），另一方面，它又鼓动人们"加强感情生活"。这个悖论是如何自洽的？

A：哈佛大学已故的社会学家丹尼尔·贝尔（Daniel Bell）谈到过这种"资本主义的文化矛盾"。安东尼奥·奈格里（Antonio Negri）、莫里齐奥·拉扎拉托（Maurizio Lazzarato）以及整个意大利马克思主义学派也很早就在物质生产理论范畴下这么理解，自60年代之后，生产需要

▲
▲
▲

利用工人一切情感的、想象力的潜能。而这将率先在所谓创意产业（艺术、媒体、公共关系……）中显现出来。

所以我们要面对的是两个非常强大的资本主义幻想的同谋，它们确实在共同作用。一方面是可以被称为"华尔街幻想"的人类经济学，也就是完全机械和非人格化的思想形式；而另一方面是来自60年代的愿景，资本主义转而尝试利用人类的情感、想象力和创造力来创造消费品，反过来调动使用者的欲望和情感。

工人也成为像消费者一样的情感单位。这种运作逻辑几乎可以转换到任何领域。什么是Facebook，难道不是一台由我们自己生产数据的庞大营销机器吗？

Q：您在这种情感商品化中看到什么直接的危险？您在该书的结论中写下它所推崇的身份概念会"破坏我们共有的世界"……

A：风险在于我们的感受将成为我们现实的终极目标，并使我们走向一个充斥着情感的时代，在这个时代之下，情感体验将成为自我判断现实存在的唯一标准。一位心理学家朋友告诉我："当你感受到一种情绪时，你永远不会出错。情感总是正确的。"这就是感情用事，是被框死在情绪正义中的。

如果只有情感能给我们带来现实感，就意味着我们与他人的关系将更加隔离，因为我们的情感无论是否来自集体组织的激发，其体验和应对都只能在我们心理的内在中完成。这种情感集约化最终会导致更严重的社会分裂和个人的自我僵化：我的感受就是最终的判决，然而人的情感是最难以通融的。

资料来源:情感为何沦为商品？资本主义如何利用、加工并生产我们的情感,http://finance.sina.com.cn/roll/2019-02-14/doc-ihqfskcp5123029.shtml,有改动。

⊛ 案例讨论

1.情感为何沦为商品？资本主义如何利用、加工并生产我们的情感？

2.情感成为商品对社会产生了哪些影响？

案例三　虚假商品：劳动、自然、货币与知识

我想我们没办法讨论大多数人认为的我们将步入的这场环境灾难的本质，我只是指出会出现某种意义上的反向运动，但是我确信不久之后市场化还会愉快地持续下去，或者不那么愉快。总之，以上是我对波兰尼理论的重建，并对于我们将去向何处这一重要问题的讨论。而中国，正是这样一个处在今日资本主义发展中心的发动机，所以讨论这个国家将发生什么是非常重要的。现在我们的问题是，怎么理解这些反向运动？当反对市场化的运动发生时，我们怎么理解它们？波兰尼提出了一个初步的观点，亟待社会学家进一步发展，即"虚假商品"（ficticious commodity）。

我来举几个例子来说明这个概念。对于波兰尼来说，虚假商品意味着，某种生产要素，当它被商品化时，它就失去了自己的使用价值。也就是说，某些东西你一旦让它成为商品，它就失去了价值，或者变得对社会有害。第一个例子是，劳动。他认为，劳动完完全全，从来没有主动要把自己变成商品用于交换。劳动应该是一个人们参与并在其中充分发挥个人能力的事情，这不是用于交换的东西。不过我个人并不喜欢这个例子，因为没人知道劳动究竟可以是什么，这是一个哲学命题。我认为这样解释劳动的虚假商品化更好：当人们把劳动变成商品，用于不受管制的交换，劳动力会被破坏。因为工人把劳动卖给资本家，而资本家可以自己决定付给工人的薪水，于是他就不停地降低报酬，直到工人没有办法再生产出自己的劳动力，他（她）们最终失去了使用价值。所以说，在不受任何调控与管制的情况下，资本家会把劳动的价格降到一个没法维持的低水平，从而破坏对于资本家而言所必需的劳动力。

另一个例子是自然,我们对自然的利用。当我们把土地商品化时,我们可以购买或出售土地,波兰尼认为它失去了使用价值,因为它失去维持人类生存的能力了。我们需要土地产出农作物,而它商品化之后,人们暗中破坏了它的能力。在今天的世界,已经成为一个重大问题的水资源也是同样的道理。我们要商品化水资源吗?把水私有化,留在个别买卖水资源的人手中,然后暗中破坏很多社会赖以生存的能力?我们也许还想谈谈空气,大气环境。现在我们已经在用市场方式来决定谁有权污染,而谁不可以污染。波兰尼会认为这会导致人类生存的致命问题。

第三个例子是货币。钱可以生钱。使交换成为一件可能的事,这是金钱的原本意图。我可以用我口袋里的美元和人民币去买东西。但是当钱变成了赚钱、获利的工具,那么它作为交换媒介的用处就出现了问题。我们之后再讨论这一点。以上是波兰尼提出的虚假商品。通过这个概念他想说,有些东西是没有办法商品化的。

我要指出,还有第四种虚假商品波兰尼没有提出:知识。我认为知识应该是所有人共享的东西,而且在今天这一诉求格外迫切,因为我们需要通过知识来寻找解决市场过度扩张问题的工具,以及应对劳动、自然和货币被商品化的对策。我们需要知识来解决人类面对的问题,但如果知识被商品化了,被用来买卖了,这意味着只有那些掌握了经济资源的人,才有能力塑造知识。他们会把知识塑造成符合他们利益的样子,而非符合全人类的利益。所以说,知识是第四种虚假商品。

问题是波兰尼没有给出解决之道,正如我前面说的,他没有很完善地发展这个理论。所以我们需要进一步看到四种虚假商品间的关系,因为当我们在大学、在研究机构里生产知识的时候,在我们发展出算法、平台资本主义等观念的时候,它们会影响到劳动、自然和货币。我们生产知识的方式会影响到我们参与劳动、自然与货币商品化过程的方式。

还有一件事波兰尼没有提及。当我们商品化某种东西,我们主要是在使它与自己的社会环境分离,把它变成一个可交易的物品。比方说,我想商品化我的右肺,那么我需要把它从我身体里取出来,这必然是很暴力的。正如器官交易是对人体的暴力行为，当我们把劳动从劳动者生活的社群里抽出来，使他变得可以交易，这也是一种暴力。商品化所内生的暴力过程，这是波兰尼没有充分分析的。

现在让我们回到我"虚拟"的故事上。假设有一个国家，有很多农村人口，其中的男人进入了城市，成为建筑业工人，并建造了这些令人目眩的高楼大厦，女人们则被留在农村。因为家庭被留在农村，这些男人实际上被给付了较低水平的报酬。并且，他们不能留在城里，他们必须回到农村，这是因为这里有一种称之为"户口"的系统。这实际上让人不可能移居到城市并在此定居。那么，这些劳动是商品化的劳动吗？实际上，这是一种半商品化的劳动。真正商品化了的劳动，是工人们来到城市，他们失去所有支持；但在这个例子里，他们依然有一些来自农村的支持，所以我定义它为：半商品化。

但是第二个步骤是，土地被征用，然后农业没有办法自我维系了。这说明地方政府与地产商联合，给了后者征用土地的可能性，然后创造出这些城市。接下来就出现了空城、鬼城，这些城市建造在被征用的土地上。土地被征用，并以城市建筑取而代之，这意味着土地被商品化了，那么生活在土地上的劳动者们怎么样了呢？很多人成了城市的"边缘"群体，他们被迫迁入城市，生活在相互分割的社群里，只有最低程度的社会保护。另外很少一部分人成了农村企业家，依赖买卖农产品生存。所以这是土地和劳动的商品化。劳动者被推向了城市，土地变得可以交易，且通常以一种不加调控的方式。

这个故事还没有结束。我们还没有谈货币。土地已经没有了，接下来就是金融资本了。金融资本，无论是以银行还是地产的形式，才是谋划和组织这一新经济体的核心。金融资本就是用钱赚钱、用钱再赚钱，所以这是货币的商品化。这些金融资本放贷给地方政府，从而使得地方政府能够再拨款给地方建房。这个故事还没有结束。

这个故事的结束，或者说是另一个真正的开始，是知识。我们先从"信息"说起。谁在控制信息？谁将取代金融资本？答案是，阿里巴巴。

阿里巴巴现在操控、组织着商品市场扩张中的信息。最终它将控制所有的（社会）关系。我们看到阿里巴巴已经是世界上最大的零售商，比亚马逊、沃尔玛、eBay 加起来还要大。它在超过 200 个国家中经营。那么其（权力和力量）来自哪里？来自算法，来自运营平台。那这些算法和平台又从哪里来？学术系统。学术系统生产的知识正在被资本占有，使它们把触角伸向世界的每一个角落，我们都在参与这一过程。但是我们热爱阿里巴巴。这就是阿里巴巴的力量，我们热爱它因为它塑造了我们的生活，离开它们我们已经无法生存。我们被诱导，参与其中，它们成为我们生活里重要的部分。那么谁在这之中赚到了巨量的金钱？阿里巴巴、谷歌、亚马逊……同时，我们还传递了大量的信息，来促进它们的利益，而且形塑我们自己的日常生活。

上面就是商品化的过程。它还在不断扩展。

我们已经讨论了四种虚假商品。劳动，若被不加调控地商品化，会导致（社会）动荡。很多研究讨论劳工问题带来的动荡危机，这是因为劳工处在一种不确定的、没有保护的环境中，因为其社会基础已经丧失。自然，我们已经毁灭了它；货币，正在带我们走向巨额负债。还有知识，变成了私有的东西。诚然，知识在大学里被生产出来；我们关注中国的一个理由正是因为这里的大学仍然是一种公共机构。在世界上的大部分地区，大学越来越私有化了，这意味着整个结构被改变：学生们要缴纳高额的费用，而管理者们用他们的时间，通过搞研究、搞调查赚钱，从一切可能的地方赚钱。这使大学的性质发生了变化。

知识的私有化实际上使知识被用于进一步扩张资本主义，通过阿里巴巴、微信、Facebook，把日常生活的每一刻都商品化了：我们在生产能变成别人的钱的信息。这正是 Shoshana Zuboff，一个哈佛商学院的、某种意义上的社会学家，称之为"监视资本主义"的概念。当然，监视资本主义有很多运作的方式，它可能通过数字世界运作，也可能通过直接的管理、监视"身体"来运作。但是大部分都在我们背后悄悄进行。我们玩游戏、享受闲暇、和别人交谈，都在为这种监视资本主义制造信息。波兰尼想象不到今天的局面。

资料来源：麦克·布洛维：我们正处于第三波商品化浪潮之中,https://www.thepaper.cn/newsDetail_forward_2796208,有改动。

案 例 讨 论

1.如何理解劳动、自然、货币与知识是一种虚假商品？

2.如何看待过度市场化、过度商品化问题？

案例四　数字经济的价值来源与价值决定

一、数字经济的虚拟性与劳动价值的数字化

045

（一）数字经济具有虚拟性的特征

由于数字技术所具有的可复制性、可共享性以及规模效应等区别于一般技术的独特性，使得与传统经济、传统产业和一般商品相比，数字经济、数字产业和数字产品也具有自身的特征，这些特征往往使数字经济中的价值问题成为争议的焦点。

1.非劳动性特征。所谓非劳动性是指产品生产过程没有相应的劳动投入，或者投入的劳动量较少，不足以与其最终实现的价值量相匹配。数字经济的智能化主要通过应用人工智能技术实现数据分析和数据处理，将连接在数字基础设施平台上的终端精准对接，发挥人工智能的算力作用，极大地提高经济效率，推动相关产业的发展。

2.无载体性特征。无载体性是指产品没有实体性的物质存在形态，这类产品一般是无形产品，或者有物质载体，但产品的核心要件是无形的。在传统产业形态中，大部分服务业等第三产业生产的产品具有无载

体性特征。数字经济由于基于数字化信息技术，并且以数据作为关键生产要素，而数字作为符号和代码，本身并不具有实体性存在形态。

3.高溢出性特征。高溢出性主要基于数字技术及其网络化趋势，在数字技术和数字产品的可共享性和可复制性的基础上，产生数字技术和数字产品效用外溢的正外部性，从而使得数字经济具备了规模经济效应，大大放大了自身的价值。数字技术所依托的集成电路存在摩尔定律，以及数字经济的网络技术中存在梅特卡夫定律，这个定律提出网络的节点成指数趋势增长。

（二）数字经济中劳动价值的数字化

经典马克思主义经济学中的价值主要依托物质载体，即生产性劳动所创造的能够满足人们某种需要的具有使用价值的物质产品，而对"非劳动"或"少劳动"产品、无形生产要素和无形产品关注较少。对此，一些学者试图从"复杂劳动""总体工人"和"价值转移"等角度对数字经济的价值来源问题进行探讨。这些探讨确实是在劳动价值论框架下给予了总体可行的解释，但数字经济中价值创造和来源问题不能全部用"复杂劳动"和"总体工人"进行解释，也不能简单地用"价值转移"进行解释。

由于数字经济本身所具有的非劳动性、无载体性和高溢出性等虚拟性特征，使得数字经济的价值并非只是实体性的劳动价值，有部分价值并不能由数字经济内部的实体性劳动来解释，表现为数字经济的价值超出了其实体性劳动创造的总价值。这部分价值也可以通过市场方式而实现，也就是可以与实体性劳动价值相通约，但却与实体性劳动价值有所区别，本质上是其他部门创造的价值或剩余价值的转移，我们将其称为数字化的劳动价值。数字经济的这部分价值并非本部门生产性劳动创造的，而是通过商品交换从其他部门和企业转移过来的。对数字经济来说，这部分价值尽管没有实体性的劳动价值，但自身却可以形成一套定价方式，作为国民经济价值系统的重要组成部分。

二、数字经济的价值来源、价值构成和价值决定

（一）数字经济的价值来源

数字经济价值中的劳动价值部分主要来源于物质生产资料转移的旧价值，以及数字经济领域的生产性劳动者创造的新增价值。这两部分的价值与马克思所阐述的一般商品价值的创造和形成并无区别。数字经济价值的另一个组成部分为数字劳动价值，其主要来源于以下几个渠道。

1.来源于其他非数字经济领域的生产性劳动创造的剩余价值。数字经济领域相对于传统经济领域，其资本有机构成较高或者劳动投入相对较少。在平均利润率规律的作用下，生产价格高于价值，由此获得超过本领域劳动者创造的剩余价值。数字经济领域还通过垄断生产价格获得非数字经济领域的剩余价值的转移。

2.来源于数字经济领域的其他行业或企业所创造的剩余价值。数字经济领域内容的剩余价值转移主要通过两种方式实现：一是以平台经济为代表的数字要素驱动行业，通过"租金"的形式获得加入平台的企业的剩余价值。二是来自数字经济领域其他数字化程度还不高或者劳动生产率相对低的企业的剩余价值。

3.来源于数字经济产品的直接购买者的剩余价值或劳动力价值。数字经济的垄断者可以凭借垄断地位制定高额的垄断价格，即在原有生产价格的基础上通过直接加价的方式从数字经济产品的购买者那里转移价值，由此形成数字经济的数字劳动价值。这种价值归根结底是来自购买数字经济产品的企业的剩余价值，以及购买数字经济的劳动者的劳动力价值。

（二）数字经济的价值构成和决定

数字经济中的数字劳动价值的构成包括：

1.由数字经济的非劳动性或低劳动性特征决定的数字经济产品的数字劳动价值。数字经济产品和互联网平台用户所带来的数据信息，不包含劳动价值或者只包含少量的劳动价值，但却可以在交换中实现较高的价值或价格，由此形成的数字劳动价值，称为数字经济的非生产性数字价值。这部分价值与智能生产的产品数量或互联网平台用户数量有关。

2.由数字技术和数字经济的无载体性特征所决定的数字经济产品的可复制性，带来的数字劳动价值。这类具有复制性的数字经济产品如数据生产要素和大部分数字产品，它们往往没有物质载体或者核心要件是非物质形态的，在生产过程中可以进行低成本甚至零成本的复制性生产。我们将这部分价值称为数字经济的可复制性数字价值。

3.由数字技术或数字经济的共享性和高溢出性特征所决定的数字经济产品的规模性，带来的数字劳动价值。这种数字经济产品多见于平台经济和数字技术应用产品。这类产品的特点是随着用户数或者网络节点数量的增加，边际成本逐渐降低，甚至接近于零。但单位用户或节点将带来固定收益，由此形成的数字劳动价值，为数字经济的规模性数字价值。

4.由数字经济的垄断性带来的数字经济产品的垄断收益所形成的数字劳动价值。这是数字经济产品通过制定垄断价格或者直接在原有价值基础上加价的方式实现的，称之为数字经济的垄断性数字价值。其大小由购买者的欲望和购买能力决定，也与数字经济产品的稀缺性程度有关。

数字劳动价值与数字经济规模成正相关关系，随着单个数字经济企业的规模扩大，由此产生的规模经济效应越显著，带来的数字劳动价值越高。数字经济价值的高溢出性，正是通过规模性体现出来，而规模性又与数字经济具有非劳动性、无载体性等虚拟性特征密切相关。

三、结论与启示

1.数字经济价值来源与价值决定问题的解析不能脱离马克思的劳动价值论，而是应该在劳动价值论框架下进行探讨。

2.数字经济的价值来源和价值决定重点在于对其数字劳动价值的来源和决定问题的理论解析。数字劳动价值并非本部门内部的生产性劳动创造的，而是从其他产业、部门、企业和购买者转移的价值和剩余价值。数字劳动价值量的决定可与实体劳动价值进行互通，又独立于实体劳动价值。

3.数字经济的价值构成中，除了垄断性数字价值是通过直接加价实现而与经济泡沫相关外，其余的实体劳动价值和数字劳动价值都具有相对应的劳动实体，都是社会总劳动价值在不同经济领域中的分配的结果。

资料来源:严金强,数字经济的价值来源与价值决定的理论解析,《教学与研究》,2022年第3期,有改动。

案例讨论

1.数字经济中较少的劳动量为什么能够形成数字经济奇高的产值，数字经济中的价值量的大小由什么来决定?

2.数字经济的发展，对马克思主义的劳动价值论产生了哪些挑战与影响?

第二章　货　币

　　导言：1867年9月14日，《资本论》第一卷德文第一版在德国汉堡由奥托·迈斯纳出版社出版。今天我们一般都将这个日子视为马克思主义政治经济学诞生的标志。至于《资本论》在此后所产生的影响力，无须在这里多言。《资本论》对资本主义体系在学理上做出的批判，构成了19至20世纪社会主义运动最为坚实的基础。即便只做学术上的考虑，马克思主义在今天的人文社科领域，也是极为重要的一个派别。《资本论》第一卷的首次出版距今已150多年。任何一部著作在经历了如此之长的岁月之后，都不免引来一种疑问：150多年前的分析在今天仍然适用吗？即使不去考虑各种反对马克思主义的声音，马克思主义者自身也不能不面对这个问题。一般都认为《资本论》中关于货币的很多理论是不适用于当下的。例如我国著名马克思主义经济学家张宇教授，就认为《资本论》中将货币视为充当一般等价物的商品这一观点在今天就不一定适用。道理也很简单，因为今天几乎所有国家所使用的货币都不是商品货币，货币与黄金几乎完全脱钩。可是如果我们做个有心人，在这个问题上细究一下，其实很容易发现这一看法的问题。实际上，在马克思生活的时代，在英格兰国内所使用的货币就已经是信用货币——银行券了，而且马克思还言辞激烈地批评了当时英格兰银行将银行券发行与黄金挂钩的规定。可见，马克思把货币视为充当一般等价物的商品，根据并不是简单地来自其时代的经验。纵观今天经济学，一个令人惊讶的事实是，到目前为止并没有一个能够被广为接受的货币理论。甚至连如何定义货币这样基础的问题，各种经济学流派也莫衷一是。更加令人惊讶的是，在现代货币如何创造这一问题上，主流的理论居然还长时间地包含着常识性错误。在今天这个时代，尤其是2008年全球金融危机以来，货币金融问题可谓人们最为关心的话题。货币理论的这种现状，不免令人唏嘘。那么，150多年前马克思在这个问题上的探索是否能够给今天的货币理论提供一些启示呢？本章围绕货币理论选取了若干相关案例，供同学们讨论和思考。

案例一　货币的前世今生

材料1　货币的起源与历史

货币起源于物物交换

在很久很久以前，有个小山村。村民铁蛋是打铁能手，王二是种粮食的能手，狗蛋是打猎能手。他们都要获取对方的东西，怎么办呢？例如：铁蛋在某一天想要狗蛋手中的野猪肉，但是这一天狗蛋只想要王二的粮食。于是铁蛋先要用手中的铁具换王二手中的粮食，再用换到的粮食换狗蛋的野猪肉。这的确有点折腾和浪费资源。但是我们的祖先由于没有钱这个概念，只能这么做了，实际上要比这个更麻烦。这叫作物物交换！

实物货币

随着我们的祖先生产能力的提高，所生产的东西越来越多，大家的需求也越来越多。大家交换的东西不可能都是对方想要的东西。于是，当时有些聪明的人在想，有没有一种东西大家都乐意接受呢？而且携带比较方便，可以当作中间的物品换来换去。于是出现了实物货币！

比如：牛啊、羊啊、鸡啊、稻谷等。紧接着上文的例子，这个时候小山村的村民规定鸡是货币。铁蛋想要狗蛋的野猪肉，此时只需要拿鸡去换了。但是，紧接着出现一个非常严重的问题，怎么找零。牲畜有个非常明显的缺点：大小不一样，不方便切割，而且携带极其不方便。我们祖先就想啊，用啥来当货币呢？后来祖先们想到了用贝壳，方便携带，能计数，还不容易遭到破坏。于是贝壳在相当长的一段时间里充当了货币。所以我们汉字有关钱的，绝大部分都带贝字旁。但是贝壳有个严重的问题，太少了，满足不了商品的交换！

有人肯定会说，可以到海里去捡啊。一方面是那个时候人们绝大部分生活在内陆地区，交通不发达，想要得到贝壳是一件困难的事情。另一方面能用来当货币的贝壳都有极其严格的要求，导致其造价成本都非常高。

金属货币

人们发现实物货币有这样那样的硬伤，有没有更好的东西可以充当货币呢？人们当时苦思冥想，终于想到了黄金白银。首先，黄金白银有价值，其挖矿要花费很多劳动力和时间；其次，黄金白银具有稀缺性，地球上总共就那么多，挖一点少一点；最后，黄金白银携带分割都比较方便。于是，当时好多国家用金银来定物品的价格。马克思曾经说过，金银天然不是货币，但是货币天然是金银。

纸　币

由于生产的商品越来越多，交易越来越大，像那些大宗性交易，动不动就要携带几箱甚至几十箱金银，十分不方便且不安全，而且金银每年的产量不能满足商品的交换，于是人们又发明了纸币。最早出现的纸币是在我国宋朝时期，当时称为交子。纸币是依据国家的信用作为保障的。现在人们觉得纸币也麻烦，于是出现了支付宝、微信支付等支付方式。

材料2　税收驱动货币与货币金字塔

关于货币的起源与演化有两种叙事：经济学和人类学。经济学叙事中的货币演化史强调的是交易媒介职能，关注的是货币的物理形态的演化——从有价值的实物商品、金属到可兑换的纸币，再到不可兑换的纸币和数字货币，背后的逻辑是降低交易成本。这也是教科书里讲的故事。人类学叙事完全不同。由于考古上没有发现物物交换存在的证据，人类学家认为，货币起源的"物物交换"说纯属虚构。反而大量考古证据证明，货币最原始的职能是记账单位，而非交易媒介。一言以蔽之，货币是一种可转让的信用记录工具，类似于"千克""米"等重量或长度单位。所以，人类学的叙事是，货币从起源上就是虚拟的而非实物的。

最早的考古证据可追溯到公元前3100年前后美索不达米亚的乌鲁克城，人们在泥板上记录了大量关于宫殿与庙宇的借贷和交易行为。后世类似的证据还有英国政府自中世纪开始发行的财政部符木（tally），以及发生在太平洋雅浦岛上的"费币（Fei）"的故事。实际上，经济学的两位巨擘凯恩斯和弗里德曼都分别在《货币论》和《货币的祸害》中研究了雅浦岛的费币，并认为"记账货币"（Money of Account）才是货币的本质属性。这等于说，货币起源于借贷行为，记账单位才是货币的本质属性，今天的数字货币和银行账户、清算体系与5000年前的乌鲁克城并无本质区别。

MMT（现代货币理论）对货币的起源或本质的认识符合人类学叙事。MMT认为，是否具有实际价值并非货币的必要条件。货币的物理属性在持续变化，但本质都是发行者的借据，流通中的货币都是这种借据的"代币"。从这个意义上讲，MMT既"现代"，也"古老"。

演化至今，货币与主权已紧紧绑定在一起——一个国家（或区域），一种货币。在理论上，MMT 对货币的认识来源于"货币国定论"（Chartalism，又称"名目主义"），由德国经济学家格奥尔格·弗里德里希·克纳普（Georg Friedrich Knapp）在 1905 年出版的《国家货币理论》（The State Theory of Money）一书中首次提出。克纳普对主流的"货币金属论"（Metallism）提出了质疑，认为"货币是国家的产物"，充当一种票券式（chartal）支付手段，源于国家管理经济活动的需要。在没有货币自主权（或货币政策不独立）的国家（或地区），MMT 的政策主张是无法实施的，这必然要求其持有"名目主义"的观点，因为以金本位制为代表的商品本位在本质上是固定汇率制。

"货币国定论"回答了货币的供给问题，没有回答的是：货币的需求来自哪里？即人们为什么需要没有内在价值的货币？MMT 代表人物兰德尔雷认为，国家的立法强制并不足以让人们接受没有内在价值的货币。人们之所以需要货币，是因为国家规定了货币的用途，几乎所有的交易行为和债务清偿行为都需要用货币，其中一些行为是强制性的，如纳税。在所有这些需求中，税收是最重要的机制，即税收驱动货币——政府只有先将钱花出去，人们才有钱纳税。兰德尔雷甚至认为，这是税收的主要功能，而不是为财政支出融资。逻辑很好理解，既然政府垄断了货币发行权，唯一需要思考的就是如何创造货币需求，因为这直接决定着政府可以花多少钱——相当于"木桶"的短板。所以，通货膨胀或货币贬值才是 MMT 的"软肋"，因为人们总是想尽快把货币换成实物，进而形成"通胀螺旋"。按照这个逻辑推演，政府加税的直接目的也不是创收，而是创造更多的货币需求，即所谓的"补短板"。

在债务金字塔结构中，信用最高的政府债务处于金字塔的顶端。它不仅是央行发行货币的基础，也是银行和非银行机构发行债务的基础，是金融市场中折扣率（haircut）最低的抵押品。在"充足准备金"框架下，债券利率比准备金利率更高，于商行而言，用准备金置换国债是有利可图的。债务金字塔也对应着货币金字塔——货币就是央行

054

的债务。央行负债侧的"高能货币"（现金和准备金）层级最高。综合而言，政府债务和主权货币都是稀缺的安全资产。MMT想用这种等级结构来说明，在税收机制之外，市场对政府债务和货币的需求是真实存在的。它们是其他私人部门资产负债表扩张的基础。MMT认为货币是内生的（endogenous money），央行不能控制货币供给或银行的准备金需求，应该适应私营部门的需求，即所谓的"适应主义"（或"水平主义"）。

税收驱动货币的提法和货币金字塔的构想表面上为"财政赤字货币化"提供了逻辑支撑，却从根本上损害了货币的信用。因为它提倡财政主导，模糊了财政与货币的边界，损害了央行独立性。历史上，无论是政治体制层面的代议民主制，还是货币制度层面的金本位，都是通过在财政与货币之间建立"防火墙"而建立国家信用。MMT主张，在有效需求不足和通胀压力较小的情况下，为满足充分就业目标，货币政策应当为财政赤字创造无限的融资空间和低利率的融资条件。这本质上与铸币时代财政部直接发行纸币无异。通胀或贬值可能会迟到，但难以避免，也必将损害国家信用。

资料来源：邵宇，现代货币理论（MMT）批判与吸收，http://finance.sina.com.cn/zl/china/2022-04-25/zl-imcwipii6415135.shtml，有改动。

案 例 讨 论

1.比较马克思主义货币理论与MMT理论，谈谈你对货币起源与本质的理解。

2.如何看待MMT理论？它对构建中国自主的货币理论体系有哪些启发？

案例二 130个国家正在探索央行数字货币

一项被密切关注的研究显示，共有130个国家（占全球经济总量的98%）正在探索本国货币的数字版本，其中近一半处于高级开发、试点或启动阶段。美国智库大西洋理事会公布的研究报告显示，过去六个月取得的重大进展意味着，除了阿根廷之外的所有G20国家目前都处于上述高级阶段之一。

该智库指出，包括加勒比地区和尼日利亚在内的11个国家已经推出了众所周知的央行数字货币（CBDC）。另外两大新兴经济体印度和巴西也计划在明年推出央行数字货币。欧洲央行有望在2028年之前启动其数字欧元试点，而其他20多个国家也将在今年采取重大步骤进行试点。

此外，该智库的研究表明，在美国，数字美元的进展只是在批发版本（银行对银行）上"向前迈进"，而面向更广泛人群的零售版本的工作已经"停滞"。

拜登在2022年3月下令政府官员评估创建数字美元的风险和收益。美元在金融体系中的重量级地位意味着，美国的任何举动都可能产生巨大的全球影响。但美联储今年1月曾表示，应由国会而非美联储来决定是否推出数字美元。

该智库指出，瑞典仍然是欧洲地区CBDC试点最先进的国家之一，而英国央行正在加紧研究可能的数字英镑并可能在本个十年的后半期投入使用。澳大利亚、泰国、韩国和俄罗斯也计划在今年继续进行试点测试。

资料来源：美智库：130个国家正在探索央行数字货币，https://finance.sina.cn/hkstock/gsxw/2023-06-29/detail-imyyxwap1841374.d.html?cid=76557&node_id=76557，有改动。

数字人民币VS第三方支付：究竟是替代还是互补？

近年来，中国第三方移动支付市场规模不断增长。市场研究机构易观分析的数据显示，2022年二季度至四季度，中国第三方移动支付市场交易规模约为75.33万亿元、76.70万亿元和76.47万亿元。

与此同时，数字人民币的流通量亦有所扩大。中国人民银行（下称"中国央行"）数据显示，截至2022年末，流通中数字人民币存量达136.1亿元。截至2022年初，数字人民币已开立个人钱包2.61亿个。

2021年7月16日，中国央行在关于数字人民币的首份白皮书中称，研发数字人民币主要用于满足国内零售支付需求。

在中国第三方支付市场方面，市场研究机构尚普咨询数据显示，截至2022年12月31日，排名前十位的第三方支付机构占据了市场份额的96.7%，其中排名前两位的支付宝和微信支付分别占据了市场份额的54.5%和38.8%。

有专家认为，随着数字人民币不断推进，金融科技公司将面对直接和间接压力。一方面，用户可绕过支付宝或微信，直接用数字人民币支付。另一方面，随着中国央行有能力获得越来越多的信息，金融科技公司的竞争优势将被压缩。

也有学者表示，微信和支付宝与数字人民币不是一个维度上的，微信和支付宝是金融基础设施，是钱包，而数字人民币是支付工具，是钱包的内容。

蚂蚁集团资深副总裁黄浩坦言，蚂蚁集团在中国央行的指导下深度参与了数字人民币的推广。"在这件事上我们是和监管相向而行的。监管部门在多个场合明确表达，数字人民币不是电子货币的替代，是现金的替代。数字人民币在中国的推广，不是为了和市场化机构竞争。"他说。

随着数字人民币的推广，当前数字支付应用程序二维码无法互认的问题或将破局。现有的试点表明，数字人民币钱包既支持二维码，也支持信用卡和公交卡中常用的近场通信技术。数字人民币钱包还在一个独立的应用程序上运行，一定程度上可以为现有移动支付网络和银行提供相对公平的竞争环境。

大平台积极拥抱数字人民币

2023年以来，数字人民币部分试点城市交易规模稳步增长，生态网络持续扩张，落地场景不断丰富。

从交易规模来看，以数字人民币首批试点城市之一苏州市为例，截至2022年末，其数字人民币累计交易流水超3400亿元，而苏州市2023年一季度数字人民币交易流水已达1705亿元。

从生态网络来看，大型平台企业拥抱数字人民币的态势愈发明显。
4月26日，微信官方公众号"微信派"发文称，微信视频号、小程序可以使用数字人民币支付。在微信小程序上，微信用户可以选择用网商银行（支付宝）钱包等其他运营机构钱包付款。不仅如此，截至目前，数字人民币App上可接入数字人民币的商户已增至114家，这既有京东、美团、快手、顺丰速运等日常消费类的商户，也包括生活缴费、城市地铁等公共服务类商户，还有诸如中华慈善总会等慈善捐款的商户。

从落地场景来看，数字人民币已逐步渗透到企业资金流转、政务及民生服务、跨境支付及结算等领域。截至目前，北京银行已落地首笔基于数字人民币的国家核证自愿减排量（CCER）交易结算；常熟市对在编公务员、事业人员、国资单位人员工资实行全额数字人民币发放；云南省完成省内首笔数字人民币对公跨境支付业务。

各地政府亦在积极探索适宜的发展路径，发布数字人民币规划方案，推进应用场景创新建设。分析认为，相关方案的密集推出，为各地因地制宜推广数字人民币提供了政策基础。

2003年年初以来，江苏省、浙江省、福建省和广东省等多地陆续发布数字人民币试点相关的工作方案。中金公司总结称，部分试点地区数字人民币2023—2025年的推进时间表主要为：其一，2023年主要以拓展交易规模、用户基数及受理场景为主；其二，2024年试点地区实现数字人民币整体规模的较大突破；其三，2025年部分试点地区或有望实现生态体系的初步完善。

值得注意的是，为便利跨境支付、助力人民币国际化，不仅是中国内地，中国香港地区也参与到了数字人民币推广之中。香港2022年施政报告在"国际金融中心：不断提升金融科技竞争"板块中提出，香港金管局正与内地机构合作扩大在港以数字人民币作为跨境支付工具的测试。这意味着，后续推动数字人民币作为跨境支付工具在港使用，已经成为香港金管局的重要任务之一。

中金公司认为，伴随数字人民币生态合力日益增强，部分试点地区加大推广力度，2023—2025年或是数字人民币的快速发展期。其中，相关基础设施服务商或将率先受益，但对支付产业的潜在影响有待观察。

资料来源：数字人民币VS第三方支付：究竟是替代还是互补？https://www.thepaper.cn/newsDetail_forward_23665355，有改动。

数字人民币逐渐融入中国人日常生活

阿根廷《第十二页报》网站2022年7月3日发表题为《数字人民币：不可阻挡的扩张》的报道。报道关注数字人民币的最新进展。报道称，中国数字人民币的发展策略非常精准，就是为中国人民打造经济、快捷、安全的零售支付基础设施。全文摘编如下：

数字人民币继续扩大其影响力，已累计开立个人钱包2.6亿个。中国的策略是发展自己的技术以保证其人民享有经济、快捷（实时结算）和安全的零售支付基础设施。这一策略的定位非常精准。

这个亚洲巨人去年决定禁止所有与加密货币相关的活动，涉及比特币挖矿、以太币等数字货币的交易、非同质化代币（NFT）市场的发展，以及以加密资产提供回报的虚拟游戏的扩张。

加密货币价格暴跌，与这些金融衍生品相关的投资基金纷纷破产，加密货币项目举步维艰，这些都与数字人民币的扩张步伐形成反差。从一些事例中可以看出这种趋势。

2022年6月，中国主要的在线零售平台之一京东举办了618网上购物节活动。除了实现创纪录的交易额外，该公司还表示，用户在京东使用数字人民币消费金额同比增长超过18倍。

中国的数字货币在2021年通过多家银行的手机应用程序获得了普及。举办冬季奥运会和庆祝农历新年使得这一进程在2022年得到加速。在农历新年期间，中国人习惯于互相发送红包。

2022年年初，中国还推出了数字人民币的官方应用程序，以供人们在手机上使用。电子支付行业的巨头企业也开始将这种数字货币整合到它们的平台中。

尽管有所增长，但数字人民币仍未正式发布，而是在不同场景和用户中继续进行测试。它正在逐渐融入各个地区人们的日常生活中。当局希望它最终能成为实物货币的补充。据估计，几年后至少将有9亿人使用它。

最近几周，该数字货币项目取得的最新进展之一是，作为被授权提供数字人民币服务的金融实体之一，中国建设银行通过其手机银行应用程序推出了数字人民币理财服务。

这则消息表明，数字人民币正在考虑与中国国内市场的所有金融服务进行互动。而且，它也有能力将其影响力扩大到境外。数字人民币技术在开发时旨在使跨境（即与其他国家和地区）资金转移与本地交易一样便捷和经济。

中国数字货币项目扩张的可能性似乎是无限的。2021年，当该国禁止所有使用加密货币（当时正值其市场的繁荣时期）的交易时，曾经引发了一些质疑，而现在随着比特币的暴跌，这些质疑开始消散。

案例讨论

1.能否用马克思的货币理论解释数字货币?

2.数字货币的发展对马克思主义政治经济学基本原理提出了哪些挑战?

3.央行数字货币发展的未来可能是什么?

案例三　货币的未来和未来的货币

时间可能成为未来的货币吗?

现如今,科学技术加速进化。经济学理论和现实经济世界的天才变革,总是或多或少地带着一点科幻色彩。就像1992年的科幻小说《雪崩》,一不小心就创造了30年后金融市场大热的经济概念——元宇宙。而2011年的科幻电影《时间规划局》(In Time),在我看来,则是无意间对未来货币进行了最超前、最朋克和最终极的一种展示。即便现在的比特币、以太坊、稳定币和央行数字货币(CBDC)看上去都很酷,但从货币职能和机制设计的角度看,这些也都和电影里展示的货币相形见绌。

《时间规划局》里的未来人类世界只有一种货币,就是时间。每个人从25岁开始,手腕上出现一串倒计时的数字,这个数字走到零,人的生命就随之终结。开始倒计时的时候,每个人都只有一年时间,通过劳动、借贷、交易和抢劫可以获得更多的时间,而每一点消费、投资、支出甚至是被抢劫则会导致扣除相应的时间。也就是说,人体像是数字钱包，而时间确确实实就是金钱。

从经济学的角度看，这几乎是一个完美的设定。货币之所以从远古时代出现，并逐步从贝壳、金银，演化到美元、人民币等，本质上是为了满足和便利人类经济生活的各种需要。这些需要具体引致了货币的五种古典职能：价值尺度、流通手段、贮藏手段、支付手段和世界货币。一旦时间变成货币，这五大职能均得以完美体现，甚至得到显著优化。时间是同质的、无形的，无法伪造，理论上还具有无限拆分的可能，所以，时间作为货币，可以轻易做到公平的标价、方便的流通、放心的储蓄和广泛的支付。

更重要的是，这种机制悄然解决了货币自诞生起就始终存在的关键痛点，那就是微观稀缺性和宏观增长性之间的深层矛盾。

一方面，从微观角度看，货币需要具备坚挺、稳定的内在价值，所以货币必须是稀缺的，金银有限的自然产出和纸币审慎的政府供应都是这种稀缺性的保障；另一方面，从宏观角度看，货币是人类经济活动不可或缺的中间介质，人类经济活动的膨胀必然要求货币供应的持续增长。

简而言之，抽象来看，货币供应量从微观上要求是有限的，从宏观上要求是无限的，这毫无疑问是一对难以调和的矛盾。这对矛盾，对于金银这类实物形态的货币而言，基本无解；对于纸币这种由政府主导的信用货币而言，很难平衡。但如果时间是货币，这对矛盾就迎刃而解。对于每个人而言，时间是有限的，非常宝贵；对于整个宇宙而言，时间又是无限的，不愁供应。一切不言自明、顺理成章。

看上去很美，但为什么人类世界没有采用这种用时间当货币的天才设计？原因很简单，伦理上有争议倒是其次，关键是技术上做不到——科幻电影毕竟还仅限于科幻层面。货币是什么看上去很简单，但一样东西要成为货币，需要一整套与之匹配的经济金融体系保障其有效发挥功能。这套货币运转体系，需要足够先进、成熟的科学技术提供底层支撑，需要足够长期、稳定的行为习惯确保民众接受，需要足够智能、高效的监管机制维护权力制衡。毫无疑问，就人类经济世界目前的生产力水平而言，时间作为货币还只是一个理论上完美的天才设想。

货币的未来是一串动态的进化

虽然本质上不切实际，但《时间规划局》的脑洞大开依旧富有价值，它展现出的科幻场景让我们更清晰地看到货币体系发展与变革的目标所向。货币的未来不仅是一个个静态的选择，更是一连串动态的进化。进化可能没有终点，但至少在可预测范围之内，货币的未来无疑将朝向一些笃定的方向：

第一，更加轻质化。从农耕经济到工业时代，再到数字经济甚至未来的星际时代，人类经济活动的体量正在并还将快速膨胀，任何实物形态或低数据效率的货币可能都难以承载这个体量所带来的货币需求，所以，在物理层面和数据流量上，货币都会变得更轻。

第二，更具普世性。不管是去中心的还是有中心的、有实物的还是无实物的，货币在越来越广泛的空间、时间和场景中的使用，势必需要建立在更加包容并蓄、坚实可靠的共识与信仰之上。

第三，更含层次感。人类经济世界，无论是朝向短期的百年未有之大变局，还是面对星辰大海般的宇宙时空，都遍布复杂诡谲的文明冲突，因此，货币很难只是一个单一选择，而更加体现出层次分明的系统性。

第四，更有革命性。就像《三体》小说里的人类一样，基础科学的瓶颈限制了经济金融创新的天花板，而伴随生产力从量变转向质变，人类经济活动势必将突破瓶颈，迎来更显著的边际变化。如果说数字货币的出现已经体现出这种革命性，那么，未来的创造性破坏还将变得更富想象力和更具颠覆感。

未来货币体系将受到文明竞争的深远影响

毫无疑问，货币的未来，将朝着功能拓展、形态变化、精神升维的方向持续进化。我们关心货币的未来。这个未来，清晰又模糊，笃定又不确定。我们同样关心未来的货币。未来的货币是什么？数字货币不一定是终极答案，但它必然构成货币演化的一环。更具体一些，如果数字货币必然代表着进化方向，那么，哪一种数字货币将戴上皇冠？野蛮生长的比特币？亦正亦邪的稳定币？还是根红苗正的央行数字货币？

实际上，这三种数字货币形态代表着三种截然不同的货币信仰和货币生态，象征着从完全独立到现有衍生、从放任自流到有序监管的理念抗争。从现有信息客观分析，未来的数字货币，可能是三者中的其一，也可能是三者以某种形式的融合，甚至可能是与三者无关、尚不可见的另外一种选择。这个答案看上去很像一句正确的废话，但也恰恰说明，人类货币体系的变革正处在一个将变未变、易变多变的敏感时期。

在这样一个充满不确定性的关键阶段，我们更加需要确切地知道：未来的货币，是人类经济社会矛盾冲突的伴生产物。经济基础决定上层建筑，内在矛盾影响演化进程，文明生态映射货币结构。人类经济社会的数字化进程有多快，数字货币对现有体系的颠覆就会有多彻底。比特币、稳定币和央行数字货币各自的优点与缺陷既突出又不突兀，关键是看未来的货币需求更偏好于什么样的优点，同时更无法包容什么样的缺陷。不同文明的经济理念和而不同，有的看重开放，有的提倡内敛，有的偏爱自由，有的偏向守序；货币体系在多层次基础上的主流导向，无疑将受到文明竞争的深远影响。

资料来源：程实，货币的未来和未来的货币，https://www.yicai.com/news/101605972.html，有改动。

案 例 讨 论

1.数字货币是否代表了货币未来进化的方向？数字人民币与支付宝、微信是什么关系？

2.货币体系未来的发展方向是什么？数字货币是不是货币未来的终极答案？

案例四 中国的货币政策知多少

货币政策调控历程

2003—2008年，我国进入新一轮经济增长周期，GDP年均增速在10%以上。为控制国际收支平衡和潜在的通货膨胀，央行调整为从紧的货币政策，分九次上调存贷款基准利率，分十五次上调存款准备金率，并在2005年提高住房贷款利率，希望通过密集的货币政策操作抑制通货膨胀压力。

但在此期间，货币政策内部也存在松紧搭配的现象，央行频繁上调存款准备金率，但适度上调存贷款基准利率，即利率松、存款准备金率紧的状态；在2008年金融危机之前，为防止经济从增速偏快转为过热和防止价格演变为明显通货膨胀，央行又先后六次上调存款准备金率。

2008年底至2010年，在国际金融危机的影响下，为刺激经济发展，央行货币政策重新走向宽松，取消了商业银行的信贷限制，先后四次降低法定存款准备金率，连续五次下调存贷款基准利率，并通过减少中央银行票据发行规模和频率以及新增短期招标工具等公开市场操作，实现了扩大货币供应量的效果。

2010年中期至2011年，在我国2010年GDP增长率实际值为10.3%，超过政府目标值8%，CPI实际值3.3%，也超过目标值3%，经济已经实现全面回升的基本面下，宽松货币政策和财政刺激政策带来的通胀预期上升。

央行连续六次上调存款准备金率，先后四次提升存贷款基准利率，使得货币政策重新回到稳健略紧缩的状态，有效抑制了物价的进一步上涨。

2012年，受到欧元区主权债务危机和美国经济复苏缓慢的不利影响，我国GDP增速和CPI同步走低，央行在2月和5月分别下调存款准备金率，并在6月和7月先后降息，并且首次利用不对称降息（存款基准利率降0.25%，贷款基准利率降0.31%）来支持经济发展。

2013年，在四万亿经济刺激政策结束三年后，当时新增的部分贷款进入了还款周期，特别是地方政府融资平台非标融资增速过快，为实现金融稳定，央行通过公开市场操作实行稳健中性的货币政策。具体来说，央行新增了应对银行体系流动性短期波动的短期流动性调节工具、针对较长期限大额流动性需求的常备借贷便利等工具，增强了调控的灵活性，适当扩大社会融资总规模并保持贷款规模的适度增加。

2014年至2015年，在美欧日等国家经济增速缓慢，新兴经济体增速放缓的国际环境中，我国经济也从高速增长转入中高速增长的新常态发展阶段，并急需供给侧结构性改革解决经济发展的动力转换问题。

此外，美联储开启加息窗口，我国外汇流入减少，加上"811"汇改之后，资本流出压力加大。在这一时期，为保持经济增长并缓解资本流出压力，我国实行稳健略宽松的货币政策，表现为连续六次下调存款准备金率和存贷款基准利率。

2016年至2018年，这一时期的货币政策基调为稳健中性，增加了政策的灵活性和精准调控能力。具体表现为，为进一步进行结构性调整，央行延续2015年开始的定向降准政策来调节特定领域的融资规模。

针对债市久期错配、杠杆过高、银行表外业务增速过快等潜在金融风险，央行在公开市场削峰填谷；针对美联储加息和"811"汇改后的人民币贬值预期，央行实行更加灵活的货币政策维持国际收支平衡。

2019 年，随着国内经济下行压力加大，CPI 结构性上涨，以及中美贸易摩擦加剧，我国货币政策重回稳健略宽松。表现为央行先后三次统一降低存款准备金率、实行定向降准和"三档两优"存款准备金政策，为银行体系尤其是中小金融机构提供长期资金；推行贷款市场报价利率，打破贷款利率隐性下限，降低融资成本。

2020 年，面对新冠疫情冲击和全球经济衰退的不利局面，上半年我国实行适度宽松的货币政策，而下半年随着国内经济增速由负转正，货币政策重回稳健中性阶段；分别表现为，上半年央行推出全面降准和定向降准，降低中期和短期借贷便利利率，提供再贴现贷款等，增加市场流动性，降低资金利率，但也推高了企业杠杆增加了金融风险。下半年央行通过公开市场操作调节市场流动性，压低银行机构性存款，降低 M2 同比增速。由此可知，不论是在经济高速发展时期，还是在结构性调整的新常态时期，货币政策一直是我国重要的宏观调控政策，并且近年来调整频率较高。

增加价格型货币政策工具

2015 年之前，我国采用的是数量型调控和价格型调控相结合，以数量型调控为主的货币政策框架，包括调整存款准备金率、再贷款再贴现利率和中期借贷便利等控制货币供应量。

随着 2015 年央行放开存款利率上限，我国的利率管制已经基本取消，提升了金融机构的自主定价权。银行同业业务的发展利于其负债端和资产端利率与市场利率接轨，而货币基金等也使得银行表内存款不断流失，倒逼银行利率的市场化。

货币政策框架从广义货币供应量为中介目标的数量型调控框架向以利率为中介目标的价格型框架转变，增加对收益率曲线的关注。

2019 年，央行改革完善贷款市场报价利率（LPR）形成机制，LPR

报价逐步下行，能够更好地反映央行货币政策取向和市场资金供求状况，已经成为银行贷款利率定价的重要参考，并影响到银行内部资金转移定价，之前的贷款利率隐性下限被打破，将提升价格型货币政策工具的重要性。

这与其他主要经济体中央银行采用价格型货币政策工具一致，由于科技发展和银行规避监管，多国央行放弃了以存款准备金率为核心的数量型货币政策，转向利率调控模式。

例如，美国货币政策中介目标从M1到联邦基金目标利率；欧元区央行构建了利率走廊操作；日本央行也确定了收益率曲线调控和物价稳定的货币政策目标。我国推动价格型货币政策工具有利于加强与其他国家中央银行的沟通与协调，提高宏观政策国际协调的效率。

突出结构性目标的重要性

在近40年的经济快速发展中，我国金融资产总量（M2）的增长速度明显快于经济总量（GDP）的增长速度。自2005年M2与GDP的比值超过1之后，2019年该指标已经接近3，高于发展中国家该指标的平均水平2，远高于发达经济体的平均水平1。

过快增长的流动性反映出货币政策缺乏灵活性和精准度，造成流动性配置效率较低，资金在特定对象和领域过于集中。

货币政策的总量调节一方面削弱了政策的有效性和灵活性，另一方面无法支持经济结构调整和转型升级。因此，鉴于我国不同行业和不同区域的发展不平衡情况，货币政策目标由稳增长和防通胀的总量问题，转向去杠杆、防风险和定向调控的结构问题。

例如，在2020年疫情影响下，央行推出3000亿元疫情防控专项再贷款保障防疫物资和生活物资供应、5000亿元复工复产再贷款再贴现在支持有序复工复产方面发挥了作用，1万亿元普惠性再贷款再贴现利于加快恢复生产生活秩序，为对冲疫情影响提供了基础。

创设更多新型货币政策工具

2013年以来，央行陆续推出一系列新型货币政策工具，主要包括短期流动性调节工具、常备借贷便利、中期借贷便利、抵押补充贷款以及临时流动性便利等。

与传统货币政策工具比较，降准等传统货币政策工具释放的流动性具有永久性，而新型货币政策工具的灵活性更强，因为这些工具均有明确期限，到期之后央行自动收回流动性。结构性货币政策强调政策工具的针对性、灵活性和差异性，实现精准滴灌，加大对国民经济重点领域、薄弱环节和未来具有重大战略意义的领域的支持。

资料来源：中国货币政策经历了哪些调控，其中有什么值得我们学习的？https://www.163.com/dy/article/HKI1429N0553FMFI.html，有改动。

案 例 讨 论

1.如何理解货币政策对于宏观调控的重要意义？

2.货币政策体现了货币的什么职能？它对马克思主义货币理论有什么继承与发展？

3.构建新发展格局，应该如何有效利用好货币政策？

第三章　市场经济与价值规律

　　导言：习近平总书记强调，我们要立足我国国情和我们的发展实践，深入研究世界经济和我国经济面临的新情况新问题，揭示新特点新规律，提炼和总结我国经济发展实践的规律性成果，把实践经验上升为系统化的经济学说，不断开拓当代中国马克思主义政治经济学新境界。在社会主义条件下发展市场经济，是我们党的一个伟大创举。我国经济发展获得巨大成功的一个关键因素，就是我们既发挥了市场经济的长处，又发挥了社会主义制度的优越性。我们是在中国共产党领导和社会主义制度的大前提下发展市场经济的，什么时候都不能忘了"社会主义"这个定语。之所以说是社会主义市场经济，就是要坚持我们的制度优越性，有效防范资本主义市场经济的弊端。我们要坚持辩证法、两点论，继续在社会主义基本制度与市场经济的结合上下功夫，把两方面优势都发挥好，既要"有效的市场"，也要"有为的政府"，努力在实践中破解这道经济学上的世界性难题。2020年5月11日，《中共中央　国务院关于新时代加快完善社会主义市场经济体制的意见》指出，改革开放特别是党的十八大以来，我国坚持全面深化改革，充分发挥经济体制改革的牵引作用，不断完善社会主义市场经济体制，极大调动了亿万人民的积极性，极大促进了生产力发展，极大增强了党和国家的生机活力，创造了世所罕见的经济快速发展奇迹。同时要看到，中国特色社会主义进入新时代，社会主要矛盾发生变化，经济已由高速增长阶段转向高质量发展阶段，与这些新形势新要求相比，我国市场体系还不健全、市场发育还不充分，政府和市场的关系没有完全理顺，还存在市场激励不足、要素流动不畅、资源配置效率不高、微观经济活力不强等问题，推动高质量发展仍存在不少体制机制障碍，必须进一步解放思想，坚定不移深化市场化改革，扩大高水平开放，不断在经济体制关键性基础性重大改革上突破创新。本章围绕市场经济和价值规律的相关内容整理若干案例，供学生们学习和讨论。

案例一　孙冶方："千规律，万规律，价值规律第一条"

十四年前，在一次关于政治经济学理论问题的激烈辩论中，由于我强调了价值和价值规律在社会主义经济建设中的作用，我的一个批判者提出责问道："那么，你认为国民经济综合平衡依据的是什么规律？"当时，我就脱口而出："千规律，万规律，价值规律第一条。"于是，他就得意地嘲笑道："嘻！恰恰相反，在国民经济综合平衡中，起作用的偏偏不是价值规律，而是使用价值规律！"后来，陈伯达、"四人帮"就把我的这句话当作修正主义政治经济学的"罪证"来批判。我这句话虽然是在激动中脱口而出说的；然而这是符合我多少年来长期坚持的思想的。因此，我至今不认为这句话有什么错误。

现在大家都在谈价值规律这个不以人们主观意志为转移的客观经济规律的重要性，所以，我觉得很有必要重新阐述一下，为什么在一切经济规律中，价值规律是最基础的或第一条规律。

我们还是要请马克思本人出来说话：

"以集体生产为前提，时间规定当然照旧保有其本质的意义。社会为生产小麦、家畜等等所需要的时间越少，它对于其他生产，不论是物质的生产或精神的生产所获得的时间便越多。和单一的个人一样，社会发展、社会享乐以及社会活动的全面性，都决定于时间节约。一切经济最后都归结为时间经济。正像单个的人必须正确地分配他的时间，才能按照适当的比例获得知识或满足他的活动上的种种要求；同样，社会也必须合乎目的地分配它的时间，才能达到一种符合其全部需要的生产。因此，时间经济以及有计划地分配劳动时间于不同的生产部门，仍然是以集体为基础的社会首要的经济规律。甚至可以说这是程度极高的规律。"（《政治经济学批判大纲（草稿）》第一分册第一一二页）

读者可以看到，马克思在这里接连讲了三个规律。既肯定了"时间规定"或"节约时间的规律"；又讲到了"农业是基础的规律"；最后几句说的是"有计划按比例规律"以及对这三条规律的总评价：时间的节约是最基本的规律，是程度极高的规律（也有人译作"水平极高"的规律），是其他两条规律的基础，而且是和其他两条规律紧密不可分离的。

时间节约的规律就是社会平均必要劳动量的规律，也就是价值规律。资本主义社会依靠这条规律，战胜了封建社会。但是，在资本主义社会里，这条规律是以自发势力的形式出现的。它通过市场竞争，迫使落后的、浪费活劳动和物化劳动的企业，归于淘汰；它鼓励先进的、节约活劳动和物化劳动的企业，取得胜利；先进的企业如果不继续进步，就又会被别的更先进的企业所淘汰。这样，价值规律，或节约时间的规律，就促进了资本主义社会生产力的不断发展。

在社会主义社会里，我们不应该让价值规律以这种自发势力的形式来起作用。我们应该从"必然王国"进入"自由王国"，通过自觉地不断改进经营管理、革新技术的方法，来节约时间，使我们的各行各业（包括非物质生产部门在内），能够以最小的劳动消耗取得最大的经济效果，使我们的社会主义社会能够不断飞速前进。这就是说，我们应该主动地、自觉地按照节约时间的规律，即价值规律办事。但是，陈伯达、"四人帮"却把我们自觉地按照价值规律办事，争取以最小的劳动消耗取得最大的经济效果，说成是搞修正主义。在他们的干扰和破坏下，把我们的国民经济引导到了崩溃的边缘。这个教训是多么深刻啊！

由于不少经济学者不认为时间节约的规律就是价值规律，所以我们有必要从马克思的《资本论》中再引证一段话来作说明：

"在资本主义生产方式消灭以后，但社会生产依然存在的情况下，价值决定仍会在下述意义上起支配作用：劳动时间的调节和社会劳动在各类不同生产之间的分配，最后，与此有关的簿记（马克思这里所说簿记是包括统计在内的一切计算工作——引者注），将比以前任何时候都更重要"（《马克思恩格斯全集》第二十五卷第963页，这段引文中的"价值决定"和前面引文中"时间规定"，其中"决定"和"规定"在原文是一个词）。

马克思的这段话很明确地指出，他所说的时间节约，也就是指，在共产主义社会的社会化生产中，仍然存在着并且起着作用的"价值决定"或"价值规律"。

恩格斯的下面这两段话也说明了这一点：

"在私有制消灭之后……价值这个概念实际上就会愈来愈只用于解决生产的问题，而这也是它真正的活动范围。（《马克思恩格斯全集》第一卷第605页）

"在决定生产问题时，……对效用和劳动花费的衡量，正是政治经济学的价值概念在共产主义社会中所能余留的全部东西，这一点我在一八四四年已经说过了（《德法年鉴》第95页）。但是，可以看到，这一见解的科学论证，只是由于马克思的《资本论》才成为可能"（《马克思恩格斯选集》第三卷第348、349页）。

那么，当我的那个批判者得意地宣布"在国民经济综合平衡中起作用的偏偏不是价值规律，而是使用价值规律"的时候，他心目中的使用价值规律是指什么呢？（"使用价值规律"这个词倒的确是我的这个批判者的"创造"）他指的就是：例如，某年要上到一亿吨钢，那么一方面，相应地，煤、电、生铁以及其他生产钢所需要的生产资料部门的产量指标就要上到多少；另一方面，使用钢铁做生产资料的生产部门的产量就可以上到多少，等等。总之，他所指的就是技术定额。我的批判者，曾经因为我强调经济核算、节约劳动等，说我的经济学是技术经济学，是生产力经济学。但是，我们可以看到，我的这位批判者所说的使用价值规律学，倒是道道地地的技术经济学或技术定额学。而价值规律是建立在产品或商品的两重性之上的，即建立在使用价值和劳动费用的关系之上的：所以是不排除使用价值的；而使用价值是可以没有价值的（如空气、阳光、雨水等）。

计划草案中的产品产量只是表明我们所希望达到的目标，而计划工作的主要任务是：一方面在于如何根据我们所掌握的人力、物力，来确定这些产品产量指标；另一方面在于用何种措施来达到这些目标，为了达到这些目标，需要在各部门之间如何最恰当地分配物化劳动和活劳动。

最后，我们必须记住：马克思的政治经济学只是对客观的经济过程作科学分析并指出这些过程中所客观存在的规律。在他的叙述方法中，从来不把客观经济过程中存在的诸种规律一条一条地、孤立地表述，也不大给这些规律下定义，因此，也很少用"规律"这个词。虽则，他的著作是最明晰不过地分析并且描述了这些客观存在的规律的。上面手稿那段话中，直接讲到了"规律"，那真是极少的例外，而且他也不是给这规律下定义。规律不是分析研究的出发点，而是分析、研究的结果。

但是，如果要把现在经济学界议论最多的种种规律，都作一番现象罗列，那么，按劳分配规律，讲的就是产品价值中 C·V·M 这三个组成部分的相互关系，特别是 V 和 M 的相互关系，而产品价值本身就是恩格斯上面所说的费用和效用的关系——以费用（劳动量）作分子、以效用（使用价值）作分母：$\frac{劳动量}{使用价值量}$，把这百分数公式倒过来，$\frac{使用价值量}{劳动量}$就是劳动生产率的公式，劳动生产率的增长也就是表现为不断使这公式中的分母（劳动量）缩小，让分子（使用价值量）增加。这在社会主义社会中，也就是斯大林所说的"社会主义社会的基本经济规律"：用在高度技术基础上使社会主义生产不断增长和不断完善的办法，来保证最大限度地满足整个社会经常增长的物质和文化的需要。这里需要补充说明的，就是：要使生产不断增长，就不仅需要不断改进技术，而且还需要不断改进上层建筑和生产关系。我们可以看到，如果一个一个规律分开来研究经济学，就会变成孤立地来考察问题的形而上学方法。

毛主席早在抗日战争胜利前夕就说过："中国一切政党的政策及其实践，在中国人民中所表现的作用的好坏、大小，归根到底，看它对于中国人民的生产力的发展是否有帮助及其帮助之大小，看它是束缚生产力的，还是解放生产力的。"（《论联合政府》）毛主席在这里说的是："归根到底"为的是"解放生产力"，而解放生产力就是要以最小的劳动费用，获得最大的效用。这也就是恩格斯所说的"政治经济学的价值概念在共产主义社会中所能余留的全部东西"。但是到现在，不少经济学者一谈到"价值规律"，在他们心目中还是资本主义商品市场上那一套：通过价格的涨落来调节供求关系，也即是调节生产；所不同的仅仅在于：过去是靠市场的自发势力起作用，现在是靠我们主动地进行价格调整来起作用。然而，这只是在存在商品生产的情况下，在生产和消费、供应和需求不完全适应的情况下，调节个别商品的生产和销售，不得不采取的办法。这只能作为计划的补充。对整个社会主义生产来说，起决定作用的毕竟是"时间节约"意义上的那个价值规律。

资料来源：孙冶方，千规律，万规律，价值规律第一条，《光明日报》，1978年10月28日经济学版，有改动。

案 例 讨 论

1.如何理解孙冶方先生提出的"千规律，万规律，价值规律第一条"？

2.社会主义市场经济中的价值规律，与孙冶方先生讲的有什么联系与区别？

3.建设高水平社会主义市场经济如何进一步发挥价值规律的作用？

案例二　马克思、恩格斯对价值规律的论述

商品生产和价值规律是马克思主义政治经济学的核心理论之一，也是经常与其他经济学流派互通对话的一种基本理论。

一、马克思对前人的批判继承

斯密在《国民财富的性质和原因的研究》（《国富论》）中，论述了自然价格与市场价格的关系，指出市场价格会受供求影响而上下波动，但自然价格起着"中心价格"的作用，各种意外的因素会把商品的市场价格抬到自然价格以上或强抑到自然价格以下，但不管有什么障碍，市场价格终究会被吸引趋向于接近自然价格。斯密的论述，初步说明了价值规律的作用，但其理论的缺陷是忽略了劳动耗费而只认可生产费用的决定作用。李嘉图在《政治经济学及赋税原理》中对价值概念做了新的论述，认为："商品的价值或其所能交换的任何另一种商品的量，取决于其生产所必需的相对劳动量，而不取决于付给这种劳动的报酬的多少。""必需的相对劳动量"的概念很科学，但其理论的缺陷是把社会必要劳动量说成是在最不利的生产条件下的劳动耗费，所以不能科学地说明资本和劳动的交换怎样能产生剩余价值。

二、马克思的价值理论

马克思批判地吸收了斯密的自然价格理论和李嘉图的价值理论，在《资本论》中，从劳动二重性出发，以历史实践的进程和科学严密的逻辑，分析了劳动与资本的矛盾关系运动，强调商品的价值是由劳动者的劳动所创造的，商品价值是人类一般劳动的凝结。在劳动价值论基础上

建立了剩余价值论，从价值到剩余价值，从剩余价值到利润，从利润到平均利润、生产价格的分析，合乎逻辑地指出：雇佣工人即劳动者是创造价值的主体，劳动者的劳动才是价值的源泉，而资本家作为剥削者并不参与劳动过程，而只是单纯凭借对资本的所有权，不劳而获地拥有工人创造的剩余价值。价值在生产领域由被雇佣劳动者创造，但必须通过流通领域的交换才能实现，并以工资、利润的形态各自获得利益。马克思对价值规律没有做过明确的说明，但有过经典的论述，他说："在私人劳动产品的偶然的不断变动的交换比例中，生产这些产品的社会必要劳动时间作为起调节作用的自然规律强制地为自己开辟道路，就像房屋倒在人的头上时重力定律强制地为自己开辟道路一样。因此，价值量由劳动时间决定是一个隐藏在商品相对价值的表面运动后面的秘密。"我们都认为，这是马克思对价值规律的客观属性的经典表述。

三、恩格斯的价值理论

恩格斯1844年在《国民经济学批判大纲》中说："价值是生产费用对效用的关系。价值首先是用来决定某种物品是否应该生产，即这种物品的效用是否能抵偿生产费用。然后才谈得上运用价值来进行交换。如果两种物品的生产费用相等，那么效用就是确定它们的比较价值的决定性因素。"接着还指出，私有制一旦被消灭，"价值概念的实际运用就会越来越限于决定生产，而这也是它真正的活动范围。"他在《反杜林论》再版时，对有关问题的论述加了一个注，进一步强调"上面所说的在决定生产问题时对效用和劳动支出的衡量，正是政治经济学的价值概念在共产主义社会中所能余留的全部东西"。尽管理论界对恩格斯的价值理论持否定态度，但马克思对恩格斯的价值理论却非常赞赏。1868年1月8日，马克思给恩格斯的一封信中说："价值规定在资产阶级社会中不是'直接'实现的。"社会所支配的劳动时间调节生产"通过商品价格的变动来实现，那么，结局就始终像你在《德法年鉴》中已经十分正确地说过的那样"。所谓"十分正确地说过",就是指恩格斯发表在《德法年鉴》上的《国民经济学批判大纲》中"价值是生产费用对效用的关系"的观点。1895年恩格斯在逝世前半年再版《反杜林论》时,将这一观点与《资本论》联系起来,重申他在1844年已经说过了。"但是,可以看到,这一见解的科学论证,只是由于马克思的《资本论》才成为可能。"恩格斯关于"价值是生产费用对效用的关系"的理论,涵盖了市场经济运行的基本内容。而马克思的价值概念,采取了抽象的研究方法,它舍弃了市场价格的变动,舍弃了市场的竞争,因此,它是解剖资本主义社会矛盾的理论工具和分析矛盾的方法。

恩格斯在整理编写《资本论》时,就马克思对价值规律的表述,曾经做过注解性的说明:"我们应该怎样理解这个只有通过周期性的革命才能为自己开辟道路的规律呢?这是一个以当事人的无意识活动为基础的自然规律。"另外,恩格斯对价值规律也做了独自的研究与表述,这里需要特别推荐,要认真阅读恩格斯对马克思价值理论所做的解读性文章,即1848年恩格斯为马克思的《哲学的贫困》撰写的法文序言,这篇序言在马克思生前并未全文发表。1885年,序言以《马克思和洛贝尔图斯》为题发表在《新时代》杂志上。后由查苏利奇翻译为俄文,收入1886年由劳动解放社在日内瓦出版的俄文版《哲学的贫困》。德国经济学家洛贝尔图斯曾一再指责马克思"剽窃"了他的价值理论,但实际上,他不懂社会必要劳动决定价值,也不懂价格背离价值以及竞争完成价值实现。恩格斯在这篇文章中,以通俗的语言从市场运行的实际出发,解释了价值理论以及价值规律的实践性,他说:"在现在的资本主义社会中,每一个工业资本家都是完全由自己负责进行生产的,生产什么,怎样生产,生产多少,都随他的意。但是,对他说来,社会需要永远是一个未知数,无论是需求对象的质量、品种,还是它们的数量,都是这样。今天还不能充分迅速供应的东西,明天就可能大大超过需求。尽管如此,需求还是以这种或那种方式、或多或少地得到了满足,而生产总的说来毕竟是依照所需求的对象来进行的。矛盾是怎样解决的呢？是通过竞争解决的。竞争又是怎样解决问题的呢？非常简单：凡是品种或者数量不符合当前社会需求的商品，竞争就使它们的价格落到它们的劳动价值之下，通过这种曲折的途径，使生产者感觉到，他们要么是生产了根本不需要的东西，要么是生产的东西本身虽然有需要，但数量已经超过需要，成为多余的了。由此可以得出两个结论：第一，商品的价格与商品价值的不断偏离是一个必要的条件，只有在这个条件下并且只是由于这个条件，商品价值才能存在。只有通过竞争的波动从而通过商品价格的波动，商品生产的价值规律才能实现，社会必要劳动时间决定商品价值这一点才能成为现实……第二，竞争使商品生产的价值规律在一个进行交换的商品生产者的社会里发生作用，从而也就使得在这种条件下唯一可能的社会生产组织和制度得以实现。单个的商品生产者只有通过产品的跌价或涨价才能明白社会需要什么、需要多少和不需要什么……"恩格斯在这里就价格机制、竞争机制以及二者的关系的说明，完整地论述了价值规律运行的基本形态。

四、马克思恩格斯价值规律理论的实质内容

马克思恩格斯的价值规律有两个基本点：一是商品的价值量是由生产这种商品的社会必要劳动时间决定；二是商品交换要以价值量为基础，虽然商品的生产者总想提高价格，而消费者又想降低价格，但在长期的市场交换中，必然会形成等价交换的趋势。"社会必要劳动时间"和"等价交换"是价值规律最基本的两个要点。

马克思恩格斯的价值理论从商品出发，以劳动二重性为基础，价值在生产过程中被创造，通过商品交换实现，因此，马克思恩格斯的价值规律就是价值决定的规律，是价值实现的规律。价值由生产商品所耗费的社会必要劳动量决定；价值又由商品所包含的社会必要劳动量通过市场价格在市场价值上下波动的形式实现。价值决定，督促商品生产者采

用新的生产方法不断提高劳动生产率；价值实现，调节商品生产与流通，私人商品生产者在盲目的竞争中，以社会劳动的巨大浪费为代价，自发地实现等价交换的原则。

价值规律最核心的内容是商品价值量决定于社会必要劳动时间。但是，马克思在《资本论》中有两种不同含义的社会必要劳动时间。第一种含义的社会必要劳动时间，是相对于个别劳动时间而言的，也就是生产某一单位商品所需要的社会平均劳动时间；第二种含义的社会必要劳动时间，是相对于社会总劳动来说的，是社会总劳动量中的这样一个构成部分，即为生产满足社会对某种商品的需要所必要的劳动时间。决定商品价值量的是第一种含义的社会必要劳动时间，至于第二种含义的社会必要劳动时间，只影响商品价值的实现，决定商品的价格与价值的一致或背离。

资料来源：冒天启,社会主义条件下的价值规律,《经济研究》,2002年第2期,有改动。

案 例 讨 论

1.马克思、恩格斯价值规律理论的要点有哪些？

2.西方经济学价值理论与马克思主义政治经济学价值理论的差异有哪些？

3.在社会主义市场经济中，影响价值规律的运行，或者说市场机制发挥作用的障碍有哪些？

案例三　社会主义市场经济体制是如何上升为基本制度的？

党的十九届四中全会通过的《中共中央关于坚持和完善中国特色社会主义制度、推进国家治理体系和治理能力现代化若干重大问题的决定》（以下简称《决定》），对中国特色社会主义基本经济制度的内涵作出新的概括，提出："公有制为主体、多种所有制经济共同发展，按劳分配为主体、多种分配方式并存，社会主义市场经济体制等社会主义基本经济制度，既体现了社会主义制度优越性，又同我国社会主义初级阶段社会生产力发展水平相适应，是党和人民的伟大创造。"对社会主义基本经济制度的新概括，是新中国 70 多年来特别是改革开放 40 多年来中国社会主义经济建设和改革实践创新的凝练，也是马克思主义政治经济学理论创新的结晶。特别是其中对社会主义市场经济体制是社会主义基本经济制度的概括，更是凸显了坚持社会主义市场经济改革方向是中国特色社会主义政治经济学重大原则的内涵，彰显了发展和完善社会主义市场经济体制是中国特色社会主义政治经济学理论主题的意蕴。

实践创新是理论创新的先导，理论创新是实践创新的升华。回顾新中国 70 多年特别是改革开放 40 多年来社会主义市场经济从机制、体制到制度的演进，能使我们从实践和理论的结合上清晰地把握社会主义市场经济这一经济学规律，是以怎样的形式被揭示出来并得到进一步发展的，进而拓展社会主义基本经济制度认识新视野，推进中国特色社会主义政治经济学新发展。

以重新认识价值规律的作用为起点，从经济机制调整切入，着力于市场机制、市场调节和计划机制、计划调节关系的探索

中华人民共和国成立后，面对中国经济落后特别是国民经济基础极其薄弱的现状，在社会主义过渡时期，我国选择了高度集中的经济体制，集中当时有限的人力、物力、财力资源，加强国家基础设施重点建设，推进国民经济体系建设。在社会主义经济建设加速推进中，高度集中的经济体制的弊端逐渐显露。1956 年 4 月，毛泽东在《论十大关系》讲话中已经有针对性地指出，要用"兼顾"和"统筹"的办法，处理和解决当时社会主义建设中出现的各种"矛盾"和"问题"。他认为，"统筹兼顾，各得其所"原则，是"我们历来的方针，在延安的时候，就采

取了这个方针。这是一个什么方针呢？就是调动一切积极力量，为了建设社会主义。这是一个战略方针"。

按照"统筹兼顾"原则，党的八大对经济体制改革作过多方面的探索，周恩来在《关于发展国民经济的第二个五年计划的建议的报告》中提出："由于社会主义改造事业的胜利，社会主义经济已经在我国占据了绝对的统治地位，这就使我们有可能在适当的范围内，更好地运用价值规律，来影响那些不必要由国家统购包销的、产值不大的、品种繁多的工农业产品的生产，以满足人民多样的生活需要。"在这里，"更好地运用价值规律"实质上就是对市场和市场机制、市场调节作用的认可。周恩来还提出了"在国家统一市场的领导下，将有计划地组织一部分自由市场……将会对国家的统一市场起有益的补充作用"的改革设想。陈云也在党的八大上提出了"三个主体、三个补充"的设想，即"国家经营和集体经营是工商业的主体"，个体经营是"国家经营和集体经营的补充"；"计划生产是工农业生产的主体，按照市场变化而在国家计划许可范围内的自由生产是计划生产的补充"；"在社会主义的统一市场里，国家市场是它的主体"，"自由市场，是在国家领导之下，作为国家市场的补充"。之后，对高度集中的经济体制改革的理论和实践探索时起时伏，一直没有停止过。但是，经济体制改革的整体思路，主要还囿于中央与地方权力配置调整的问题，没能从根本上触动政府统得过多、市场作用趋弱的根本问题，没有能从计划和市场关系上找到经济体制改革的突破口。

改革开放新时期，党的十一届三中全会对我国原有的高度集中的计划经济体制中存在的"严重缺点"作了深刻分析，针对这一经济体制中存在的权力过于集中的弊端，提出了一系列改革措施，如提出应该有领导地大胆下放权力，让地方和工农业企业在国家统一计划的指导下有更多的经营管理自主权；进而强调坚决按经济规律办事，重视价值规律的作用。"重视价值规律的作用"，成为党的十一届三中全会提出的改革高度集中的计划经济体制的基本思想。价值规律是以价格机制、供求机制和竞争机制为作用过程的商品经济基本规律，重视价值规律作用内在地包含了重视市场机制和市场调节的作用。

党的十一届三中全会后不久，1979年3月，陈云在关于"计划与市场"问题的提纲中就提出："整个社会主义时期必须有两种经济：（1）计划经济部分（有计划按比例的部分）；（2）市场调节部分（即不做计划，只根据市场供求的变化进行生产，即带有盲目性调节的部分）。第一部分是基本的主要的；第二部分是从属的次要的，但又是必要的。"针对当时经济体制改革的实际，陈云认为："在今后经济的调整和体制的改革中，实际上计划与市场这两种经济的比例的调整将占很大的比重。不一定计划经济部分愈增加，市场经济部分所占绝对数额就愈缩小，可能是都相应地增加。"对陈云的这些观点，邓小平不仅表示赞同，而且还从市场和计划关系上升到市场经济和计划经济视界，提出"说市场经济只存在于资本主义社会，只有资本主义的市场经济，这肯定是不正确的"，强调"我们是计划经济为主，也结合市场经济"。

1979年6月，五届全国人大二次会议提出，通过经济改革，要逐步建立起计划调节与市场调节相结合的体制，要以计划调节为主，同时充分重视市场调节的作用。1981年6月，党的十一届六中全会通过的《关于建国以来党的若干历史问题的决议》肯定了这一改革取向，提出"必须在公有制基础上实行计划经济，同时发挥市场调节的辅助作用"，强调"要大力发展社会主义的商品生产和商品交换"。《决议》还从"社会主义生产关系的发展并不存在一套固定的模式"的高度提出，"我们的任务是要根据我国生产力发展的要求，在每一阶段上创造出与之相适应和便于继续前进的生产关系的具体形式"。这一宝贵思想凸显了经济体制具体形式的选择，与阶段性的"创造"有着直接的关系；而阶段性的"创造"，总是与生产力发展的"要求"和"继续前进的"生产关系的变化相关联的。据此，1981年11月，五届全国人大四次会议提出："我国经济体制改革的基本方向应当是：在坚持实行社会主义计划经济的前提下，发挥市场调节的辅助作用，国家在制定计划时要充分考虑和运用价值规律。"

1982年9月，党的十二大对我国最初几年经济体制改革成就的总结中，将经济体制的基本构架概括为"计划经济为主、市场调节为辅"，并提出"正确贯彻计划经济为主、市场调节为辅的原则，是经济体制改革中的一个根本性的问题"。这一基本构架的提出及其在实践中的实施，对原有的高度集中的计划配置资源方式，无疑是一个很大的冲击，对我国经济体制改革起着重要的推动作用。

以计划与市场关系为核心问题，从经济体制改革突破，探索计划经济和商品经济、市场经济的关系，形成以体制"定位"为主要特征的逻辑过程

1984年10月，党的十二届三中全会通过的《关于经济体制改革的决定》，是新时期经济体制改革进程的重要标志。《决定》明确提出：在经济体制改革中，"首先要突破把计划经济同商品经济对立起来的传统观念"；"社会主义计划经济必须自觉依据和运用价值规律，是在公有制基础上的有计划的商品经济"；"商品经济的充分发展，是社会经济发展的不可逾越的阶段，是实现我国经济现代化的必要条件"。《决定》突破了那种把社会主义经济看作纯粹的计划经济观念的束缚，形成了经济改革是经济体制和经济制度全面改革的新理念，走出了社会主义市场经济体制改革的关键一步。之后，我国经济改革加速推进、经济发展长足前行，这与经济体制目标模式选择上的重大突破是密切相关的。

1987年10月，党的十三大根据我国经济体制改革发展的新的实践，提出了"建立计划与市场内在统一的体制"的改革思路，认为社会主义商品经济的发展离不开市场的发展和完善，利用市场调节决不等于搞资本主义，明确提出建立"国家调节市场，市场引导企业"为特征的经济体制的运行模式。"国家调节市场，市场引导企业"的改革模式，极大地开阔了中国社会主义政治经济学的理论视界，引发了对这一改革模式的深入探讨。"国家调节市场，市场引导企业"模式较之于"计划经济为主，市场调节为辅"模式，凸显了计划调节与市场调节作为有机统一体，既不是板块式结合，也不是渗透式结合；作为有机统一体，在调节范围上，计划调节是宏观层次，市场调节是微观层次。但在理念上，"国家调节市场，市场引导企业"这一提法，还没有完全摆脱计划经济和市场经济分别同社会主义和资本主义性质相联系的"制度性"规定观念的束缚，也还没有对市场作为资源配置基础性手段的问题作出进一步的切合经济社会发展实际的说明；在改革模式选择上，还局限于计划机制与市场机制关系的框架内，还没有上升到经济体制整体关系的高度。

实践创新推进着理论创新，而理论创新也推动着实践创新。1991年春，邓小平在视察上海的谈话中指出："不要以为，一说计划经济就是社会主义，一说市场经济就是资本主义，不是那么回事，两者都是手段，市场也可以为社会主义服务。"1992年春，他在视察南方的谈话中再次强调："计划经济不等于社会主义，资本主义也有计划；市场经济不等于资本主义，社会主义也有市场。计划和市场都是经济手段。"邓小平的这些言简意赅的阐释，从根本上区分了市场经济体制性规定与制度性规定的关系，无疑是对社会主义政治经济学的重大理论创新。

马克思在对政治经济学史的研究中曾提出，经济范畴的形成大多经历了"极其艰难地把各种形式从材料上剥离下来并竭力把它们作为特有的考察对象固定下来"的过程。邓小平关于计划经济和市场经济关系探索的理论创新，一方面，离析市场经济对资本主义私有制的依附关系，使市场经济从资本主义基本经济制度规定中"剥离下来"，形成具有体制性规定的一般的"抽象要素"。即如邓小平一再强调的："计划多一点还是市场多一点，不是社会主义与资本主义的本质区别。"另一方面，提出市场经济作为一般的"抽象要素"，只有在与一定的社会基本经济制度结合时，才具有充分性和现实性。马克思在《〈政治经济学批判〉导言》中指出："一切生产阶段所共有的、被思维当作一般规定而确定下来的规定，是存在的，但是所谓一切生产的一般条件，不过是这些抽象要素，用这些抽象要素不可能理解任何一个现实的历史的生产阶段。"邓小平的这一理论创新，一方面把市场经济与资本主义基本经济制度相离析，形成市场经济一般范畴；另一方面又强调市场经济体制必然要与一定的社会基本经济制度"结合起来"，提出与社会主义基本经济制度相结合的"社会主义市场经济体制"这一崭新概念。

在经济制度的替代关系上，社会主义市场经济体制是对原有的计划经济体制的赓续，而计划经济历来就具有社会主义基本经济制度的规定性；在经济制度的对比关系上，社会主义市场经济体制是相对于资本主义市场经济而言的，而资本主义市场经济也历来被看作具有资本主义私有制的制度规定性。可见，社会主义市场经济体制内在地包含着基本经济制度的规定性。但是，在社会主义市场经济体制形成之初，社会主义市场经济体制与社会主义基本经济制度的兼容性，还是一个需要在实践中探索并经受实践检验的理论问题。也就是说，社会主义市场经济的制度性规定在实践和理论上还没有得到具体昭示。

与社会主义基本经济制度相兼容的实践和理论探索，是社会主义市场经济体制具有社会主义基本经济制度规定性的必然过程。1992 年 10 月，党的十四大在确立社会主义市场经济体制改革目标模式时就指出："在九十年代，我们要初步建立起新的经济体制，实现达到小康水平的第二步发展目标。再经过二十年的努力，到建党一百周年的时候，我们将在各方面形成一整套更加成熟更加定型的制度。"从体制"建立"的定位到制度意义上"定型"的验证，需要在经济体制改革中不断实践、艰辛探索，需要社会主义市场经济体制自身的发展和完善，还需要社会主义市场经济体制在社会主义经济关系"总体"中不断融入和生成基本经济制度的规定性。1993 年 11 月，党的十四届三中全会通过的《关于建立社会主义市场经济体制若干问题的决定》，提出了社会主义市场经济体制的基本框架，在建立现代企业制度、培育现代市场体系、转变政府职能和完善宏观调控体系，以及建立社会保障体系等方面提出了一系列创新性见解，对建设什么样的社会主义市场经济、怎样建设社会主义市场经济问题作出了初步回答。

2013年11月，习近平总书记在党的十八届三中全会上回顾这一时期的改革历程时指出："从党的十四大以来的20多年间，对政府和市场关系，我们一直在根据实践拓展和认识深化寻找新的科学定位。党的十五大提出'使市场在国家宏观调控下对资源配置起基础性作用'，党的十六大提出'在更大程度上发挥市场在资源配置中的基础性作用'，党的十七大提出'从制度上更好发挥市场在资源配置中的基础性作用'，党的十八大提出'更大程度更广范围发挥市场在资源配置中的基础性作用'。可以看出，我们对政府和市场关系的认识也在不断深化。"这一论述，提出了党的十四大至党的十八大这一时期社会主义市场经济体制改革的三个特征：其一，这一时期社会主义市场经济体制改革已经由党的十四大之前计划和市场关系的核心问题，转变为政府和市场关系的核心问题；其二，这一时期，特别是党的十七大已经开始从"从制度上"深化社会主义市场经济体制改革的探索；其三，这一过程"一直在根据实践拓展和认识深化寻找新的科学定位"。由此得出"从理论上对政府和市场关系进一步作出定位，这对全面深化改革具有十分重大的作用"的结论。

以政府与市场关系为核心问题，着力推进治理结构和制度创新，在社会主义经济关系"总体"上，增强社会主义市场经济的制度规定性，形成以制度"定型"为主要特征的逻辑过程

党的十八大以来，习近平总书记把"坚持社会主义市场经济改革方向"，确定为中国特色社会主义政治经济学的"重大原则"，从"辩证法、两点论"的方法上，对社会主义基本经济制度和市场经济体制关系问题作了多方的阐释，彰显了社会主义市场经济的制度规定性，丰富了社会主义市场经济作为中国特色社会主义政治经济学理论主题的内涵。

社会主义市场经济体制具有的社会主义基本经济制度的规定性，并不是由经济体制一般性决定的，而是由与之"结合起来"的基本经济制度的特殊性所决定的，是由社会主义经济关系"总体"的性质所决定的。马克思在《〈政治经济学批判〉导言》中指出："在一切社会形式中都有一种一定的生产决定其他一切生产的地位和影响，因而它的关系也决定其他一切关系的地位和影响。这是一种普照的光，它掩盖了一切其他色彩，改变着它们的特点。这是一种特殊的以太，它决定着它里面显露出来的一切存在的比重。"在资本主义经济关系"总体"中，"资本"作为资本主义生产资料私有制的核心范畴，就是这一"总体"中的"普照的光""特殊的以太"，就是资产阶级社会中支配一切的"经济权力"。在社会主义经济关系"总体"中，居于社会主义所有制结构主体地位的生产资料公有制，就是"总体"中的"普照的光"，就是"特殊的以太"，就是社会主义经济关系中支配一切的"经济权力"，也就是社会主义市场经济体制融入和生成社会主义基本经济制度规定的根据和条件。

社会主义市场经济是经济体制一般和经济制度特殊的统一。党的十八大以来，全面深化经济体制改革的实践，使社会主义市场经济体制更为深入地与社会主义基本经济制度相兼容，社会主义基本经济制度规定性也更为实际地与市场经济体制相结合、相融合，生成为市场经济的属性。这一理论趋向，深刻地体现于习近平新时代中国特色社会主义思想中。这就是说，习近平新时代中国特色社会主义经济思想，为社会主义市场经济体制是社会主义基本经济制度组成部分的概括提供了理论指导。

在对社会主义市场经济的制度性规定的探讨中，习近平新时代中国特色社会主义思想提出了三个重要观点：

首先，习近平总书记提出："我国实行的是社会主义市场经济体制，我们仍然要坚持发挥我国社会主义制度的优越性、发挥党和政府的积极作用。市场在资源配置中起决定性作用，并不是起全部作用。"中国社会主义市场经济体制的发展，是在社会主义制度框架内进行的，深受社会主义制度优越性的规制和影响，同时也深刻地彰显社会主义制度的优越性。坚持党对经济工作的领导和坚持以人民为中心的发展，是社会主义制度优越性和本质特征的集中反映。坚持党对经济工作的领导在根本上就是坚持加强党对经济工作的集中统一领导，保证我国经济沿着正确方向发展，是中国特色社会主义政治经济学最基本的问题。坚持以人民为中心的发展思想，是中国特色社会主义政治经济学最根本的立场。习近平总书记以"无产阶级的运动是绝大多数人的、为绝大多数人谋利益的独立的运动"，在未来社会"生产将以所有的人富裕为目的"的马克思主义基本理论为指导，进一步形成"要坚持以人民为中心的发展思想，把增进人民福祉、促进人的全面发展、朝着共同富裕方向稳步前进作为经济发展的出发点和落脚点"的思想。这是部署所有经济工作、制定全部经济政策、推动整体经济运行要牢牢坚持的根本立场，也是对社会主义市场经济的最重要的制度性规定，也是融入社会主义市场经济体制、并使之具有社会主义基本经济制度属性的根本规定。

其次，习近平总书记提出："实行公有制为主体、多种所有制经济共同发展的基本经济制度，是中国共产党确立的一项大政方针，是中国特色社会主义制度的重要组成部分，也是完善社会主义市场经济体制的必然要求。"社会主义市场经济体制的发展和完善，是坚持社会主义基本经济制度的必然要求，也是社会主义基本经济制度在经济体制上的实现形式。社会主义市场经济是在与社会主义基本经济制度"结合起来"的过程中昭示其制度规定性的。我们是在中国共产党领导和社会主义制度的大前提下发展市场经济，什么时候都不能忘记"社会主义"这个定语。习近平总书记强调："之所以说是社会主义市场经济，就是要坚持我们的制度优越性，有效防范资本主义市场经济的弊端。我们要坚持辩证法、两点论，继续在社会主义基本制度与市场经济的结合上下功夫。"在这里，要讲"辩证法、两点论"，要把"看不见的手"和"看得见的手"都用好。政府和市场的作用是相辅相成的，不是对立的，也不是简单地让市场作用多一些、政府作用少一些的问题，要统筹把握，要优势互补、有机结合、协同发力。坚持社会主义市场经济改革方向，要发挥市场经济的长处，又要发挥社会主义制度的优越性，这是中国特色社会主义经济取得成功的关键因素，也是社会主义市场经济体制具有制度规定的根据所在。

再次，习近平总书记提出："公有制为主体、多种所有制经济共同发展的基本经济制度，是中国特色社会主义制度的重要支柱，也是社会主义市场经济体制的根基。"以公有制为主体的基本经济制度，犹如社会主义经济关系的"普照的光""特殊的以太"，改变了市场经济体制的一般性质，奠定了社会主义市场经济体制的"根基"，赋予社会主义市场经济以新的制度性规定。

在社会主义经济制度与市场经济体制结合问题上，既要发挥市场经济的长处，又要发挥社会主义基本制度的优越性；既要使"看不见的手"对资源配置起到决定性作用，又要更好地发挥政府的"看得见的手"作用。解决好市场和政府的这一核心问题，要深化社会主义市场经济体制改革，要以公有制为主体、多种所有制经济共同发展的基本经济制度为"根基"，坚决扫除经济发展的体制机制障碍，推进国家治理体系和治理能力的现代化。

回顾40多年中国经济体制改革的历史，从经济机制调整到经济体制"定位"、再到经济制度"定型"的演进，刻画了社会主义市场经济改革的基本路向及其具有经济制度规定性的过程；而习近平总书记提出的这三个方面的重要观点，是对经济体制改革实践的理论概括，是马克思主义政治经济学总体方法论的创造性运用，也是我们理解和把握社会主义市场经济体制作为社会主义基本经济制度内涵的理论要义。

资料来源：顾海良，社会主义市场经济体制是如何上升为基本制度的？《红旗文稿》，2020年第2期，有改动。

案例讨论

1.社会主义市场经济体制上升为基本制度的历史进程与逻辑理路是

什么?

2.社会主义市场经济体制上升为基本制度,对中国特色社会主义政治经济学的发展及其意义表现在哪些方面?

3.构建高水平社会主义市场经济体制,应该如何将社会主义与市场经济更好地结合起来?

案例四　建构性市场与中国高铁自主创新

改革开放以来,中国高铁行业经过持续的制度变迁,形成了一种特殊的建构性市场,在理论上进一步分析这一市场的性质与功能之前,让我们先回顾下这一市场形成和发展的历史。改革开放之后,铁路和高铁产业经历了五次较大的制度变迁,分别是:(1)1986年和1997年前后的市场化改革;(2)2000年前后铁路业"主辅分离改革";(3)2004—2006年在"跨越式发展战略"名义下进行的改革;(4)2006—2012年在"创新型国家"战略指引下的改革;(5)2013—2016年标准化创新时期的"大部制改革"。

1986年,国务院正式批准了由原铁道部提出的《关于铁道部实行经济承包责任制的方案》,原铁道部第一次重大体制变革即"大包干改革"由此开始。中国铁路机车车辆工业总公司旗下的各个主机厂和研究所纷纷成为自主经营、自负盈亏的企业。铁路局也获得了较大的采购自主权,成为受原铁道部监管下的第二买家。1997年之后,市场化改革进一步深化,原铁道部取消路内机车生产指令性计划,机车采购全部采取招投标方式,使得各主机厂必须凭借先进产品获得中标机会,而为了拿到订单,企业需要更主动与其他成员技术合作以提高自身技术能力,进而提升竞争力。

进入新千年,原铁道部开展了"主辅分离改革"。2000年9月,原铁道部直接管理的铁路工程总公司、铁道建筑总公司、铁路通信信号总公司和中国土木集团公司被整建制划出；下辖34家工厂和4个研究所的中国铁路机车车辆工业总公司一分为二，组建南北车两大集团公司，最终移交国资委管理。由中国南车和中国北车构成的卖方市场"双寡头竞争"的格局初步形成。这一时期，国有企业在原国家计委、原铁道部和科技部等部委的共同协调下，围绕项目课题自主研发国产动车组，为中国高铁后来引进消化吸收和自主创新奠定了坚实的基础。

2003年，原铁道部提出"跨越式发展"战略，撤销了铁路分局，收回铁路局先前获得的自主采购权，使原铁道部再次成为市场的唯一买方，各铁路局的经营、投资以及运输指挥权也高度集中于原铁道部。与此同时，原铁道部大力推动国外技术的引进，并指定中国南车旗下的青岛四方庞巴迪和四方以及中国北车旗下的长客和唐车四家主机厂围绕技术引进开展竞争。

2006年，党中央提出建设"创新型国家"战略，在技术引进时期被边缘化的科技部又发挥了引人注目的重要作用。在原铁道部和科技部协同推进的《中国高速列车自主创新联合行动计划》（简称"两部门联合行动计划"）中，南车和北车两大寡头企业率领旗下的主机厂和研究所在自身技术积累以及消化吸收国外引进技术的基础上，最终实现了自主创新，分别生产出"和谐号 CRH380A 系列"和"和谐号 CRH380B 系列"。

2013年，在国家机关的大部制改革中，铁道部被一分为三，相关政企职能也彻底分开：铁道部原有的拟定铁路发展规划和政策的行政职责划入交通运输部；新组建国家铁路局，由交通运输部管理，承担铁道部的其他行政职责；新组建中国铁路总公司（简称中铁总），承担铁道部的企业职责。此后，中铁总继续推进了由原铁道部提出的建设"标准动车组"计划，据此取得了引领产业发展的主导地位。2015年，中国南车与中国北车被国务院批准合并为中国中车股份有限公司，自此高铁市场在买卖两端都处于完全垄断格局。

高铁产业的上述制度变迁过程型构了一种特殊的市场，即本文所谓的建构性市场。这一市场的性质和功能可以从以下三个角度来考察。

第一，在建构性市场中，以原铁道部为代表的国家机关不仅是作为上层建筑，而且是作为"嵌入"建构性市场的经济主体发挥作用的。在这里，所谓"嵌入"指的是原铁道部等政府部门利用其作为关键用户和系统集成者的地位，承担生产关系的职能，构筑了产业内领航和协调分工的权力。凭借这种特殊的经济作用，原铁道部所代表的政府机关有能力将体现社会主义生产目的的国家规划和政策进一步转化为更为具体的产业发展战略和目标，引领和协调微观企业的行为，以实现高铁的自主创新。

对上述领航和协调权力的分析，必须同时兼顾制度和战略两个维度。一方面，通过一系列制度变革，原铁道部确立了自己在建构性市场中作为唯一用户和系统集成者的地位，其领航和协调权力是以这种地位为基础的；另一方面，这种权力也是通过它所推行的阶段性产业发展战略构筑起来的。本文将前者视为建构性市场中既定的制度条件，并与产业发展战略相区分。做出这种区分的依据是，在高铁自主创新的过程中，原铁道部（或中铁总）作为唯一用户和系统集成商的地位是长期不变的，这一地位虽然赋予了原铁道部领航和协调的权力，但并没有确定这一权力的边界，这一边界最终是由政府机关所推行的产业发展战略所决定的。

2004—2006年，原铁道部在铁路系统内推进了以权力高度集中为特点的体制改革，结束了20世纪90年代形成的系统内部经营和采购权力过度分散的局面，使自己再次成为高铁的唯一用户。在此基础上，原铁道部开始实施技术引进战略，利用这一战略重构了自己与相关集团企业的关系，指定行业内四家企业即南车和北车旗下的四方、长客、唐车、青岛四方庞巴迪参加技术引进，与外国企业开展合作。与此同时，为了避免以市场换技术的"合资陷阱"，原铁道部又组织统一招标，要求国外企业与国内企业签订技术转让合同才能参与技术引进的竞标。这样一来，外国企业之间就只能开展竞争以争取与中国四家企业合作的机会，

▲
▲
▲

从而确保了中国企业在谈判中的有利地位。2013年以后，在实施标准化创新战略时期，原铁道部或中铁总以标准化战略为契机，再度构筑了自身的领航和协调权力。在2013年大部制改革前，为贯彻这一战略，原铁道部凭借行政指令，要求集团企业报送技术规格和参数，交由铁科院评审，以确定标准化体系的各项指标。在大部制改革后，原铁道部退出了高速列车集成领域，中铁总继承了铁道部的项目集成和战略集成的功能，但集成能力较原铁道部为弱。在这种情形下，中铁总依然凭借其作为唯一用户和系统集成商的地位构筑了产业领航和协调分工的权力，总揽项目集成，推进高铁的标准化创新。

可以认为，从技术引进战略实施阶段开始，高铁行业内便形成了一种相对成熟而稳定的分工协调模式，这一模式有别于传统的计划协调，与新古典主义教科书宣扬的非人格化的市场协调也迥然不同，而是一种基于市场的组织化协调。相关学者在考察高铁产业分工协调方式时发现，高铁产业内分工高度专业化，企业之间的资产互补性和技术互补性极高，产业链上下游的利益冲突相对较少，合作更为频繁，在复杂产品系统的各个层次上都能够形成中心性很高的、稳定的合作网络。这一网络有两层结构：首先，原铁道部或中铁总是整个高铁大型技术系统合作网络的中心节点，以顶层用户的身份，联结工程建设、高铁装备和通信信号企业，围绕高铁系统创新目标开展合作；其次，在移动装备、固定设备、信号控制等子系统领域，总成企业则发展为中心节点，与专业化供应商以及相关科研机构达成稳定的互信合作，形成了中国制造业中少见的"关系型供应链"，也就是企业间网络或有组织的市场。这种高铁产业内分工的协调方式，类似于演化经济学高度重视的网络协调，它在企业之间缔造了一种"有组织的市场"，权力、信任、忠诚等制度因素是这一市场有效运作的条件。在这一市场上，新古典经济学强调的工具理性，即以他人为达成自身最大化目的的手段，也让位于哲学家哈贝马斯所界定的交往理性。不同的主体在相互合作和谅解的基础上，而不是仅仅在价格关系的基础上协调各自的计划和行为，从而使企业有可能开展长期集体学习，并在这种学习中培育其创新能力。值得注意的是，在关于高铁的演化和制度经济学文献中，相关论者虽然考察了这一市场的许多特点，却没能找到一个合适的术语来命名这种市场，简单地将其命名为寡占市场或有控制的市场，没有突出这一市场的真正特色。

在2006年之后的自主创新阶段和2013年之后的标准化创新阶段，上述协调模式一直有效地发挥着作用。通过这种基于市场的组织化协调，原铁道部（以及后来的中铁总）有能力安排企业在产业分工体系中的角色和等级，推动企业开展长期互动式学习，培育其创新能力，使企业的价值目标（赢利率）与产业发展目标相契合，从而引领整个产业实现自主创新。

第二，国家或政府机关在建构性市场中的领航和协调作用，还在于承担了与产业创新发展相关的不确定性。正如弗里曼和苏特指出的，与创新相关的不确定性包含两类，分别是市场的不确定性和技术的不确定性。市场的不确定性主要是指对创新产品需求的不确定性。在高铁发展过程中，体现社会主义生产目的的国家规划和投资政策从需求侧型构了建构性市场：一方面，这一政策改变了高铁创新的技术路径，使其从科学驱动型创新转化为需求拉动型创新；另一方面，为高铁产品提供了有保障的需求，克服了市场的不确定性。

《中华人民共和国国民经济和社会发展"九五"计划和2010年远景目标纲要》中规划我国在21世纪初将着手修建京沪高速铁路，这是国家首次将高铁建设列入规划。2004年，国务院颁布《中长期铁路网规划》，提出修建"四纵四横"高铁网络，推动2005年全国铁路固定资产投资额相较前一年猛增51.35%。2008年国际金融危机爆发后，国家出台的投资政策进一步激发了高铁的大规模建设，推动2009年全国铁路固定资产投资相较2008年猛增68.24%，这是中国高铁建设史上投资的最大增幅。2016年，国家发展改革委、交通运输部、中国铁路总公司联合发布《中长期铁路网规划》，计划在"四纵四横"的基础上进一步构建"八纵八横"高铁网。2017年，国家发展改革委、交通运输部、国家铁路局和中国铁路总公司发布《铁路"十三五"发展规划》，提出到2020年全国铁路营业里程达到15万公里，其中，高速铁路3万公里，全国铁路网基本覆盖城区常住人口20万以上城市，高速铁路网覆盖80%以上的大城市。

上述规划和政策的出台，极大地拉动了对高铁建设和技术开发的需求，从需求侧驱动了建构性市场的发展和高铁的创新。在此过程中，原铁道部一方面是关键用户，向企业提供订单，促使企业围绕用户需求开发高速动车组，另一方面也发挥了用户创新的作用，推进了高铁核心零部件和软件系统实现国产化和商业化，以及打造具有完全自主知识产权的标准化动车组。原铁道部始终强调高铁装备和动车组研制必须达到商业化应用水平，因此需要在密集试验、批量应用中发现问题和解决问题。这种以商业化为导向的高强度学习过程为中国高铁高效地实现自主创新创造了必要条件。高铁技术研发的商业化导向也促使高铁产业的创新主体发生了改变，即由早期的以科研机构创新为主导转变为以企业创新为主导。

第三，在建构性市场中，国家或政府机关的领航和协调权力与市场机制相结合，造就了一种基于市场的组织化协调，形成了有利于企业集体学习和创新的激励结构，延长了企业决策的时间视野，推动企业投资于以"产品开发平台"为代表的专用性技术，围绕产业发展的集体目标开展创新与合作，最终克服了技术的不确定性。

企业对高铁专用性技术的投资主要受益于两种因素：一种是预期收益，另一种是行业类高度发展的专业化分工所造成的技术互补性和资产互补性。根据相关学者的调研，在自主创新阶段和标准化创新阶段，高铁设备供应商的利润率大约为15%，这一利润率显著高于同期工业企业销售利润率的平均水平，激励了企业对专用性技术的投资和创新。此外，原铁道部或中铁总能够以需求方身份严格控制市场准入，这一方面使得作为关键创新主体的企业数量保持相对稳定，另一方面也有利于在企业之间形成"相互专用"的长期交易关系，从而促进了对专用性技术的投资。

　　总成企业产品开发平台的形成和发展是高铁专用性技术投资的典型表现。正如路风指出的，产品开发平台具有如下重要作用：第一，产品开发平台是技术创新的动力传导机制，有利于推动企业开展组织学习，追求市场竞争优势；第二，产品开发平台是保持技术知识生产连续性的机制，企业只有在产品开发平台上持续从事技术研发活动，才能不断生产和积累技术知识；第三，产品开发平台是确定企业研发方向，并据此协调技术知识生产的机制；第四，产品开发平台的不断递进或演化是系统集成能力的形成机制，这种系统集成能力是大型技术系统创新的关键因素；第五，产品开发平台是产业创新体系赖以形成的基础环节。以中国南车为例，其产品开发平台经历了下述演化过程：首先在引进国外技术的基础上，通过消化、吸收和再创新，形成了第一代中国高铁产品开发平台，于2007年开发出了最高时速200公里/小时的"和谐号"动车组CRH1A；然后通过自主创新，形成了第二代中国高铁产品开发平台，于2010年生产出了时速380公里/小时的"和谐号"动车组CRH380A；最后，通过标准化创新，形成了第三代中国高铁产品开发平台，生产出了中国标准高速动车组"复兴号"CR400AF。

　　高铁专用性技术投资的另一特点是零部件设备供应商在总成企业的帮助下开展专用性技术投资。例如，作为总成企业的四方公司对铝制材料有一定的需求，但其需求量不足以吸引有实力的大供应商，为此，该公司与此前从未涉足铁路业务的丛林铝业、南山铝业等民营设备供应商合作，在型材设计、模具开发、检验检测等方面为后者提供技术和资金支持，建构了一种"相互专用"的长期交易关系，帮助它们开展专用性技术投资，通过创新提高产品质量，使其最终成为四方动车组铝制材料的核心供应商。

　　资料来源：孟捷,张梓彬,建构性市场、政府内竞争与中国高铁的自主创新——基于社会主义政治经济学视角的阐释,《经济学动态》,2023年第4期,有改动。

⬤案⬤例⬤讨⬤论

1.中国高铁自主创新是如何实现的？

2.建构性市场的特征是什么？

3.建构性市场反映了政府与市场关系的哪些变化？

第四章 资本主义经济制度及其演变

　　导言：基本经济制度是中国特色社会主义制度的重要组成部分。公有制为主体、多种所有制经济共同发展，按劳分配为主体、多种分配方式并存，社会主义市场经济体制等社会主义基本经济制度，既体现了社会主义制度优越性，又同我国社会主义初级阶段社会生产力发展水平相适应，是党和人民的伟大创造，必须毫不动摇地予以坚持和完善。习近平总书记指出，实现中华民族伟大复兴，必须建立符合我国实际的先进社会制度。基本经济制度是反映一国生产关系的基本制度规定，在整个经济制度体系中具有基础性地位。新中国成立以来特别是改革开放40多年来所创造的辉煌成就证明，社会主义基本经济制度符合我国国情，与我国社会主义初级阶段的生产力发展水平相适应，并且能够持续调整完善，不断解放和发展社会生产力，是适合我国国情的先进的基本经济制度。我国社会主义基本经济制度为全面建设社会主义现代化国家提供坚实的制度保障，是新时代经济改革发展的根本遵循，必须毫不动摇地坚持和完善。本章结合习近平总书记相关论述，整理了关于基本经济制度的相关案例，供学生进行分析和对比研究。

案例一　西方学界关于资本主义起源模式之争

资本主义社会是人类历史发展的重要形态，关于资本主义起源问题，中外学者迄今已进行了广泛而深入的研究。在这方面，目前主要存在马克思主义分析模式、商业化模式、精神分析模式等观点。

马克思主义分析模式

马克思关于资本主义起源的一个中心论点是，资本主义产生并取代封建主义的过程乃是新旧生产方式更替的过程，但资本主义社会的经济结构是从封建社会的经济结构中产生的，只有后者的解体才能使前者的要素得到解放。马克思在分析资本的原始形成与自由劳动力的来源后，从世界历史发展的高度，明确了关于资本主义起源的两个重要问题：一是判定 16 世纪为资本主义正式产生的时代；二是判定意大利为最早产生资本主义的地区。正是在马克思论断的基础上，马克思主义学者先后在 20 世纪 40 年代和 70 年代发起两次大辩论，将资本主义的起源研究不断深化。

1946 年，英国剑桥大学讲师莫里斯·多布出版《资本主义发展研究》，由此引发第一次国际大讨论。马克思主义学者以《科学与社会》杂志为阵地，围绕何为从封建主义向资本主义过渡的第一推动力这一主题，进行讨论，最终形成保罗·斯威齐与多布两大阵营。多布把资本主义定义为以工资雇佣关系反映的特定社会关系。在多布看来，资本主义的诞生应当归因于阶级斗争，因为阶级斗争使得小生产者摆脱封建剥削关系的束缚，并带来相应的社会分化。多布驳斥了"皮朗命题"的远距离贸易对资本主义起源的决定性作用，取而代之的是封建社会关系。而斯威齐依然沿袭"皮朗命题"的基本观点，声称正是交换经济的发展加速了封建社会的解体，并推动17、18世纪资本主义的产生与发展。

1976年，罗伯特·布伦纳在《过去与现在》杂志发表《前工业化时期欧洲的农业阶级结构与经济发展》一文，批驳过往将资本主义的历史归结于所谓的"客观经济力量"的做法，特别是人口波动和贸易、市场的增长，批评前人对农业经济"理所当然"的忽略。布伦纳重视产权关系的独特性与差异性。在他看来，导致欧洲各国在同一时期、相似境况下发展迥异的缘由恰是社会产权关系的分殊。正是由于英国独特的"传统地主—资本主义的佃农—雇工"的阶级结构与"再生产法则"，使得各阶层利益交错，地主与佃农共同致力于农业生产进步，"农业资本主义"得以生长。

商业发展引发资本主义

商业化模式是从商业（或贸易）发展的角度来解释资本主义的起源，其代表人物是亨利·皮朗，他把商人阶级的兴起作为资本主义产生的标志。他认为，自12世纪以来资本主义的一切基本特征（包括企业、信贷等）都已存在。皮朗提出"中世纪早期商业扩张和贸易自由、中世纪晚期商业停滞和贸易受管制"的假说，并认为资本主义的产生乃是这种"商业扩张"的结果。皮朗在《中世纪的城市》中指出，直到8、9世纪伊斯兰势力的压迫与入侵之前，地中海贸易的中心地位从未丧失。换言之，5—7世纪的地中海沿岸权力易主并未颠覆传统：城市特性因天主教会而得以幸存，诸如远距离贸易等商业活动与交游其间的商人得以维系营生。相反，9世纪穆斯林在地中海沿岸的扩张，却阻断西欧商贸进一步的发展与资本主义的迸发。从此，西欧脱离地中海而转向内陆，由交换经济转向消费经济、由商业转向农业。伴随查理曼大帝的银币制度改革，西欧经济陷入空前的孤立和衰落，并最终于10—11世纪，借由威尼斯和佛兰德尔南北两大城市经济的带动，西欧商业再度复兴，资本主义也在城市发展中不断壮大。皮朗在《中世纪欧洲经济社会史》中进一步指出，"凝固于农业文明的西欧，倘若没有外界的刺激和范例，是不能如此迅速地习惯一种新的生活"。正是12世纪西欧商业的繁荣和城市的兴起，为资本主义的产生提供了强大动力。

"皮朗命题"提出后，在西方学界影响广泛。受其影响的学者纷纷针对封建经济墨守成规的"凝固性"与"封闭性"，主张若无外力的冲击与带动，封建经济将囿于自然经济的惯性循环而不能自发突围。同时，他们都强调中世纪城市的作用，认为大批农奴逃亡动摇了庄园经济，但前提是农奴们有处可逃，而城市为离弃或失去土地的流浪汉提供了新生活的可能。

精神分析模式

相较于商业化模式，精神分析模式认为现代资本主义的产生和发展中，一个至关重要的因素是人们精神和观念的变化，即"资本主义精神"的孕育与生成。该派的代表人物是维尔纳·桑巴特和马克斯·韦伯，但两人对"资本主义精神"的解读各有所见。

桑巴特认为，"资本主义精神"包括两部分，即"企业的精神"和"市民的精神"，其中"企业的精神"更为原始。在桑巴特看来，"企业的精神"表现在"对金块的贪婪"和"对货币的热心"。这种"贪欲"通过"对冒险的希望"和"对探险的热爱"，而被传导一种勇敢和侵略的态度，形成所谓"征服的精神"。但"企业的精神"并不能单独产生"资本主义"，它需要"市民的精神"的配合，因为只有这种精神才能提供货币和交换方式所需要的精准计算。桑巴特认为"企业的精神"和"市民的精神"组成"资本主义的精神"，这种精神创造了资本主义。

与桑巴特一样，韦伯也从"资本主义精神"分析资本主义的产生。但他认为，"资本主义精神"的主要内容是基督教新教伦理精神。韦伯认为，资本主义精神乃是"以合理而系统的方式追求利润的态度"。但与桑巴特不同，韦伯认为谋利和赚钱这类冲动本身与资本主义毫无关系，资本主义精神并非来自古老的"金钱欲"，而是16世纪宗教改革的产物。他说："现代资本主义精神，以及全部现代文化的一个根本要素，即以天职思想为基础的合理行为，产生于基督教禁欲主义。"韦伯认为，加尔文教的伦理与"资本主义精神"之间存在某种"亲和力"，这是因为加尔文教的伦理戒律包含着一些行为准则，这些行为准则有助于以天职思想为基础的合理行为的养成。正是这些合理行为，促使资本主义的产生。

资料来源：初庆东，王芊入，西方学界关于资本主义起源模式之争，《中国社会科学报》，2019年3月12日第4版，有改动。

案例讨论

1.结合西方学者的分析，运用马克思主义政治经济学基本原理谈谈你对资本主义起源的认识。

2.资本主义道路为什么在中国行不通？

案例二　中国特色社会主义市场经济是市场经济3.0

经过四十余年的改革开放，中国共产党带领中国人民成功地建立了中国特色社会主义市场经济。这是世界历史上一种崭新的市场经济制度。笔者曾经提出，为了理解这种市场经济的特点，可以将工业革命以来的现代市场经济区分为三个类型，分别是市场经济1.0、2.0和3.0。

市场经济体制1.0对应于工业革命后在英国出现的自由市场经济体制。重农学派和斯密以来的古典自由主义经济学以及当代新自由主义经济学，是这种市场经济类型在经济学上的反映，可以称其为市场经济1.0理论。二战结束后，发达资本主义国家形成了市场经济体制2.0。凯恩斯的理论是这一市场经济类型在经济学上的反映，即市场经济2.0理论。当代中国社会主义市场经济属于市场经济体制3.0，作为其理论表现的中国特色社会主义政治经济学，可被称为市场经济3.0理论。

一、市场经济1.0理论

这一类理论既有古典自由主义经济学理论，如重农学派和斯密的理论，也有当代新自由主义经济学理论。古典自由主义经济学将经济和政治（或者说市场和国家，经济基础和上层建筑）看作截然不同的两种制度：市场经济的主体只有私人企业，国家作为"守夜人"处于市场经济之外。

在当代，20世纪80年代以来形成的新古典宏观经济学，也属于市场经济1.0理论。新古典宏观经济学反对凯恩斯主义，通过各种具体学说，如理性预期理论、真实经济周期理论等，否定国家宏观调控的经济职能，延续了市场经济1.0理论的核心思想。此外，当代新制度经济学或新政治经济学，通过其中性国家假说，将国家的经济职能局限于降低交易费用、监督合同的实施等，实质上和传统的自由主义经济学如出一辙。

二、市场经济2.0理论

市场经济2.0理论的代表为凯恩斯、李斯特的理论，以及以演化经济学和后凯恩斯主义经济学为代表的当代异端经济学（heterodox economics）。

这一类理论认识到：在一个纯粹的私人资本主义经济中，产品市场会出现有效需求不足的矛盾；诸如投资这样重要的权力不能完全交托给私人，国家必须接过一部分投资的权力；在后发经济中，如果不能发挥国家的经济作用，将面临企业家职能稀缺、战略性基础设施落后以及知识生产不足等瓶颈。为了克服这些问题，国家就必须担负生产关系的职能，介入并调节市场配置资源的机制，并成为市场经济中的行为主体。

在此类理论中，市场和国家，经济和政治，经济基础和上层建筑的关系被视作相互嵌入和彼此包容的。

三、市场经济3.0理论

我国经济过去四十年的发展，客观上为形成市场经济理论的3.0版本奠定了基础。市场经济3.0与市场经济2.0有许多共同点，但同时又全面超越了市场经济2.0。两者之间的差异主要可以归结为以下两点：其一，在市场经济3.0中，国家的经济作用所涉及的范围和内容更为宽广。以宏观政策而论，除了传统的凯恩斯主义财政和货币政策外，着眼于国家长期发展的"宏观战略管理"在国家经济治理中发挥着十分重要的作用。中国的宏观战略管理和宏观战略投资超越了纯粹的市场逻辑，同时又可与市场经济在整体上相嵌合，是社会主义市场经济在促进经济增长，应对周期性危机方面的核心制度安排。其二，在市场经济3.0中，中国共产党对经济工作发挥着全面领导作用。正是由于党的这种作用，国家才有可能摆脱资本主义各国常见的来自特定利益集团的干扰和限制，更好地完成国家经济治理的任务。

在社会主义初级阶段，党所领导的国家经济治理是一种既与市场相分别，又与其密切融合的经济协调和资源配置机制，其内容涵盖了（但不限于）如下方面：制定和执行国家长期发展战略和中长期发展规划；开展将需求侧管理和供给侧结构性改革相结合的宏观调控；建设中国特色产业政策体制和国家创新体系；协调城乡和区域经济的平衡发展；推动绿色发展，实现经济发展的可持续性；调节收入和财富分配实现共同富裕；推行保护劳动力再生产（医疗、教育、住房等）的经济社会政策；实行高水平对外开放，开拓合作共赢格局；统筹发展和安全，确保国家经济安全等。

社会主义初级阶段的国家经济治理具有如下制度特性：第一，党对国家经济治理的全面领导。党的这种领导作用要通过党对国家机器的领导——通过作为整体的社会主义政党-国家——来实现。党对国家机器的领导，一方面表现为党的组织和国家机器的同构性，另一方面体现为党在意识形态上的领导。党在意识形态上的领导作用，作为社会主义政党-国家的主观方面，是将党的作用和国家的作用相对区别开来的重要因素，也是党得以保持其政治自主性，发挥政治领导作用的关键所在。党的十八大以来，党坚持以人民为中心，坚定不移地贯彻创新、协调、绿色、开放、共享的发展理念，从根本上决定了当代中国国家经济治理的性质和方向。

第二，党领导下的国家经济治理是既不同于市场调节，又与市场调节相嵌合的另一种经济协调和资源配置机制。社会主义政党-国家作为公共产权和公共利益的总代表，担负着有计划按比例地协调经济社会发展，满足人民群众不断增长的物质文化需要的任务。党领导的公有经济和社会主义意识形态，有助于在全社会形成集体利益、集体目标、集体知识，从而使得"集中力量办大事"成为社会主义经济制度的最大优势。党还负有在全社会贯彻公平正义的职责，为此需要结合对社会主义初级阶段主要矛盾的认识，协调各方利益诉求，最大限度地实现公平。

第三，党领导的国家经济治理担负着克服"市场失灵"，引领市场发展的功能。在社会主义市场经济中，市场在资源配置中发挥决定性的作用，"然而市场在发挥这种作用的同时，也会暴露出各种矛盾，导致各种形式的市场失灵，如产品市场的有效需求不足和产能过剩，劳动力、土地等波兰尼所谓'虚构商品'的过度商品化，生态环境恶化，金融资产市场的内在不稳定性，战略性通用性技术的供给不足等等，为此需要国家以各种形式介入或干预，更好地发挥国家的作用"。

资料来源：孟捷，中国共产党与中国特色社会主义市场经济，《开放时代》，2022年第3期，有改动。

案例讨论

1.围绕政府与市场关系，谈谈资本主义经济制度是如何演变的？

2.如何理解社会主义市场经济中政府与市场关系？

3.市场经济3.0的世界意义是什么？

案例三　资本主义向垄断过渡

资本主义的源头可以追溯到15、16世纪。从那时起，自由是它一直高扬的旗帜，竞争则是它前进的动力。但是到19世纪晚期，资本主义开始向垄断转变。19世纪的最后30年，习惯上被看成是资本主义从自由竞争向垄断转变的过渡时期，垄断资本主义又被称为帝国主义。

19世纪60年代，欧洲、北美的许多国家和亚洲的日本基本上完成了资产阶级的民族、民主革命任务。英国经过了1832年的议会改革和1846年废除谷物法，走上了完全经济自由的近代国家的道路；美国经历了南北战争；意大利和德国都先后实现或即将实现统一；俄国进行了农奴制度改革；日本也成功地进行了明治维新。所有这一切都为资本主义的进一步发展创造了条件。于是，资本主义世界的科技和经济开始迅猛发展，人们称之为第二次工业革命。

第一次工业革命开始于18世纪60年代的英国，以蒸汽机的发明和应用为主要标志，使历史进入了煤和铁的时代。铁的使用不断增加，但铁在很多用途上都被嫌太软，而要把铁炼成钢又不是容易的事。直到1856年，英国人贝西默尔找到了一种较为满意的炼钢方法，钢的生产才发展起来。但贝西默尔炼钢法也有局限性，就是它不能解决含磷矿砂的问题。1879年，英国人托马斯发明了脱磷炼钢法，这个难题才得到解决。这对欧洲大陆的国家帮助很大，在欧洲大陆，特别是在洛林和卢森堡，蕴藏有无穷无尽的矿砂，但都是含磷的。有了托马斯炼钢法，世界钢产量便迅速上升。

1870年世界钢产量还只有52万吨，但到1900年已达到2830万吨，钢逐渐取代铁，成为机械制造业、铁路和建筑等主要材料。19世纪最后

30 年，铁轨完全改成了钢轨，铁路线迅速增长。1870—1900 年，世界铁路长度从 21 万公里增加到 76 万公里，海上交通也从木制帆船改为钢制汽轮。

电力的应用是当时最新技术成就的代表。1866 年，德国工程师西门子制造了第一台发电机，即把机械力变为电力的机器。1870 年，比利时工人格拉姆又制造了一台电动机，即把电力再变为机械力的机器，于是电气工业出现了。1882 年，法国学者德普勒发现了远距离送电方法。同年美国发明家爱迪生在纽约创造了第一个火力发电站，把输电线联结成网络，电力的使用开始普及。它不仅改变了生产的面貌，在工厂安装了电气设备，用电力来代替蒸汽力，而且，随着电话、电灯、电车、电影放映机的发明，城市生活的面貌也改变了。从此，人类进入了以电力为主要能源的时代。

在这个时期里，内燃机的发明也是技术上的一项重大突破，内燃机是 19 世纪 60 年代发明的，80 年代经德国人加以改进被广泛应用，这为汽车和飞机制造业的兴起提供了可能。1866 年，德国工程师卡·本茨设计的由内燃机推进的世界第一辆实验汽车在慕尼黑的街道上行驶。随后，法国人勒瓦瑟生产了近代汽车的雏形。20 世纪初，汽车就普遍使用了。1903 年，美国人莱特兄弟制成了飞机，试飞成功，飞行了 1 小时 15 分钟，开辟了航空的新纪元。

内燃机使用液体燃料，需要大量石油，这又推动了石油开采业的发展。1859 年，在美国的宾夕法尼亚州发现了石油，并钻出了第一口油井。后来在俄国、中东、拉美其他国家也发现了石油，石油需求量和生产量都大增。从 1870 年到 1900 年，全世界石油产量从 80 万吨猛增至 1950 万吨，这就引发了列强争夺世界石油资源的斗争。

此外，化学工业的建立，也是 19 世纪末技术上的一个重大成就。化学工业不仅采用化学方法进行原料加工，例如从煤炭中提炼氨、苯、人造染料等化学产品，而且采用化学方法合成物质。1884 年，法国人夏尔东发明了人造纤维。后来，人们又开始用粘胶丝来生产人造丝。1867

年，诺贝尔发明炸药，其后又改良了制造无烟火药的技术，并在军事上得到广泛应用。

新的科学技术和生产力的发展对资本主义经济产生了重要的影响，资本主义的经济结构中出现了新的产业经营形式，股份公司开始发展起来。无论新兴工业还是采用新的技术改造传统工业都需要大量投资，而这是个人资本难以做到的，于是一些资本家便把自己的资本投入公司，合股开办各种大企业，这些大企业在竞争中不断扩大，他们依靠雄厚的资本和新技术的装备大量挤垮技术落后的小企业并予以兼并，从而促进生产和资本的集中。经济危机则加强了这一趋势，在19世纪最后30年，资本主义世界的经济危机频繁发生，危机的规模越来越大，破坏力也越来越强。

1873年的经济危机是资本主义世界空前严重的一次危机，危机后的萧条时期长达6年。经过短期的复苏，1882年又爆发了新的危机，其后又是长期的萧条时期。直到1889年左右，才出现一个极短促的经济增长。而1890年，危机又接踵而至，此后，各国陆续出现经济复苏。1900年，刚刚进入新世纪，新的危机又席卷而来，这次危机不仅打击了欧洲和北美，也扩展到亚洲的日本，这次危机持续到1903年。在19世纪的最后30年，危机和萧条占据了大部分的年头，这是资本主义以往的发展过程中从来没有出现过的新现象。经济危机使大批小企业倒闭，生产和资本进一步集中，等到集中发展到一定阶段，垄断组织就出现了。

垄断是资本主义自由竞争和经济危机发展到一定程度的产物。垄断形成的基础，在于科学技术的进步和生产力的发展。从一定程度上讲，垄断组织的出现是资本主义生产关系局部的调整，是适应生产力发展需要的一种手段。它把许多中小企业合并成大型企业，把许多分散的资本家合成集体的资本家。

所谓垄断组织是指在同一工业部门里，一些大型企业为了独占生产和市场以攫取高额利润而联合组成的垄断经济同盟。垄断组织有多种形式。

在德国，垄断组织的主要形式是卡特尔，卡特尔是为瓜分销售市场、确定产品产量和价格而成立的联合组织。1875年时，德国的卡特尔只有8个，30年后达到了385个。

俄国的垄断组织主要是辛迪加，辛迪加是统一出卖产品和采购原料的联合组织。俄国1902年成立的五金制品销售公司所联合的大工厂数量不超过该部门工厂总数的20%，却控制了全国冶金生产的80%以上。

托拉斯是美国占统治地位的垄断组织形式，参加托拉斯的各企业完全合并起来，集中为一个大股份公司，由理事会统一管理，原先的企业主成为股东，按股领取红利。美国最早出现的托拉斯性质的企业机构是1870年洛克菲勒家族的美孚石油公司。1879年，它正式宣布为托拉斯，此后十年，它垄断了美国石油生产的90%，并有7万公里的输油管，数百艘海轮，近400个煤气、电气、铜、铝等企业。1903年，杜邦财团成立了杜邦公司，是世界上最大规模的军火托拉斯之一。到1904年，美国共有445家托拉斯，它们吞并了近8700个企业，在各个工业部门及公用事业、运输业等占据垄断地位。

还有一种垄断组织叫康采恩，它出现得稍晚一些，是在垄断取得统治地位，并进一步加强的情况下出现的，因此，它也是一种复杂的垄断组织形式。康采恩在德语中是多种企业集团的意思，它把不同经济部门的许多企业联合在一起，而以其中实力最为雄厚的垄断企业为核心所组成的一个多种企业集团。如日本的三菱财阀，在以三井命名的公司统辖下，有纺纱、造纸、电气、矿业等企业。三菱财阀在三菱合资公司下握有海运、造船、矿业、造纸等企业。

垄断意味着统治，这些统治组织在自己的工业部门里到处建立统治关系，现在已经不是小企业同大企业、技术落后的企业同技术先进的企业之间的竞争了，而是垄断者扼杀那些未参加垄断组织而又不屈服于自己的压迫和摆布的企业。这种从自由竞争到垄断的转变是帝国主义经济最重要的现象，它开始于1873年的危机和危机后的萧条时期。此后，垄断组织占领了一个又一个的工业部门，先是占领重工业部门，然后扩展到轻工业。1900年的危机大大加速了这个过程，使垄断组织在各先进国家里取得了完全的优势，它们一般都把一个工业部门的生产总量的十分之七、八集中到自己手里，成了经济生活的一种基础。

资本主义变成了帝国主义，银行业也发生了同样的过程，小银行被大银行排挤，大银行又被最大的银行兼并，结果形成了为数不多的几家最大的银行，把持了占全国资本和货币收入大部分的资金。1909年，柏林9家大银行集中了全国银行资本的83%。1914年，法国的5家大银行掌握了全部银行资本的三分之二。不仅如此，银行资本和工业资本结合起来使银行具有了新的功能。过去，银行的主要业务是货币存贷，把不活动的货币汇集起来，贷给工业家，从中取利，因此，银行仅仅是一个普通的中介机构。

银行资本与工业资本融合起来形成了金融资本，变成了万能的垄断者，它不仅用各种方法去征服各行各业的企业，把它们联合组成康采恩这样的垄断组织，而且在贷款给其他大公司时，要求有权监督它们的企业管理以及生产过程，向它们发号施令，这样，银行资本与工业资本的结合大大地加深了垄断化过程。而金融资本对其他一切形式的资本的优势使金融寡头占据统治地位。摩根家族就是美国银行垄断组织向工业渗透的一个典型，摩根公司靠金融业起家，逐渐成为华尔街最大的金融垄断组织。

19世纪末，美国掀起了历史上第一次长达十年之久的大规模的企业兼并浪潮，托拉斯以空前的步伐向前推进，摩根公司成了主要的组织者之一，它通过收购、兼并、控制了当时美国铁路的30%。在20世纪初，它组织美国的钢铁公司收买了卡内基钢铁托拉斯，垄断了美国44%的矿产，其铁的产量占美国总产量的43%，钢产量占全国总产量的66%，钢轨、钢板、钢管产量占全国产量的56%。

垄断组织往往是以大吞小、残酷竞争之后产生的，这个过程充斥着暴力、欺诈和种种丑恶。

洛克菲勒家族是靠石油起家的，自从1859年，在宾夕法尼亚州打成美国第一口油井以后，克利夫兰就出现了许多小炼油厂。有海盗大王之称的约翰·洛克菲勒为了独占克利夫兰的炼油业，收买并挤垮了所有其他的炼油公司，甚至雇佣武装的路工，以重炮炸毁别人的输油管。

商业投机活动中，大亨们的手段更是卑劣，他们赚钱的基本方式就是行骗。如伊利铁路公司的丹尼尔·德鲁常常偶然地在交易所丢掉一两张纸巾，别人捡起来后，发现是伊利公司要买进股票的命令，人人便争相买进，而德鲁却乘机把手头的东西抛向市场。尽管如此，垄断的形成仍是资本主义发展中的进步现象。

"我们已经指出，垄断组织的出现是局部调整资本主义生产关系，以适应生产力发展需要的一种手段。在垄断的条件下，生产集中的程度和规模、生产设备的现代化，以及生产计划的加强等都出现了新的变化，这就扩大了资本主义的生产关系对生产力和容量，促进了生产力的发展，正是在这个意义上，人们可以看到资本主义比封建主义进步，而帝国主义比垄断前的资本主义进步。在帝国主义时代，资本主义的发展比以前要快得多。"

当然，事物总是有它的两面性，垄断资本主义毕竟是资本主义发展过程中的一个阶段，因此，它不可避免地带有资本主义固有的矛盾和弊端。比如说，资本主义制度的根本矛盾依然存在，经济危机终究是不可避免的，而危机对资本主义制度的打击也更加严重，垄断组织对市场和价格的垄断必然损害民众的利益，垄断也会引起腐朽的趋势，因为垄断资产阶级只有在新的技术发明能给它带来利润时才会接受这种新技术，否则不会在工业上充分利用。

垄断也会造成社会的寄生性，随着垄断组织向海外输出资本量的增加，社会中滋生出一个寄生虫阶层，他们靠向国外输出资本和放贷坐享超额利润及高利息的收入。20世纪的英国，食利者阶层有上百万人。而法国的食利者更多，据统计1914年时，这个阶层人数达200万，连同其家属有500多万人，占全国人口的12.5%，以致法国有高利贷帝国主义之称。

对广大的亚、非、拉国家的人民来说，垄断资本主义时代带来的是更多的苦难，垄断组织的形成推动了殖民扩张，垄断资产阶级不但继续要求扩大商品销售市场和原料产地，而且要求扩大资本输出地，于是，随着向帝国主义的过渡，各国垄断资产阶级争夺势力范围和殖民地领土的斗争达到了极其尖锐的程度。

到19世纪末，世界已经被列强瓜分。

但新兴的资本主义国家总想重新瓜分世界，就是说要把别人已经占有的殖民地抢夺过来，这就意味着战争。资本主义进入帝国主义时代，正是以帝国主义战争的爆发作为历史标志的。

资料来源：资本主义向垄断过渡，http://www.360doc.com/content/18/0117/19/19248296_722765549.shtm，有改动。

案 例 讨 论

1.资本主义是如何从自由走向垄断的？

2.垄断资本主义具有哪些新特征？

3.如何认识垄断资本主义是资本主义发展的必然趋势？

案例四　美国政府诉微软垄断案

1975年，微软公司创立。

1980年，微软公司被选择为国际商用机器公司（IBM）的个人电脑设计操作系统，逐渐占据了全球磁盘操作和视窗操作软件制造领域的优势地位。

1990年，微软公司与IBM公司PC操作系统发生争议，美国联邦贸易委员会就微软是否把MS-DOS与应用软件捆绑在一起销售展开调查，指控微软在其操作系统中故意设置隐瞒代码，妨碍竞争对手应用程序的运行。

1993年，联邦委员会两次调查受挫，司法部接管调查。这一时期正值微软开发"视窗"（Windows）操作系统之际，许多软件厂商认为该软件将使微软具有更加不公平的竞争优势。在这种情况下，司法部把调查重点放在了视窗系统上。

1994年7月，司法部对微软第一次提起反托拉斯诉讼，称微软与原始设备制造商（OEM）签订排他性和反竞争性的授权协议，阻止OEM使用微软竞争对手的操作系统。经过法院审理和双方协商，微软公司与司法部达成和解协议，法院据此作出同意令（Consent Decree），微软同意修改与个人电脑生产商的软件使用合约，允许其他软件生产商与其进行正当竞争，从而结束了长达一年多的调查。同意令1995年生效。根据这项协议，微软公司在向个人电脑制造商发放"视窗95"（Windows 95）使用许可证时不能附加其他条件，但这并不阻止微软开发集成产品（integrated products）。

1996年9月，司法部反托拉斯司着手对Windows95整合软件IE浏览器的销售方式进行调查。这一时期，全球因特网服务领域崛起，包括网景公司、太阳微系统公司在内的优秀企业。这些公司的迅速发展使微软很快意识到自己的失误，于是微软在所有操作系统中加入因特网浏览功能，将IE浏览器软件免费提供给电脑制造商。这一做法使网景公司的市场份额迅速从80%降到62%，微软的份额则从零猛增至36%，因此招致网景等公司的极大不满，也引起司法部的注意。

1997年10月，美司法部向哥伦比亚联邦法院提出申请，称微软公司将安装IE作为电脑制造商申请"Windows95"使用许可条件的做法严重违反了1995年签订的协议，要求法院判决微软遵守1995年生效的同意令。微软认为，IE不仅是Windows95上运行的应用软件，而且属于操作系统的整合部件，IE扩展了Windows95的现有部件，不能简单卸载。12月，杰克逊法官作出初审判决，认为同意令没有就"整合产品"给予明确定义和限定范围，司法部没有充分证明微软违反了同意令中的禁止规定，于是驳回司法部的请求。但是，法官宣布了另一项临时裁定

（Preliminary Injunction），在法院做出进一步判决之前，禁止微软把安装IE浏览器作为PC制造商申请其操作系统使用许可的条件，迫使微软公司暂时停止捆绑销售计划。

1998年5月18日，美国司法部部长和20个州的总检察官对微软提出反垄断诉讼，开始了"世纪末的审判"。司法部对微软提出6项指控：引诱网景公司（NETSCAPE）不与其竞争；与因特网服务商和在线服务商签订排他性协议；与因特网内容服务商签订排他性协议；在合同中限制电脑制造商修改和自定义电脑启动顺序、电脑屏幕；与Windows95捆绑销售因特网浏览器软件；与Windows98捆绑销售因特网浏览器软件。从1998年10月19日开始至1999年6月24日，在长达8个多月的时间里，美国政府和微软公司分别指派证人出庭就双方的指控或者辩护进行作证。在此期间，美国在线公司宣布与网景公司合并，在此计划宣布后，南卡罗来纳州推出了诉讼联盟。

1999年11月5日，杰克逊法官作出"事实认定书"，也称初步判决书，认为：微软非法利用了自己在操作系统市场上的垄断力量来排挤竞争对手，排除自己面临的潜在危险以继续维持自己的垄断。

2000年4月3日，微软被判违反《谢尔曼法》。4月28日，美国司法部和17个州要求杰克逊将微软分割为两家公司。6月7日，杰克逊法官作出裁决，要求微软必须拆分为两个公司，一家经营Windows个人电脑操作系统，另一家经营office等应用软件和包括IE浏览器在内的网络业务。

2001年6月，哥伦比亚特区联邦上诉法院驳回了杰克逊分割微软的判决，但维持了微软是一家违法垄断公司的判决。8月，杰克逊法官因违反司法程序、向媒体泄漏案件审理内情而被解职，科林·科拉尔·科特琳被任命接替杰克逊，全权负责对微软反垄断案的审理。9月6日，司法部宣布不再寻求通过分割的方式来处罚微软，并且撤销了有关微软非法将其网络浏览器和"视窗"操作系统捆绑在一起的指控。11月上旬，微软和美国司法部达成妥协，条件是：微软同意PC制造商可以自由选择视窗桌面，微软公开视窗软件部分源代码，使微软竞争者能够在操作系统上编写应用程序。

2002年11月，科特琳宣布，同意微软和司法部达成的反托拉斯和解协议的绝大部分内容。和解协议内容包括：阻止微软参与可能损及竞争对手的排他性交易；要求电脑制造商使用统一的合同条款；允许制造商和客户去除标志一些微软特征的图符；要求微软公布部分技术数据，使软件开发商编写的Windows应用程序能够具有与微软产品相当的性能。

2003年10月，微软声称同意支付约2亿美元作为对5个州及哥伦比亚特区的消费者集体诉讼的和解费用。此前，微软已就10个州的集体诉讼达成了和解，和解费用总计为15.5亿美元。

2004年3月，欧盟裁定微软构成反垄断，要求微软提供一套不捆绑"Windows Media Player"播放器的Windows操作系统，提供竞争对手的服务器软件如何在Windows系统上平滑运行的详细信息，并且还要接受一笔价值6.13亿美元的罚金。对于欧盟的判决结果，微软已向欧盟初审法庭提出暂缓执行裁决的请求。

资料来源：美国政府诉微软垄断案，http://www.law.ruc.edu.cn/lab/ShowArticle.asp?16418.html，有改动。

案 例 讨 论

1.反垄断立法的目的是什么？

2.微软公司的垄断表现在哪些方面？

3.美国政府起诉微软垄断案对我国垄断管理有哪些启示？

案例五　平台资本主义

在《德意志意识形态》中，马克思曾经谈到了工业生产方式变革对人们日常生活及其交往方式的巨大冲击，马克思用英国的机器发明，及其对中国和印度的影响作为例子，说明了产业生产方式的出现，是造成当下世界历史状态的根本原因所在，马克思说："如果在英国发明了一种机器，它夺走了印度和中国的无数劳动者的饭碗，并引起这些国家的整个生存形式的改变，那么，这个发明便成为一个世界历史性的事实。"马克思指出，世界历史变革的根本动力并不是什么抽象观念的发明或者词语的解放，而是现实生产中的生产方式的变革，因此，英国工业机器的发明的直接结果，就是打破了包括印度和中国在内的19世纪的世界市场，摧毁了世界各个民族的壁垒，从而将整个世界带入到一个以工业生产方式发展的轨道。所以，以欧洲为主体的全球化的胜利，从来不是什么神话，而是工业生产方式的巨大变革，哪个国家、哪个文明在工业生方式的变革中占据了先机，便能够在此过程中获得权力。

然而，我们今天的数字技术、通信技术以及智能算法技术的发展，再次为全球资本主义发展带来了新的生产方式问题。比如，智能手机和智能设备的普及使最贫穷国家的工厂的工人都拥有智能手机时，世界生产的生产方式将实现从传统产业生产方式向数字生产方式的升级，正如尼克·迪尔—维斯福特（Nick Dyer-Witheford）指出，"手机对于无产阶级生活的影响不仅仅是它们的生产条件，他们接触手机最多的是作为日常交流的一种工具"。从这段话可以看出，数字生产已经彻底改变了无产阶级的状态。更为根本的是，传统产业生产方式正在逐步离散化和动态化，而这些新变化，让全球资本主义社会处在从产业生产方式向数字生产方式过渡的阶段，我们可以从中分析出几个基本特征。

生产场所的离散化。产业生产方式的主要生产领域是工厂、公司或者其他固定的场所，所有成员必须集中在一个场所，才能让生产有效进行下去，而产品的组合是由各个部门完成，并在工厂等场所中完成最后的组装。然而数字生产方式的出现，让从事生产劳动的人，不一定需要在同一个场所集中，白领可以在自己的家里用一台电脑来完成生产。即使是从事某些物质生产的部门，只要身边有相应的设备，也可以生产完相关组件，通过数字化的物流方式，在另一个地点进行组装。这些新的变化都不要求所有从事生产的人员在同一个场所中集中生产，生产场所因此变得离散化。

生产过程的分包化。数字技术和通信技术带来了极为便利的数字物流体系，甚至形成了巨大的物流网络，全球资本主义的物流体系在这个基础上建立起来，这种高速运行的物流体系为生产方式带来的第二特征是让产业分包变得更为便利。一个产品的所有生产流程，可以分配在不同的地域进行，比如西方主要的互联网企业将售后服务全部外包给了印度，让印度成为"世界办公室"，对于硅谷的企业来说，它们节约了人员成本的同时也提高了效率。同样，具体产品的生产也分包化，一个手机的成品，可能是越南生产屏幕，中国台湾地区生产芯片，印度生产外壳，在马来西亚组装，然后在美国销售，售后再交给印度。一个生产流程被分割成各个部分，通过产业链和物流体系完成整合。

生产管理的数控化。在生产方式发生了生产场所的离散化和生产过程的分包化之后，不难发现，传统产业生产的模式仍然存在（甚至产业生产仍然是全球政治经济学的基础），但它们已经不再是生产方式中的主要方面，因为产业随时可以从 A 地转移到 B 地，从甲公司分拆变成在不同地方生产的若干个小公司。那么在这个过程中，真正占据主导地位的是什么？是数据。从事生产和销售的大型跨国集团，并不需要像以往那样建立产业门类齐全的大产业集团，这种笨重的集团在日益灵活化的市场面前，无法很快转型，一旦发生金融危机，就会损失惨重。所以，在 2008 年金融危机之后，很多大公司开始了这种精益化策略，他们所谓的灵活化和精益化，就是不需要培养门类齐全的部门，而是通过全球精准的数据控制，及时找到最便捷、最容易获利的地方进行小部门生产，而大产业集团逐渐从日常的行政科层制的生产管理走出来，采用更加精细和灵活的数据控制管理。建立这种数控化的生产管理的前提是，全球所有的生产部分和销售市场的数据化，而在数字经济时代，对于大公司而言，谁能够掌握更多的数据，更有效地分析生产、市场、物流、金融等方面的数据，谁就会立于不败之地。所以，对于数字时代的企业而言，与其说他们在不断地建立产业生产，不如说他们正在变成一个巨大的数字平台，让自身在数字界面上平台化，从而更多地垄断数据。

从这三个特征出发，可以清晰看出，数字生产方式并不是对传统产业生产方式的取代，而是在产业生产方式上叠加了一个更基层的数字结构，一切生产、一切市场销售、一切金融流通、一切物流只有在高度数字化的界面上才能变得有意义。这就是为什么今天是Facebook（2021年更名Meta）、Amazon、Google、苹果这些公司成为数字时代里翻云覆雨的大公司的原因所在，他们生产的从来不是产品，比如苹果并不仅仅是智能手机和笔记本电脑的生产商，它更是一种数据平台，收集、分析和管理数以十亿计苹果用户的数据。这些数据从一般的生活日常到宏观的政治经济数据，都需要在苹果创立的数字平台的界面上运行，而苹果、Google、Facebook、微软等公司垄断的是这个平台界面。小的生产和销售部门，唯有依赖于这些大型的数据平台，才能找到生存的空间，而他们的命运之绳已经被平台所高度掌控。在这个意义上，一种支配着世界政治经济格局的平台资本主义正在日渐壮大，而平台资本主义所依赖的基础并不是产业生产方式，而是以数据生产和控制为基础的数字生产方式。

资料来源：蓝江，数字时代的平台资本主义批判——从马克思主义政治经济学出发，《人民论坛·学术前沿》，2022年第9期，有改动。

案 例 讨 论

1.平台资本主义有着怎样的生成脉络和底层逻辑，它如何凭借对数据的垄断成为新的数字经济流通中介和资本加持力量？

2.平台用户作为无酬数字劳工或零工如何被纳入资本剥削体系？

3.在一个可见的未来，平台资本主义将如何假借创新之名攫取高额利润，把资本主义体系的系统性危机和历史性衰落推上新的阶段？

第五章　资本主义生产

　　导言：习近平总书记强调："资本是社会主义市场经济的重要生产要素，在社会主义市场经济条件下规范和引导资本发展，既是一个重大经济问题、也是一个重大政治问题，既是一个重大实践问题、也是一个重大理论问题，关系坚持社会主义基本经济制度，关系改革开放基本国策，关系高质量发展和共同富裕，关系国家安全和社会稳定。必须深化对新的时代条件下我国各类资本及其作用的认识，规范和引导资本健康发展，发挥其作为重要生产要素的积极作用。"①正确认识和把握资本的特性和行为规律，是规范和引导资本健康发展的前提。自资本主义社会以来，资本在人类历史发展过程中展现出了文明性的一面，也展现出了其不文明性的一面。从正面效应看，资本持续发挥其作为重要生产要素的积极作用，能够促使经济社会发展水平不断提高。资本作为重要生产要素，是市场配置资源的工具，是发展经济的方式和手段。作为社会生产过程中最具活跃性的因素之一，资本具有高效的黏合剂功能，能够把各类要素整合进社会化大生产，加速社会扩大再生产循环，带来巨大物质财富。从负面效应看，资本逐利性所带来的无序扩张，会导致经济社会等领域背离发展的根本目的。资本无序扩张导致人、科技等方面异化，使得被资本同化的事物都为资本获利服务，而不是为人服务，导致本末倒置。本章整理收集了相关案例，供学生分析和思考资本的性质和

---

①《习近平谈治国理政》第四卷，外文出版社，2022年版，第217页。

行为规律。

案例一 资本的本质是什么?

材料1 不幸的皮尔

马克思在《资本论》第二十五章"现代殖民地理论"中,为了说明资本的属性和资本积累的规律,转述了一个脍炙人口的故事。故事是一个叫威克菲尔德的英国经济学家在他的《英国和美国》一书中谈到的,故事来源于他在殖民地的新发现。

威克菲尔德在殖民地发现了什么了呢?原来,他发现了拥有货币、生活资料、机器以及其他生产资料,而没有雇用工人这个补充物,没有被迫自愿出卖自己的人,也不能使一个人成为资本家。他发现,资本不是一种物,而是一种以物为媒介的人和人之间的社会关系。这个发现来源于一个叫皮尔的资本家的考察。皮尔先生非常有远见,他把价值5万英镑的生活资料和生产资料从英国带到新荷兰(澳大利亚)的斯旺河去,并同时带去了3000名男工、女工和童工,企图在那里赚取剩余价值。可是,英国工人一到物产富饶、极易谋生的澳大利亚,就纷纷离开,结果皮尔先生竟连一个替他铺床或到河边打水的仆人也没有了。马克思于是幽默而讽刺地说,"不幸的皮尔先生,他什么都预见到了,就是忘了把英国的生产关系输出到斯旺河去"。

材料2 "独狼"斯蒂芬·马布里

美国篮球巨星"独狼"斯蒂芬·马布里在NBA纽约尼克斯队服役期间,因各种原因被球队冷落、减少上场时间而陷入潦倒,一度甚至靠直

121

播吃凡士林来获取关注。后来，据说在一名中国粉丝的建议下，马布里前往中国寻找机会。此前，马布里对中国一无所知，但因为在美国已经走投无路，他最终踏上中国的土地。来到中国后，马布里很快迎来了自己事业的第二春，先是在2011年与北京首钢篮球俱乐部签约，签约期间帮助北京首钢拿下包括CBA总冠军等多项荣誉，后来于2017年签约北京北控篮球俱乐部，最终于2018年退役，退役后的马布里成了北京大学附属中学初中部篮球队的主帅（主教练）。

上文两个故事虽然时代不同，对象有异，结局也看似毫不相干，但如果仔细想来，却存在着共通之处，都指向一条社会学真理：资本不是一种物，而是一种以物为媒介的人和人之间的社会关系。

资料来源：两个小故事：为什么没有剥削就没有资本主义,https://m. sohu.com/a/254060789_425345/,有改动。

案 例 讨 论

1.为什么说资本不是一种物，而是一种以物为媒介的人和人之间的社会关系？

2.如何理解资本主义所有制是雇佣劳动赖以存在的基础，是资本与雇佣劳动之间剥削与被剥削关系的体现？

案例二　相对剩余价值生产的三重条件

现代市场经济能在多大程度上将剩余价值的增长和生产力进步结合在一起，从而证实自己的历史合理性，取决于一系列条件，这些条件分别称为相对剩余价值生产的经济条件、制度条件和科学技术条件。当这些条件不能匹配或满足时，竞争无法充分展开，剩余价值往往难以充分用于积累，生产力的发展也就受到阻碍。

一、相对剩余价值生产的科学技术条件

马克思在一定程度上论述了相对剩余价值生产的科学技术条件。依照马克思的论述，相对剩余价值生产一方面以个别企业的技术进步为起点，另一方面要以技术变革席卷全社会主要生产部门为前提。在这一过程中，不仅消费品部门，生产资料部门也要受到技术变革的影响。因此，相对剩余价值生产的真正实现，是以一场蔓延到两大部类的技术革命为前提的。马克思的相对剩余价值生产理论，实质上是以当时刚刚结束的产业革命为历史背景而形成的，是这一变革的理论反映。这场近代历史上的第一次技术革命，不仅在消费品部门建立了机器大工业，而且造就了用机器生产机器的生产资料部门。马克思认为，特殊的资本主义生产方式不同于以往生产方式的地方，不仅在于使用了机器，而且在于机器本身也是以大工业的方式来生产的。这样一来，生产力的变革，就主要体现为机器所代表的生产工具的变革。正如马克思所说："由此可见，生产方式和生产资料总在不断变更，不断革命化；分工必然要引起更进一步的分工；机器的采用必然要引起机器的更广泛的采用；大规模的生产必然要引起更大规模的生产。""这是一个规律，这个规律一次又一次地把资产阶级的生产甩出原先的轨道，并迫使资本加强劳动的生产力，因为它以前就加强过劳动的生产力；这个规律不让资本有片刻的停息，老是在它耳边催促说：前进!前进!"

机器的出现使得科学技术知识在生产中的运用变得日益重要。相对剩余价值生产能否以及在多大程度上在社会生产中占据主导，首先取决于技术革命所提供的知识存量的增长，后者为技术创新提供了可能性。关于科学和工业的关系，马克思曾这样写道："一方面，直接从科学中得出的对力学规律和化学规律的分析和应用，使机器能够完成以前工人完成的同样的劳动。然而，只有在大工业已经达到较高的阶段，一切科学都被用来为资本服务的时候，机器体系才开始在这条道路上发展；另

一方面，现有的机器体系本身已经提供大量的手段。在这种情况下，发明就将成为一种职业，而科学在直接生产上的应用本身就成为对科学具有决定性的和推动作用的要素。"在这段话里，马克思总结了科学知识和工业的双重关系：一方面，科学运用于工业，在这里，科学知识的生产是外生的；另一方面，马克思敏锐地发现，在他所处的时代，资本主义生产本身成为推动科学发展的最为关键的因素，换言之，技术创新具有所谓的内生性。马克思没有虑及的是下面一点：科学技术知识存量的增长，有可能赶不上资本积累——或过剩资本增长——的速度，如果出现这种情况，相对剩余价值生产就会遭到压制。马克思没有考虑这一点，很大程度上是因为他没有意识到技术革命所带来的经济发展的长波，后者迟至20世纪初才被凡·盖尔德伦和康德拉季耶夫分别发现。正如新熊彼特派长波理论指出的，相对剩余价值生产的科学技术前提，不是泛泛地与一切科学技术同等相关，而要受到一场技术革命带来的技术轨迹的约束，这一技术轨迹或技术经济范式具有所谓兼容-排斥效应，在接纳一些技术的同时，排斥另一些技术。此外，技术革命和技术-经济范式有其自己的生命周期，在这一生命周期的前期和晚期，技术进步的性质和投资于创新的机会存在明显的差异。这些与长波联系在一起的现象对处于不同时期的资本积累和相对剩余价值生产会产生实质性影响。

二、相对剩余价值生产的经济条件

相对剩余价值生产的经济条件，指有利于积累的经济环境，后者是由《资本论》中运用的经济范畴或变量，如剩余价值率、资本有机构成、资本周转速度、两大部类的关系、平均利润率等来刻画的。在马克思那里，相对剩余价值生产在促进技术进步和经济增长的同时，又会自行破坏其实现的经济条件。马克思分别循着两条路线讨论了这个问题，这些论述构成了他对市场经济内在矛盾的"病理学"分析。在第一条路线上，马克思指出，技术进步在长期内推动了资本-劳动比和资本有机构成的提高，从而带来一般利润率下降。由于利润率水平的高低决定了资本积累的意愿和能力，因此伴随利润率下降，积累率也会下降，资本和人口会出现双重过剩，相对剩余价值生产机制在长期内就会遭到破坏。

如果说第一条路线属于长期分析，第二条路线的分析——马克思对资本积累基本矛盾的考察——则适用于包括中短期在内的不同时间框架。马克思将资本积累的基本矛盾界定为剩余价值生产和剩余价值实现的矛盾，他写道："直接剥削的条件和实现这种剥削的条件，不是一回事。二者不仅在时间和空间上是分开的，而且在概念上也是分开的。前者只受社会生产力的限制，后者受不同生产部门的比例和社会消费力的限制。但是社会消费力既不是取决于绝对的生产力，也不是取决于绝对的消费力，而是取决于以对抗性的分配关系为基础的消费力；这种分配关系，使社会上大多数人的消费缩小到只能在相当狭小的界限内变动的最低限度。这个消费力还受到追求积累的欲望的限制，受到扩大资本和扩大剩余价值生产规模的欲望的限制。"在这里，马克思没有把上述矛盾的恶化完全归因于群众消费水平的低下，他还谈到了积累或投资的作用。在此意义上，将马克思的危机理论归于消费不足理论显然是错误的。

从长期来看，资本积累基本矛盾的恶化和资本有机构成提高带来的利润率下降有关，但在较短的时间框架内，我们也可以撇开有机构成提高这一路线，从产品实现困难的角度来解释这一矛盾的恶化。依照马克思的看法，商品两因素即价值和使用价值构成了一对矛盾，在相对剩余价值生产过程中，这一对矛盾相互统一的关系会逐步发展为彼此对立的关系，这意味着，随着产出量的增长和单位商品价值量（以及单位商品中所包含的剩余价值量）的下降，价值增值将日甚一日地依赖于产出即使用价值量的实现。然而，在所生产的使用价值性质维持不变的前提下，这一过程迟早将带来给定产品的丰裕，从而造成其实现的困难。在这种情况下，如果排除垄断和对落后国家的贸易，那么产品创新——也就是创造一种新的稀缺——就是摆脱这一困境的最佳出路。

三、相对剩余价值生产的制度条件

在《资本论》里，马克思事实上撇开了特定国度、特定阶段的制度型式，在一个高度抽象的水平上考察了资本主义经济的运动规律。和马克思不同，现代政治经济学的两个主要流派，即法国调节学派和美国社会积累结构学派探讨了在特定历史阶段和特定国度对积累起作用的制度型式，从而发展了马克思主义经济学的制度分析。两个学派的核心思想是：在长期内，资本积累过程的主要特征是一整套社会制度的支撑作用的产物。在此基础上，这两个学派发展了一种"中间层次的分析"，这种分析和资本主义发展的具体历史相比要更为抽象，但与《资本论》所提供的有关资本主义生产方式的运动规律的理论相比，则更为特殊而具体。

相对剩余价值生产的制度条件，一方面是与相对剩余价值生产的其他两个条件相结合而发挥作用的，另一方面，其形成和瓦解受到一国内部阶级斗争和国际竞争的强烈影响。影响积累的制度因素有两类，一类是支持相对剩余价值生产的，另一类则与相对剩余价值生产的逻辑相背离。从自由竞争资本主义阶段到垄断阶段，一些新的制度型式的出现一度改变了相对剩余价值生产的实现方式。这方面的典型例子，是二战后形成的福特主义积累体制，在这一体制下，集体谈判、成本加成等制度型式，造就了新的相对剩余价值生产实现机制。调节学派的创立者米歇尔·阿格列塔描述了这一机制，他指出，一方面，集体谈判的结果，使得工资增长率在核心经济部门服从某种经谈判达成的统一标准；另一方面，这些部门生产的产品或服务的价格是按成本加成制度形成的。这意味着，寡头垄断企业可以在劳动力和原材料成本增长的基础上，根据一个预期利润率设定价格，这种定价制度遏制了寡头垄断企业之间的价格竞争，使得降低价格不再是竞争的主要手段。在这种情况下，由于工资成本在部门内大体按相同比率增长，那些生产率较高的企业就可以利用这一点，借助于工资的增长来挤压落后企业的利润，换言之，在垄断竞争条件下，增加工资取代了削减价格。

20世纪80年代以来，经过一场激烈的阶级斗争，新自由主义作为一种制度型式首先在英美两国崛起。新自由主义的发展最终造成了一种不利于相对剩余价值生产的制度环境，这便是资本积累的金融化。作为一种制度现象，金融化首先意味着在金融资产部门存在着具有租金性质的超额利润，它吸引了在实体经济部门的过剩资本；其次，它意味着经济增长日益依赖于从股票到房地产部门的金融资产泡沫的发展，这给整个经济的健康发展带来了巨大的威胁；最后，它还意味着劳动力再生产的金融化，在医疗、养老和教育等各类项目上，劳动力再生产都变得高度依赖于金融资本和资本市场。资本积累的金融化使剩余的获取脱离了生产，甚至以榨取劳动力价值作为利润的新的来源，从而在根本上破坏了相对剩余价值生产的实现机制。

资料来源:《资本论》,当代中国社会主义市场经济的理论指南,https://baijiahao.baidu.com/s?id=1599581921840783414&wfr=spider&for=pc,有改动。

案 例 讨 论

1.在资本主义制度下，相对剩余价值是如何实现的？这对资本主义发展有何意义？

2.如何看待相对剩余价值理论是马克思的"看不见的手"的理论？

案例三　资本主义的工资能让工人富裕吗？马克思不这么想

《1844年经济学哲学手稿》由写在三个笔记本中的手稿组成。在笔记本Ⅰ的第1～21页，马克思分工资、资本的利润、地租三个主题，对国民经济学的著作进行了摘录与评注。在此，马克思对国民经济学理论进行了直接批判，其主要方法是寻找这些理论的自相矛盾之处，试图证明它们的内在缺陷。

从主题上看，马克思之所以选择从工资、利润与地租三个主题入手，是因为当时资本主义社会的一个社会事实，即"资本、地租和劳动的分离"。

这个分离的结果是，造成了经济关系中的三种既有主体，即工人、资本家与地主。工人在社会中靠工资生存，资本家靠利润生存，地主靠地租生存。对此，国民经济学认为，只要社会财富整体增加了，那么工人、资本家、地主都会受益，都会获得幸福。因而，他们都与资本主义这个全新的社会制度构成利益相关体。马克思在文中对这个观点进行了批判。

国民经济学家认为，工资是工人的劳动所得，工人可以通过辛勤劳动提高工资，积累财富，获得幸福。相反，马克思认为，无论工人怎样工作，都不可能变得富裕，工人注定贫穷。

对于工资，马克思认为，它不是劳动所得那么简单，反而"工资决定于资本家和工人之间的敌对的斗争"，但胜利一定是属于资本家。虽然工人和资本家实际上无法离开对方，但是资本家没有工人比工人离开资本家活得更久。这里有两个原因：第一，资本家的联合是常见的和有效的，工人的联合则遭到禁止并会给他们招来恶果；第二，地主和资本家可以把产业收益加进自己的收入，而工人除了劳动所得，没有其他收入。

这就意味着，不劳动的话，资本家和地主至少还有其他收入，但工人则无法生存。即便如此，工人依然没有劳动自主的权利，他们能否劳动，能否活下去，完全取决于资本家。对此，马克思指出，工人的生活取决于需求，而需求取决于富人和资本家的兴致。

进一步说，既然工人的工资取决于需求，那么就受到供需关系的约束。工人越多，市场供给越强，工资就会越低。当工资跌到自然价格时——也就是"使工人能够养家糊口并使工人种族不致死绝的费用"——工人遭到的损失最大,并且贫穷的工人反而会更加依赖于资本家,不得不屈从于资本家的一切要求,因而陷入恶性循环,被彻底奴役。

当然,马克思也承认,如果资本家的工厂效益不错,会给工人提高工资,但这个情况是相对的或偶然的。真实的情况是,市场价格的偶然和突然的波动对工资的影响是最大的,这就是说,"当资本家赢利时工人不一定有利可得,而当资本家亏损时工人就一定跟着吃亏"。另外,就算工人的工资提高了,那也是因为市场的物价水平整体提高了,这样看来,工资提高其实并不会提升工人的生活质量。同时,由于不同行业的工人工资不同,有的行业工资本来就很低,这样如果市场环境不好,这些工人的生存困境就会立刻暴露出来。

这样,马克思根据上面的分析,列举了工人的三种状态。

第一,当社会经济发展较差,社会财富处于衰落状态,工人遭受的痛苦最大。这是毋庸置疑的。

第二,当社会经济发展稳定,社会财富正在稳定增长,那么工人工资的确会暂时提高。但是依然会有相应的负面效应:一方面,工人总是想多挣钱,工资的提高会引起工人的过度劳动,在挣钱欲望的驱使下从事更多劳动,这就缩短了工人寿命。另一方面,经济发展稳定,意味着资本大量积累,社会分工增加,对工人的需求提高,工人数量也会增加。同时,资本家之间的竞争加剧,大资本家使小资本家破产,小资本家成为工人,最终资本家的数量会减少。既然工人持续增加,资本家持续减少,那么根据供需关系,工资自然会持续下降。

第三,当上述状态走向顶点,就会出现这样的现象:社会财富极大丰富但只是集中在少数资本家手中,而工人工资会缩减到仅够维持现有工人人数的程度。

因此,正如马克思所总结的:"在社会的衰落状态中,工人的贫困日益加剧;在增长的状态中,贫困具有错综复杂的形式;在达到完满的状态中，贫困持续不变。"

至此，国民经济学的矛盾就展现出来了——（1）国民经济学家说，经济学是让人幸福的科学，但工人们永远得不到幸福；（2）国民经济学家说，劳动的全部产品属于劳动者，但他们同时又说，实际上工人只是得到了产品中最小的那部分；（3）国民经济学家说，一切东西都可以用劳动购买，但他们又说，工人不但不能购买任何东西，反而要被迫出卖自己和人性；（4）国民经济学家说，劳动是产品价值的来源，但他们又认同，资本家和地主可以坐享其成；（5）国民经济学家说，劳动是唯一不变的物价，但事实上，劳动价格是最容易剧烈波动的东西：（6）国民经济学家说，工人的利益与社会的利益相一致，但事实是，社会财富越丰富，工人越贫穷。马克思返回主题，国民经济学中蕴含的一切矛盾的根源就在于，资本家从未把工人当作真正的人，而是把他们当作制造劳动力的肉体机器，所以，"劳动在国民经济学中仅仅以谋生活动的形式出现"。因而，所谓"工资"，名义上是工人劳动所得，但它指向的并不是工人获得幸福，而是让工人生存不死。

资料来源：马克思，《1844年经济学哲学手稿》，人民出版社2018年版，有改动。

⑧⑲⑪⑫

1.资本主义工资的本质是什么？

2.从马克思那个时代到今天，资本主义工资发生了哪些变化？

3.资本主义的工资能让工人富裕吗？

案例四　外卖骑手真的劳动自由吗？

中国外卖经济的急剧增长，成为近几年共享经济的重要组成部分。与此同时，城镇化进程的加快和中国经济的产业升级，造就了城镇大量的灵活劳动力，为共享经济的发展提供了人力保障。外卖行业自2010年左右起步，在2015—2017年迎来发展高峰，外卖平台数量不断增多，市场竞争趋于白热化，劳动力人口也不断增加。截至2018年12月，中国外卖送餐就业人口已达300多万，市场覆盖扩至全国1300多个城市，生产总值达到4000万美元。截至2018年，中国外卖行业历经多轮洗牌和重组，市场经营趋于稳定。2017年8月，市场保有量第三位的百度外卖被饿了么收购，至此外卖行业由"三分天下"变成了"二雄争霸"，形成了以美团和饿了么为主的两大主营外卖平台。

而外卖服务业的快速发展以及美团、饿了么两个外卖平台对于外卖行业的垄断导致了外卖骑手这一岗位人员的大量空缺，因此，外卖平台为了招募更多的外卖骑手，大力宣扬"工作自由"和"月入过万"这两个噱头，企图吸引大量劳动者进入外卖配送行业。那么外卖骑手这一职业真的"工作自由"吗？

一、信息垄断下的完全依附关系

外卖平台依托于信息技术的发展，并且在资本的助推下，建立数据库，并实现信息垄断。例如，M外卖目前大概有2.5亿用户，覆盖1300多个城市，为200多万商户提供服务，日峰值订单超过1800万。美团外卖智能配送调度系统每天匹配50多万外卖骑手，基于海量数据和人工智能算法，确保平均配送时长不超过28分钟。美团外卖和饿了么外卖共占据在线外卖服务市场份额的大部分，基本形成对该市场的垄断。换言之，平台借助互联网大数据处理能力的优势，逐渐建立起互联网时代的信息鸿沟，劳动者进入外卖劳动力市场只能在为数不多的平台寡头中进行选择，且所有的订单信息都需要通过外卖平台获取。这进一步加剧了平台与劳动者之间的不平等，资强劳弱的局面更加严重。凭借着垄断信息优势，外卖平台制定了定价体系、派单规则、奖惩制度、评价规则等一系列劳动过程运行规则。劳动者可以选择不进入该劳动力市场，但是一旦进入该市场成为外卖骑手，就必须遵守平台制定的运行规则，并形成对外卖平台的依附。

智能派单系统是平台企业控制外卖骑手的核心方式，不仅使平台进一步实现信息垄断，更强化了骑手对平台的依附关系。这也是平台企业与传统工厂和服务业控制不同的特征之一。传统行业的数据记录和处理能力有限，无法穷尽每一位劳动者的个人特征和工作情况，因而无法实现针对劳动者个人的精确管理。而基于大数据处理技术的智能派单系统，平台可以记录每一位外卖骑手的工作数据和服务能力评价，并在此基础上进行任务分配和管理。平台不仅掌握了信息源和骑手数据，更实现了依据骑手个人特征的实时动态化管控，其劳动者的管理实现了"一对多"到"一对一"的跨越。而骑手不仅形成了对平台的信息依附，还需要顾虑当前劳动过程对后续工作的持续性影响。

132

二、劳动过程的完全控制

从时间上看，骑手的劳动过程分为三个阶段，即到店、取餐和送达；从空间上看，骑手的劳动过程涉及三个地理坐标，即等单地、商家和顾客所在地。骑手拿到订单以后，第一步就是根据商家所在位置找到相应店铺，第二步是从商家前台或者后厨取餐，最后一步是根据顾客的位置将订单送达。在这一过程中，骑手每完成一步都需要通过手机向平台系统反馈。平台系统根据骑手反馈时其手机的 GPS 定位和配送时间长短来判断反馈是否属实。通常情况下，骑手反馈时的 GPS 定位与商家或顾客所在位置的直线距离不能超过 500 米，骑手取餐和送达之间的间隔不能少于 5 分钟。如果平台系统判定反馈不属实，那么骑手就无法进行下一步操作。

除了在时空上对外卖骑手的劳动过程进行监管外，平台系统还会在配送的不同环节提供具体指导。例如在"接单—到店"环节，骑手可以通过平台系统显示的订单热力图查看订单需求的区域分布，然后到订单需求量大的区域等单或抢单，这样接单的概率更高。又如，在"到店—取餐"环节，骑手可以通过平台系统查看订单的预计出餐时间。当有多个订单要取时，骑手就可以根据订单的预计出餐时间合理规划取餐顺序。再如，在"取餐—送达"环节，骑手按照平台系统规划的送餐路线和顺序送餐，可以提高送餐的准确率和时效性。

在骑手配送的同时，消费者也参与其中。在骑手向平台系统反馈到店、取餐和送达等操作时，平台系统也会同时将骑手的反馈传递给消费者。不仅如此，消费者还可以在外卖平台软件上实时查看骑手的运动轨迹。从骑手接单的那一刻起，平台系统就通过动态地图将骑手的行踪呈现给了消费者。因此，骑手在配送过程中是否存在拖延、绕路的行为，消费者通过查看动态地图便了如指掌。平台系统通过赋予消费者这种俯视全局的"上帝视野"增加了他们对送餐的控制和预见性，但也在无形中给外卖骑手增加了不小的压力。因为骑手在工作过程中始终明白，有一双甚至好几双眼睛在盯着自己。

得益于移动互联网的进步和智能手机的应用，外卖平台可以对外卖骑手的位置、送餐路线、送餐进度进行实时监控和记录。这种监控和记录时时刻刻都对送餐过程中的外卖骑手进行约束和控制。首先，外卖平台会根据骑手的实时位置进行再派单，送餐高峰期间骑手往往是手里的订单还没送完，系统又派来新的订单。因此，高峰期的骑手根本没有休息的时间，每一笔订单的剩余时间都会倒逼骑手拼命送单。其次，顾客一旦发现外卖骑手离自己很近或者从自己家门路过却不给自己送餐，就可能对外卖骑手进行催促，甚至投诉，外卖骑手的自由度进一步降低。

除此之外，外卖平台通过实时抽检、餐品封签等方式对外卖骑手进行监控。实时抽检的监视依托于互联网技术的进步，实现了对平台旗下外卖骑手的随时监控。M外卖平台的实时抽检命名为"微笑行动"，主要是通过外卖系统随机抽取骑手上传照片，对其服装和安全装备进行检核。被抽中的骑手需在规定时间内完成拍照上传，不符平台要求或者不上传视为不通过，不通过则会受到罚款等惩罚。另外，为加强餐品的监控，外卖平台采用餐品封签的措施。这实际上是外卖平台通过顾客对外卖骑手进行监控，用以规训骑手的行为。

外卖骑手手机上的接单系统是由自身的接单操作形成的个性化产物，平台算法会根据他们的接单状况调整系统派单，长期积极接单且顺利完成任务的骑手往往会被优先派到"好单"；反之，频繁拒单或者任务完成度不高的骑手就只能接到一些大家都不愿意派送的单子，从而形成了一种良性循环与恶性循环。骑手看似拥有自由接单的权利，但是却无法承受自由接单的后果。"被迫同意"成为他们对于平台设立的劳动过程控制机制的唯一选择。

三、严酷的平台惩罚机制

平台对于骑手的劳动过程管理十分严格，但由于众包骑手的松散化，通常存在"以罚代管"的情况，骑手所遭遇的惩罚主要原因有：配送超时导致的顾客差评，骑手提前点送达餐，以及"微笑行动"等违规行为。

大多数骑手认为配送超时是导致罚款的主要原因。经过调查显示，大多骑手同时接4单及以上，因此骑手所面临的配送时间是十分紧张的。"××外卖，送啥都快"，由于外卖平台所主打的送餐及时性，一旦因为超时被顾客差评，骑手将会面临50元的罚款，这也就意味着之前的十单白干了（外卖配送单价约3~4元）。因此骑手就面临着为了多一点的收入尽可能地同时接多个单，而同时接单所带来的时间紧急甚至超时罚款，反而会导致骑手的收入减少的两难窘境。

有些骑手因为面临超时风险，故会在未送达的情况下提前点击送达，平台对这一行为也有明确的惩罚标准。骑手一旦因为提前送达被系统发现或者被顾客投诉的话，将会面临50元的处罚。笔者在访谈过程中发现骑手对这一制度是有抱怨的。

同时，平台作为骑手的绝对管理者，为了防止骑手代跑，会使用

App 自带的人脸识别系统进行检测，骑手每天上线的第一件事情就是进行人脸识别检测，只有系统识别使用人与注册 App 的人相一致，才能开始接单。另外，骑手在配送过程中还有名为"微笑行动"的临时抽检。如果在规定时间之内不能通过人脸识别，系统将会判定他人替代跑单，会冻结账户，暂停骑手的接单权限。在首次识别失败后会冻结一天，第二次冻结三天，第三次永久禁封账号。许多骑手对此充满抱怨，因为骑手在配送过程中不便于接受人脸识别检测，这不仅影响配送时效性，还有可能会造成交通安全隐患。

注：该案例为作者自己整理。

㊀㊁㊂㊃ 案 例 讨 论

1. 从平台对外卖骑手的控制来看，外卖骑手真的"劳动自由"吗？
2. 如何看待零工经济时代资本对劳动的控制？

案例五　引导和规范资本健康发展

材料 1：

"资本害怕没有利润或利润太少，就像自然界害怕真空一样。一旦有适当的利润，资本就胆大起来。如果有 10% 的利润，它就保证到处被使用；有 20% 的利润，它就活跃起来；有 50% 的利润，它就铤而走险；为了 100% 的利润，它就敢践踏一切人间法律；有 300% 的利润，它就敢犯任何罪行，甚至冒绞首的危险。如果动乱和纷争能带来利润，它就会鼓励动乱和纷争。走私和贩卖奴隶就是证明。"

材料 2：

在社会主义市场经济中，存在着国有资本、集体资本、民营资本、外国资本、混合资本等各种形态资本。多种资本形态并存的经济格局，带来了改革开放以来经济的高速发展。但有一段时间，由于对资本的认识不充分、对资本的监管不到位，导致某些领域出现了资本无序扩张的现象。2020年12月11日，中共中央政治局召开会议，首次提出了"强化反垄断和防止资本无序扩张"的命题。紧接着召开的中央经济工作会议，又将其作为2021年要抓好的八大重点任务之一。2021年12月召开的中央经济工作会议，明确提出要为资本设置"红绿灯"，依法加强对资本的有效监管，防止资本野蛮生长。2022年4月29日，习近平总书记在主持中共中央政治局第三十八次集体学习时强调："在社会主义市场经济条件下规范和引导资本发展，既是一个重大经济问题、也是一个重大政治问题，既是一个重大实践问题、也是一个重大理论问题，关系坚持社会主义基本经济制度，关系改革开放基本国策，关系高质量发展和共同富裕，关系国家安全和社会稳定。"在新的时代条件下正确认识和把握资本，最根本的是要"正确认识和把握资本的特性和行为规律"，"规范和引导资本健康发展"。从"防止资本无序扩张"到为资本设置"红绿灯"再到"规范和引导资本健康发展"，体现了中国共产党对"驾驭资本"这一重大理论与实践课题的系统性思考和探索。

材料3：

中央经济工作会议在关于要正确认识和把握资本的特性和行为规律时提出，要为资本设置"红绿灯"。这一形象比喻，释放了清晰明确的政策信号，对资本要兴利除弊，促进发展和依法规范并重。

中国经济经过数十年持续发展，已经积聚起巨大的资本能量。在社会主义市场经济条件下，如何发挥资本的积极作用，抑制其消极作用，是我们党面临的一个全新课题。如何引导资本稳定有序发展、健康良性运作，是必须正确认识和把握的重大理论和实践问题之一。

设置"红绿灯"意在引导资本在法律法规的制度框架下积极有为。遏制资本无序扩张，不是不要资本，而是要资本有序发展。无论是国有还是民营，内资还是外资，都是我国社会主义市场经济的重要组成部分，在推动我国经济发展的同时，最终都应服务于人民美好生活，提升人民福祉。

亮"红灯"，要明确规则、划定底线。近段时间，针对平台垄断、竞争失序等问题，股市"割韭菜"、内幕交易、操控市场等现象，强化反垄断和防止资本无序扩张打出一系列"组合拳"，这充分体现了党和国家保护各类市场主体合法权益的态度和决心。通过有形之手加以引导和规范，让资本服务于经济社会发展大局，在促进科技进步、繁荣市场经济、便利人民生活、参与国际竞争中发挥积极作用，而不是与社区商贩争夺最后一块"铜板"。

开"绿灯"，要充分发挥资本作为市场经济重要生产要素的积极作用。鼓励资本合规经营发展，运用法治思维法治方式深化改革，推动有效市场和有为政府更好结合，进一步增强投资者的可预期性和稳定性，营造良好市场环境，进一步激发各类市场主体活力。

社会主义市场经济是一个伟大创造，社会主义市场经济中有各种形态的资本。当前，各部门各地方要把思想认识统一到会议精神上来，要始终坚持"两个毫不动摇"，从构建新发展格局、推动高质量发展、促进共同富裕的战略高度出发，注重系统协同，正确认识和把握资本的特性和行为规律，助力经济平稳、健康、可持续发展。

资料来源：

材料1：马克思，《资本论》第一卷，人民出版社，2004年版，有改动。

材料2：孟捷、陈龙，规范和引导资本的要旨是巩固和完善党的领导，《财经科学》，2022年第11期，有改动。

材料3：赵文君，新华时评：为资本设置"红绿灯"，http://www.xinhuanet.com/2021-12/13/c_1128159713.htm，有改动。

⽖ 例 讨 论

1.当前我国资本无序扩张，突出表现在哪些方面？

2.如何规范和引导资本健康发展？

3.如何正确认识和把握资本的特性和行为规律？

案例六　资本主义原始积累

资本原始积累的历史过程从 15 世纪末期开始，直到 19 世纪初期资本主义制度在西欧、北美普遍确立为止。凭借暴力对农民土地的剥夺是整个资本原始积累过程的基础，也是最重要的主要方面。马克思指出，"剥夺人民群众的土地是资本主义生产方式的基础"。这就是说，将农民的土地予以剥夺，使农民脱离土地，成为出卖劳动力的自由劳动者，并把剥夺的土地集中于新兴资产阶级和资产阶级化的贵族手中。

这种暴力掠夺以英国"圈地运动"最为典型，这也是西方主要国家资本原始积累的开端。从 15 世纪 70 年代开始到 18 世纪中期，英国逐步消灭了自耕农经济，使占总数 90% 以上的农民成为乞丐和流浪者。15 世纪末期和 16 世纪西欧国家普遍立法颁布了惩罚流浪者的血腥立法，以迫使被破产的农民进入工厂成为雇佣工人。在法国剥夺农民的主要方法并不是英国式的圈地，而是通过加强租税剥削迫使农民出售份地（主要由城市资产阶级购买）的方式实现的。在德国、俄国，主要是以向地主缴纳巨额"赎金"的办法获得所谓的"解放"，只不过这种偏袒贵族地主的改革办法使农民迫于生计而不得不出卖土地，或者出让土地的四分之三或三分之二给地主以获得人身自由，最后基本上成为无地的流浪者。这就是说，通过这种"暴力"手段迫使大多数人进入劳动力市场。

至于货币财富的积累，掠夺式的海外贸易、殖民掠夺、海盗抢劫和奴隶贸易是主要手段。新航路开辟以后的"地理大发现"时代使欧洲人了解了世界陆地面积。世界商品贸易频繁，也揭开了资本原始积累时代的序幕。

走在航海时代前列的西班牙垄断了拉丁美洲的贸易独占权，严格禁止拉丁美洲殖民地国家与外国进行直接贸易。同时，西班牙与土著居民之间的贸易，则是一种变相的欺诈。有时殖民地官员强迫所辖地区的土著居民一律佩戴眼镜，以便商人把廉价得到的这种商品销售出去。这种交易的利润可以达到100%～300%，有时甚至高达400%～500%。葡萄牙垄断了欧洲、亚洲的市场，攫取了特别优厚的利润。100公斤胡椒在印度的收购价为2.5～3杜卡脱，在西欧出卖时竟然高达40杜卡脱；100公斤丁香在摩鹿加群岛的收购价格是2～5杜卡脱，在英国销售时价格可以达到366杜卡脱。后来居上的荷兰主要通过强硬的欺诈勒索贸易，攫取殖民地和半殖民地国家的珍贵物产，运回欧洲高价出售，获得了无可比拟的巨额利润。17世纪，由摩鹿加群岛运回到欧洲的丁香，售价要比收购价格高出6倍；在爪哇和苏门答腊收购的胡椒，在荷兰要以高出7～9倍的价格出售。

西方主要国家西班牙、葡萄牙、荷兰、法国、英国等掀起了早期殖民扩张的浪潮，甚至发动了商业战争。这使新兴资产阶级和资产阶级化的贵族获得了巨额的货币财富。西班牙殖民全盛时期每年从美洲殖民地掠夺黄金5500公斤，白银24.6万公斤；1493—1600年，葡萄牙仅从非洲一地就抢掠了黄金27.6万公斤。从16世纪到19世纪西班牙从拉丁美洲榨取了250万公斤的黄金和1亿公斤的白银，而葡萄牙也从巴西搜刮了价值6亿美元的黄金和3亿美元的金刚钻。

早期殖民国家西班牙、葡萄牙成为海盗抢劫的重要目标。从1627—1636年西班牙虽然建立了军舰护航制度，但是，仅仅荷兰海盗就抢劫了550艘西班牙船只。实际上，后来英国的海盗才是海盗群体中的佼佼者。16世纪60年代以后英国海盗活动的主要地区由本国附近的英吉利海峡扩展到大西洋，他们肆无忌惮地抢劫葡萄牙人装载着东方香料的船只，抢劫西班牙人满载着美洲金银的所谓"白银舰队"，甚至得到了英王室的同意和支持——设立了许多专门从事劫掠活动的公司。以这种方式积聚财富，利润十分惊人，一般都会高达8～10倍。1578—1580年，在劫掠智利、秘鲁等沿海地区的海盗掠夺中获得了价值40万英镑的白银、5箱黄金和大量的珍珠。伊丽莎白女王作为组织这次海盗掠夺的股份公司的股东之一，获得了36.379万英镑的红利。

　　从16世纪开始，殖民主义者开启了著名的"三角贸易"，贩卖黑奴成为重要的环节。实际上，早在15世纪中期，葡萄牙殖民者就开始从事奴隶贸易，只不过那时把黑人贩卖为奴作为副业。但是，进入16世纪后，由于欧洲殖民者大肆屠杀印第安人，美洲种植园经济和开采金矿的劳动力逐渐缺乏，所以就把熟悉栽培热带植物技术又适应热带劳动条件的非洲黑人运往美洲以充当劳动力，由此贩卖黑奴成了一项有利可图的"行业"。据统计，16世纪贩卖到美洲的黑人有90万人，17世纪剧增2倍多，达到275万人，到18世纪竟然高达700万人之多。18世纪初，英国成为当时世界首位的奴隶贩子，从非洲运往美洲的奴隶，由英国船运输的超过所有其他国家运输的4倍。19世纪上半期，美国棉花种植园经济的迅速发展，急需大批的奴隶劳动，所以美国殖民者开始了大力从事贩卖黑奴的贸易。在美国独立的100年之内，美国黑奴人数从46万猛增到400万人，共有15个州是所谓的"蓄奴州"。

140　　实际上，国家公债、包税制和专卖制度也是货币财富积累的重要方式。为弥补财政拮据，西方主要国家通过发行公债筹措经费，并付给一定的利息，从事殖民掠夺和商业战争。当时购买者大多是金融家、大商人、城乡有产者和新兴资产阶级化的贵族。早在14、15世纪时威尼斯和佛罗伦萨为弥补对外战争的军费开支和对新兴工场手工业的财政补贴，开始向银行筹借国债。16世纪"地理大发现"以后，由于殖民地掠夺和海外贸易的大发展，进一步促进了国债制度的发展与完善。17世纪中期，荷兰国家债务总数已达1.5亿盾，每年支付利息达650万盾之多。1672年发生第三次英荷战争，使英国财政状况堪忧，以至于英王查理二世拒付共计132.9万英镑的全部欠款。1697年英国国债为2100万英镑，1749年增加到8100万英镑，而到1815年时已增长到8.6亿英镑。国家公债的大幅度增长为资产阶级和资产阶级化的贵族加速资本原始积累创造了条件。

　　与国家公债相关是包税制度。归根到底，公债的还款主要来源是向民众征收捐税。由于债权人主要是大银行和大商人，国家往往将某个时间、某个地区应征收的捐税承包给他们，后者就成了代表国家征收捐税的包税人。包税人根据国家规定的项目征收，并且"私自"增加名目繁多的杂税以从中渔利。16世纪以来，随着西方主要国家公债制度的推行，民众头上的捐税也就不断增加。16世纪时英国税收额为50万英镑，到17世纪时增加到750万英镑，而到1800年时已增加到4000万英镑。包税人随意增加赋税，以致民众在购买各种日用消费品时要纳税，而且结婚、丧葬和生儿育女也要纳税，甚至住房开个窗户也要缴纳窗户税。1726—1776年，法国包税总会有40个股东及800多个代理人，从包税中获利高达172亿法郎。所以，包税制成为资产阶级和资产阶级化的贵族积累货币资本的重要手段。

包卖和专卖制度也是资本原始积累的重要来源。资本原始积累时期，西方主要国家普遍重视对许多重要消费品实行专卖，以酒类和烟草的专卖为典型。俄国每桶（约12.3公斤）40度伏特加酒的出厂价格是40~45戈比，而包卖商和酒店主出售下等的伏特加酒每桶价格高达10~12卢布，零售价每桶甚至可以卖到20卢布。19世纪中期，包卖商的利润估计可高达6~7.8亿卢布。

此外，还有战争赔款和贸易保护制度。英国是最先索取战争赔款的国家。1652年英国军队侵占了爱尔兰，并将爱尔兰700万英亩的土地贱卖，价款约150万英镑以上，以此作为抵偿战争的赔款。至于贸易保护制度，主要是关税保护、贸易管制和出口补贴等，也是加速资本原始积累的一项重要举措。16世纪以后，尤其是17、18世纪，西欧主要国家推行重商主义政策，增加进口同类商品的海关税，以降低国外进口商品的竞争力，从而保障了本国工业资本家垄断国内市场，高抬物价，获取优厚的利润。同时，政府又对本国工业所需要的原材料出口严格限制，或者征收重税，又或者直接禁止出口。16世纪，法国为了保护本国纺织工业，通过法令严禁从佛兰德输入纺织品，从西班牙输入锦缎，从英国输入呢绒、亚麻布、天鹅绒等纺织品。同时，严禁本国纺织工业所需的羊毛、亚麻、大麻等原材料输出国外。根据法令规定，对进口的纺织品和出口的羊毛等原材料，一律征收超高关税，有的甚至高达商品价值的100%～200%。

以上种种办法尽管形式有所不同，但是实际上它们的共同点是凭借国家权力组织的诸多"暴力"来迫使生产者和生产资料相分离，加速货币财富资本的积累，直至19世纪初期西方主要国家已经完成资本原始积累。将生产资料和货币财富加速集中于资产阶级和资产阶级化的贵族手中，成为资本主义生产方式的前提和起点，从而加速了资本主义的形成和发展。实际上，之所以称为"资本原始积累"，不仅仅是因为它是资本形成的史前时代，而且更是由于凭借国家权力组织的"暴力"使它的形成和发展具有浓厚的"血腥""野蛮"色彩，岂不是"原始"？马克思指出，"原始积累的方法绝不是田园诗式的东西"，资本的原始积累"是用最残酷无情的野蛮手段，在最下流、最龌龊、最卑鄙和最可恶的贪欲的驱使下完成的"，"是一部用血和火写成的历史"。

142

资料来源："资本"原始积累,https://zhuanlan.zhihu.com/p/544389360,有改动。

🅒🅔🅓🅘 案 例 讨 论

1.如何理解资本主义积累是一部用血和火写成的历史？

2.如何理解国家暴力在资本主义产生过程中的作用？

3.中国走的是一条和平发展的道路，结合这一点，谈谈中国道路的世界意义。

第六章　资本的循环和周转

　　导言：习近平在党的二十大报告中明确提出，加快构建以国内大循环为主体、国内国际双循环相互促进的新发展格局。加快构建"双循环"新发展格局，是着眼于中国长远发展和长治久安作出的重大战略部署，对于中国实现更高质量、更有效率、更加公平、更可持续、更为安全的发展，对于促进世界经济繁荣，都会产生重要而深远的影响。根据党的二十大报告内容，未来五年加快构建"双循环"新发展格局，主要有以下几个方面的着力点：一是推动科技创新在畅通循环中发挥关键作用。创新是第一动力，加快科技自立自强是畅通国内大循环、塑造中国在国际大循环中主动地位的关键，要优先实施科教兴国战略。二是推动供给创造和引领需求，实现供需良性互动。畅通国民经济循环要着力优化供给结构，改善供给质量，坚定不移加快建设制造强国、质量强国、航天强国、交通强国、网络强国、数字中国。三是加快培育完整内需体系，完善扩大内需的政策支撑体系。增强消费对经济发展的基础性作用，发挥投资对优化供给结构的关键作用。四是推动金融更好地服务实体经济，构建全国统一大市场，深化要素市场化改革，建设高标准市场体系。推动新型城镇化和城乡区域协调发展，深化区域合作，更好促进发达地区和欠发达地区、东中西部和东北地区共同发展，不断挖掘内需潜力。五是推进高水平对外开放，依托中国超大规模市场优势，以国内大循环吸引全球资源要素，增强国内国际两个市场、两种资源的联动效应，提升贸易投资合作质量和水平。要用顺畅联通的国内国际循环，推动建设开放型世界经济，推动构建人类命运共同体，形成更加紧密稳定的全球经济循环体系。基于此，本章结合习近平总书记的相关论述，收集若干案例进行分析和探讨。

案例一 流程再造提升海尔核心竞争力

海尔集团创立于 1984 年，其前身是一个亏空 147 万元的濒临倒闭的小厂。在多年的发展过程中，海尔以变制变，变中求胜，保持了持续高速稳定增长。2002 年，海尔实现实施国际化战略，目前在海外已拥有 13 个工厂、12 个贸易公司。下面是海尔集团在提升竞争力方面的三点经验：

144

一是关于流程再造。流程再造是美国的哈默博士于 20 世纪 90 年代初提出的企业管理理论，目的是在新经济条件下重塑企业竞争力。海尔自 1998 年 9 月开始进行业务流程再造。应指出的是，有的企业误以为引入了国外的硬件、软件，就是流程再造，实际上，如果企业组织结构不再造的话，不管什么样的硬、软件来了都没有用。在经济全球化和互联网时代，企业的组织结构必须改变，要把原来的直线职能式管理改成全部直接面对市场。

在海尔的市场链流程图上，一端是全球供应商资源，通过互联网可以在全球范围内找到最好的供应商，分供方也可以凭此去满足用户的资源，由此寻求有价值的订单。中国环节是产品制造部门。实际上，是否采购、是否生产，关键是看是否能拿到订单。

原来职能关系的各部门全部变成市场关系，如设计、全面质量管理等，全是直接为用户服务的。如，进行流程再造前，海尔各产品事业部的车间维修设备必须层层上报，从事业部长开始再层层批准，逐级分解，而且维修人员修得越多，工作效果就越好。再造后，设备事业部与生产车间之间变为市场关系，目标是零停机，设备事业部必须提前维护设备，预防问题的发生。否则，生产车间可按设备停机的时间向设备事业部索赔。

在企业的外部，从纵向的角度看，上游就是分供方，下游就是客户。过去，分供方和企业的关系就是讨价还价，分供方希望给企业的供货能得到更高的价格，企业则希望降得更低；现在，分供方整合到一起，联合起来共同满足用户的需求。整合前有2200多家分供方，现在只有755家。这755家中由原来2000多家留下的只有200多家，而在新引进的国际化分供方中，仅世界500强企业就有50家。分供方企业的整合是最难的。现在整合的分供方并不只取决于其质量高、价格低，而最重要的一点是看他们有没有参与产品前端设计的能力，如果没有这个能力，即使他们供的货再好也不行。

下游商家的主要渠道包括：国外的大连锁，如沃尔玛、家乐福等；国内连锁，尤其是家电专营连锁店、大商场以及海尔自己的专卖店。不同的渠道有不同的客户群，海尔要与分供方联合起来，创造出满足用户需求的产品。

二是速度制胜，直接感受和满足用户的需求。现在的很多企业，原材料采购进来后就先存放在仓库里面，然后是半成品库、成品库、商业库存，像个水库一样。现在海尔把它打通了，变成一条流动的河。通过JIT采购、JIT配送、JIT分拨物流这三个JIT来加速订单流。因为原来放在水库的水最后总会有一些流不出去成为死库容。特别是信息化产品，如电脑如果存放两个月就贬值了，所以它的即时性非常重要。说到底，企业不是为库存采购，而是为订单采购；不是为库存生产，而是为订单生产。

从得知用户的需求信息到满足用户的产品，这是个输入输出的关系，输入用户的需求或用户的不满意，输出一定是用户的满意。海尔把技术开发人员叫作"型号经理"，即你为哪一个型号来设计，就全部负责到底。比如，型号经理在市场上得知产品的某几个部位需要改动，就

▲
▲
▲

要一票到底，满足用户需求。从设计、开发到销售一个人负责到底，从而根治了大企业病。

三是全员经营。要做到全员经营，必须每个人与市场零距离，即每个人都要成为经营者，成为SBU。在国外，一个事业部叫作一个SBU，一个策略事业单位。管理的本质不是控制员工的行为而是为员工创造创新的空间。例如，海尔物流推进本部钢板采购经理利用海尔流程再造搭建的国际化平台，成功整合全球钢板供应商资源，把自己经营成自主创新的主体，成为海尔采购经理中的示范SBU。

亚当·斯密在《国富论》中说过，每个人即使从利己的目的出发也能达到利他的效果，市场经济就应该是这样的。为此海尔十分注重培养员工的素质和竞争能力，而提升每个人的竞争力关键是企业文化，要使每个员工都有创新的精神，把员工的自身价值体现在为用户创造价值上。总之，海尔流程再造归根结底是再造人。企业的核心竞争力就是创新的企业文化，就在每个创新的员工身上。

资料来源:流程再造提升海尔核心竞争力,https://www.haier.com/press-events/news/20110601_137765.shtml,有改动。

案例讨论

1.为什么加快资本周转速度对企业来说有重要的意义？

2.在现代社会，企业更加注重资本循环的哪一环节？为什么？

案例二 欧佩克+强化"限量保价"市场策略

2023年4月2日，以沙特和俄罗斯为首的欧佩克+集体自愿减产，总计涉及产量削减超过160万桶/日，计划5月生效并持续至2023年底。其中，沙特自愿减产原油50万桶/日，伊拉克自愿减产原油21.1万桶/日，阿联酋自愿减产原油14.4万桶/日，科威特自愿减产原油12.8万桶/日，阿尔及利亚自愿减产原油 4.8 万桶/日，阿曼自愿减产原油 4 万桶/日。此外，俄罗斯副总理表示，俄罗斯自愿基于 2 月平均开采水平，将石油日均减产 50 万桶的措施延长至 2023 年底，而哈萨克斯坦也宣布将自愿减产 7.8 万桶/日。

虽然沙特和阿尔及利亚等国家表示，本次自愿减产是"支持国际原油市场稳定"的预防性措施，但部分市场分析认为，欧佩克+一致减产的主要原因仍是与美国在油价走势上存在分歧。一是市场对全球经济增长的悲观预期叠加前期美联储持续加息等因素引发欧美金融行业出现动荡，间接导致 3 月以来国际油价持续较大幅度下跌；二是美国能源部部长格兰霍姆 3 月下旬表态，2023 年不会在 70 美元/桶以上的价格回补战略石油储备，且美国的战略石油储备需要几年时间才能重新填满，对油价上涨的市场预期形成了较大负面影响。在此背景下，欧佩克+集体自愿减产，既是表明了对低油价可能影响其各自政府财政预算的强烈担忧，也显示了未来欧佩克+或将进一步巩固"限量保价"的传统市场策略。

掌控原油供给市场话语权的有力武器

从发展历史看，"限量保价"是欧佩克掌控原油供给市场话语权的有力武器。为维护成员国的共同利益，欧佩克自成立以来多次采用"限量保价"的市场策略，在维持市场份额的同时，牢牢掌控在国际原油供给市场上的话语权，如 20 世纪 80 年代初第二次石油危机结束后执行限产，以及 21 世纪前十年的"维持市场适度紧张"等。

但 2014 年前后，页岩油气革命推动"市场化"运作的美国页岩油产量持续大幅增长，与实施产量"配额制"的欧佩克之间形成了较强的市场份额博弈。欧佩克与俄罗斯等传统产油国被迫放弃了"在较高价格区间通过稳定供给获取高额利润"的策略，改为"在较低价格区间通过持续增产获取不确定利润"的策略，企图挤压页岩油的市场份额，直接导致了 2014 年底国际油价自 100 美元/桶以上区间大幅下跌，并在 2015—

2020年上半年长期维持在相对较低的价格区间，其中布伦特原油基准价格平均仅维持在55.6美元/桶，WTI原油基准价格平均更是降至51.5美元/桶附近，给欧佩克+各成员国财政收入和经济增长带来较大压力。

为了应对2014年后出现的全球原油供给过剩问题，并逐步稳定国际油价，欧佩克+于2016年达成了减产协议，2017年1月1日起实施了多轮减产，将市场策略逐步回归到"限量保价"的传统轨迹。

欧佩克+利益最大化的必然选择

从市场环境看，"限量保价"是在当前背景下欧佩克+利益最大化的必然选择。

一方面，受后疫情时代全球经济增长复苏乏力、区域性油气地缘政治风险等因素影响，部分欧佩克+成员国仍将原油出口作为财政收入的主要来源，有利用较高油价获取稳定收益的较强意愿。

另一方面，美国页岩油气产业投资者认为，未来可能有因能源转型带来的颠覆性风险发生，所以制定了所谓的"投资纪律"，将关注重点由产量增长转为价值返还，给页岩油生产经营再投资造成较大负面影响，既导致美国页岩油产量增长低于预期，也为欧佩克+进一步控制原油供给市场创造了有利的外部条件。

或将给全球油气市场带来颠覆性风险

但从能源转型角度看，欧佩克+持续强化"限量保价"的市场策略可能给全球油气市场带来颠覆性风险。遵照国际原油市场运行规律，国际油价波动走势最终还是由供需基本面决定。

短期内，由于现阶段国际原油市场处于紧平衡状态，而且油气资源在能源市场上暂时难以被替代，原油可以定义为需求价格弹性相对较低的商品，油价升降并不会带来原油需求的大幅变化，但供给变化可能引起国际油价大幅波动，也为欧佩克+影响油价带来便利。

但从中长期看，考虑到国际油价在较高区间频繁大幅波动，严重动摇各国乃至世界实体经济发展和金融市场稳定，部分进口国政府或将"痛下决心"，通过发展本国绿色产业和可再生能源，持续降低对进口原油和天然气等传统化石能源的严重依赖，以保障能源供给安全。这将对全球原油供给市场产生颠覆性影响，也将进一步推动全球能源加快转型发展。

资料来源：中国石化官方，欧佩克+强化"限量保价"市场策略，https://baijiahao.baidu.com/s?id=1763120035691635406&wfr=spider&for=pc，有改动。

案 例 讨 论

1.欧佩克+强化"限量保价"市场策略对我国的消费者有什么影响？请根据案例阐述一下供求关系变化与价格变化之间的关系。

2.欧佩克+为什么要强化"限量保价"市场策略？你还知道哪些相似的案例？

案例三　资本的空间与时间

资本运动是一个螺旋上升过程

我今天要谈是资本运动的空间与时间问题。首先我来谈谈资本，根据马克思的定义，资本是处于运动中的价值，而价值又是由投入到商品生产中的社会必要劳动时间决定的。资本的运动可以分为四个阶段：生产、实现、分配和价值增值。

第一个阶段是生产。在生产过程中，货币转化为生产资料和劳动力，并由劳动力作用于生产资料而形成商品。这是《资本论》第一卷讨论的主要问题。

第二个阶段是价值实现——通过把商品销售出去，价值转化为货币。在《资本论》第一卷中，马克思认为价值实现不是一个问题，但在第二卷中，他考察了价值实现过程中存在的问题——如果人们对一个商品没有消费欲望和需求，或者没有足够的货币来购买这个商品，那它的价值就无法实现。因此，价值既取决于生产，又取决于实现；要理解价值，就要理解生产和消费之间的对立统一关系，就要阅读《资本论》第二卷。问题是很多马克思主义者都不读第二卷，因为它比较枯燥。但如果不读第二卷的话，我们就不能理解马克思在做什么。

第三个阶段是分配。在市场上实现的货币会通过多种政治权力结构进行分配，一部分成为工人的工资，一部分成为资本家的利润，一部分成为土地所有者的地租，等等。马克思在《资本论》第三卷中讨论了这个问题，这一卷很难懂，因为它是一部未完成的作品，而且比较混乱。马克思的分配理论中有一个奇怪的缺失，即他从来没有讨论过税收问题，没有讨论过一些价值如何通过税收的形式流向国家。他批评了李嘉图的政治经济学和税收理论，却没有提出自己的理论。我提出这一点是因为它很重要。

第四个阶段是价值增值。当货币进入到不同的人群手里之后，这些人处理货币的方式是不同的——工人用它来购买维持生计的商品；富裕的商人不仅购买生活必需品，还购买奢侈品；剩下的货币则会继续移动，进入到再生产过程中。在再生产过程中，银行家起到了非常重要的作用，他们把不同人手里的剩余货币集中起来，再通过不同渠道将这些货币重新投入生产领域。

马克思所说的这四个阶段是一个循环过程，通过这一过程，资本可以得到无限的再生产。这与其说是一个圆周运动，不如说是一个螺旋上升运动。在英语中有"螺旋失控"（spiral out of control）这样的说法，黑格尔也区分过"善的无限性"（the good infinity）和"恶的无限性"（the bad infinity），其中，"善的无限性"是一种圆周运动，它可以无限循环下去而不会失控；"恶的无限性"则是一种螺旋上升运动，它最终会失控。马克思受黑格尔哲学的影响，在他看来，资本的本性就是无限的积累，为了积累而积累，这决定了它是一种"恶的无限性"，最终必然会失控。

我们很难想象一个无限积累的世界，因为这个世界的资源是有限的，商品的数量也是有限的，唯一没有限度的东西就是货币，货币发行量可以不断增加——这就是中央银行所做的事情。当前的所谓量化宽松政策就是不断增加货币供应量，但这会导致一个难题，即在这种货币供应条件下如何完成增值。这种积累方式被称为"复式增长"（com-pound growth），它导致指数式增长的曲线。在18至19世纪资本主义发展早期，商品生产的规模比较小，复式增长没有产生严重的问题，但从20世纪70年代开始，复式增长越来越成为一个问题，并导致了很多危机。

资本主义的特征是不断追求加速运动

资本是由利润驱动的，并且处于相互竞争之中。资本主义的特征就是不断追求加速运动，因为只有运转得更快，才能获得更多的利润。纵观资本主义技术变革的历史可以发现，大约有一半的技术变革都是为了加快资本的运转速度。这给社会带来极大的压力，使社会也不得不加速运动。要加速生产，就要加速价值的实现，那么如何才能实现加速呢？这就是要让人们以更快的速度去消费。马克思认为，只要能够不断创造出人们对商品的需求和欲望，资本就可以持续积累下去。因此，整个资本主义的历史就是一个不断创造人类的需求和欲望的历史。但在马克思生活的时代，工人只能维持基本的生存，因此，他对资本主义不断创造新的需求和欲望这一问题并没有太多论述。

时至今日，与生产的不断加速相一致，资本主义对人类消费需求和欲望的生产也不断加速，使消费的周期越来越短。我现在还在使用我祖母用过的刀具，它们已经有120多年的历史了，如果资本生产这些能够用120多年的东西的话，那它就崩溃了。资本必须生产一些立即报废的商品，我们现在所使用的各种电子产品就是这样。这对我们的生活影响巨大，比如，在多年前我刚进入学术界的时候，如果一个人出版两本以上的书，就被认为是一种浪费，因为当时严肃的学者写一本书要花20年的时间。但现在你再这么做的话，可能就会被辞退。就我个人来说，如果两年不出新书，别人可能就会以为我已经死了。时尚也是资本主义促进消费的一种方式，在19世纪中期的时候，时尚在资产阶级中非常重要，如今它已经大众化了。如果消费的时间可以缩短为零的话，那是资本最乐意看到的，这当然是不可能的。不过的确有一些消费是可以立即进行的，比如景观消费，世界杯、奥运会、大型展览等都是这方面的例子。此外，媒体消费也是这种可以立即进行的消费。消费的加速是生产加速的外在表现，它们是由资本的本性决定的。

152　应该考察生产和实现之间的对立统一

当前有很多关于消费主义的社会斗争，正如我前面所说，我们应该考察生产和消费之间的对立统一关系。传统的马克思主义更关注生产过程中的斗争；今天我们应该对价值实现过程中的斗争予以更多关注。工人可以得到更多的工资，但如果房价增长过快的话，那他们实际上还是什么也没得到。现在的普遍趋势是，资本家会在生产领域有所妥协，但在价值实现领域再把钱赚回来。马克思和恩格斯将此视为一种次要矛盾，这与马克思、恩格斯那个时代工人阶级的状况有关，但现在的情况不同了，现在很多政治运动关注的都不再是生产问题，而是价值实现问题。

如今，世界各地越来越多的人开始关注不断上涨的房价。在纽约，有将近一半的人年收入不到3万美元，他们很难过上体面的生活。因为，有些东西是你必须使用的，比如手机，但电信公司会收取很高的服务费，很多费用都是你不知道如何收取的。此外还有信用卡、房屋等，在这些领域都存在政治斗争。在生产领域，是资本和劳动的对立，而在价值实现领域，则是那些有房人和所有其他人的对立，工人阶级、中产阶级和失业者等都可以联合起来。我们可以看到，今天的阶级构成已经发生了变化，这和正统马克思主义者的观点是不同的，但是很多人宁愿选择相信正统，也不愿面对现实。

现在很多社会斗争都是关于日常生活的斗争，比如，2013年土耳其因盖齐公园遭强拆而引发的抗议运动，巴西因交通费上涨而引发的抗议运动等，这些都不是传统的工人阶级斗争，而是由普通人对生活质量的不满引发的。面对这些新的社会运动形式，我们需要寻找新的政治策略，把它们与传统的劳工运动整合起来。在我看来，反资本主义的斗争在很大程度上取决于生产斗争和价值实现斗争的结合。我喜欢举的一个例子是1871年的巴黎公社运动。马克思对巴黎公社的评价很含糊，但在巴黎公社运动发生的时候，他还是很欢迎的。巴黎公社推出了两项方案：一是颁布了禁止面包坊工人加夜班的法令，这是一个劳动问题；二是免除了占领期间的所有房租，这是一个价值实现问题。因此，这是一次工人阶级的斗争，但又不是传统意义上的工人阶级斗争，而是生产和实现之间的对立统一。

资本以空间扩张和生产性消费的方式来化解自身危机

随着资本运动的螺旋上升，它必然会遇到空间上的障碍，并寻求以"空间修复"的方式来化解自身的危机。当资本在一个空间内无法实现积累和增值时，它就会寻找另外一个空间重新开始积累。它可以选择带走自己的劳动力，也可以选择在当地重新雇佣劳动力。19世纪中期，英国就是用这种方式来消化过剩资本的，比如贷款给阿根廷修建铁路，作为条件，阿根廷用这些钱再来购买英国的钢铁、火车、轮船等，从而消化了英国的过剩产能。这是过剩资本从一个地方流向另一个地方的经典方式，后来的美国、日本、韩国、中国台湾也都是这么做的。

我们常常假设这一螺旋上升过程不会出现问题，但其实它是充满内在矛盾的，当矛盾激化的时候就会出现危机。最近的一个例子是2007—2008年发端于美国的危机，这个危机最初发生在美国，但在今天这个时代，一旦美国发生了危机，全世界也会跟着陷入危机。美国的危机起源于住房市场，当时很多人借钱买房，以为房子会升值，但突然之间房地产市场崩溃了，很多人失去了自己的住房。此时，一个理智的政府应该选择帮助那些失去住房的人，但美国政府没有这么做，他们选择的是帮助金融机构，而让普通百姓破产。当人们失去自己的住房后，他们也就失去了消费能力，美国的消费品市场也就崩溃了，受此影响，那些给美国提供消费品的生产者也陷入困难，比如当时很多中国的工厂都举步维艰。世界上大多数国家都试图通过紧缩政策走出危机，这是出于意识形态的考虑，但紧缩政策导致的后果是劫贫济富。

154

当普通人消费乏力的时候，就需要靠生产性消费来拉动经济增长。中国就采取了这种方式，如进行了大规模的基础设施建设，加快了城镇化进程。中国应对危机的方式很成功，也给世界带来重大影响，那些给中国提供原材料或高端技术的国家经济恢复得都很快，如智利、阿根廷、澳大利亚和德国等。中国目前的情况可以在历史上找到很多先例，我在《巴黎城记》中描述了19世纪巴黎重建的情况，当时拿破仑三世委任豪斯曼重建巴黎，试图借此解决失业问题。"二战"以后，美国也有很多过剩产能，它也采取了很多化解方式：一个就是打冷战，另一个是郊区城市化。中国所做的与此类似，不过规模要大得多。从2011年到2013年，在这三年里中国消耗的水泥量是65亿吨，这比美国整个20世纪消耗的总量还要多（45亿吨）。身在中国，我们可以看到这些水泥用到哪里去了——到处都是水泥。

这对环境和政治产生一些非常严重的影响。不管是19世纪60年代的巴黎，还是20世纪60年代的纽约，政府都是通过发行债务的方式来融资的，现在的中国也是这样。中国的最大优势就是，这些债务是以人民币的形式存在的，而不是美元或欧元，否则的话中国就会出现希腊那样的后果。

现在，资本的螺旋运动已经失控，问题是如何重新控制它。资本的螺旋运动要求把资本带向全世界，但问题是，如果这种扩张遭遇到极限和危机怎么办？在这个问题上，我的政治立场非常明确，那就是反资本主义。我反资本主义不是由我的基因决定的，也不是因为我的奶奶是一个社会主义者，我从来没有参加过任何政党，到35岁的时候才开始阅读马克思。我反资本主义是因为，根据当前的形势，唯一理智的立场就是反资本主义。

我们是在为那些投资的人建设城市

当前的城市化进程非常疯狂，在土耳其、海湾国家都是如此。越来越清楚的是，我们是在为那些投资的人建设城市，而不是为那些居住的人，城市是否宜居完全不在考虑范围之内。在世界各地，我们都可以看到大量空地，这些土地没有投入使用，人们购买它只是为了投资，而不是居住。因为人们想把自己的钱放在政府不能夺去的地方，所以很多人喜欢进行不动产投资。这其实是一个储值和增值的过程，而不是要建设一个宜居的城市。在纽约，有很多房子建好后都没有人居住，到了晚上只有三三两两的灯光，这是理性的吗？当然不是，这是疯狂的。但很多美国人反而认为我疯了，我当然没有疯，我会对这一行为做一个理性的解释，告诉人们必须停下来，不然的话我们就会被水泥淹没掉。

另一个问题是少数人占有大量住房，或者像迪拜那样疯狂地城市化。世界上的资源是有限的，为什么要这么做呢？原因就在于我所描述的资本的运转机制。很多政府不会选择挑战资本，而是支持资本，这会让少数社会精英获得更多财富。在2007—2008年危机发生后，美国有600—800万人失去了自己的住房，大量住宅闲置。一些金融机构以非常便宜的价格买下这些房子，然后把他们租出去，等待市场恢复，他们可以获得15%左右的利润。在这个过程中，大量财富从美国最穷的20%的人流向了最富有的1%，这种事情不应该发生。我们常说政府不该干预社会，但现在是政府不仅干预了，而且还干预错了。因此，我们必须开展社会运动来抵制这种行为。

现在的社会运动已不再是简单的劳工运动，它们常常还关注日常生活的条件，尤其是在城市里面。马克思曾经预言，那些数量庞大的被异化和剥夺的人，最终会起来反抗，从1%的富人那里夺回财富，但马克思的预言并没有实现。相反，我们看到的是各种异化的政治活动。这是一个非常危险的时刻，我现在所做的就是让大家认识到，我们面对的问题不是移民，也不是人们的愚蠢或懒惰，而是资本主义。当然，我并不认为资本主义一无是处，它也有进步的一面，但我们必须解决这一疯狂的失控的螺旋。那些社会精英不会考虑这个问题，因为他们自己是问题的一部分，而不是解决方案。

资料来源：大卫·哈维，资本的空间与时间，《中华读书报》，2016年7月6日第13版，有改动。

⦿案⦿例⦿讨⦿论

1.如何理解资本运动是一个螺旋上升的过程？

2.如何理解剩余价值生产和剩余价值实现之间的对立统一关系？

3.如何理解固定资本积累与城市地理之间的关系？

案例四　经济新常态是马克思主义的中国道路表达

从增加投资规模转向提升"周转"速度

马克思认为现代市场的首要特征是持续的"运动"与"周转"，资本和社会财富只能在运动中增值，从一个循环周期到下一个循环周期的不断增值过程是关键所在。在马克思看来，资本和贮藏货币的最大差异在于其对"流通"和"运动"的在意，"货币贮藏者竭力把货币从流通中拯救出来，而精明的资本家不断地把货币重新投入流通，却达到了这一目的"。只有周转的速度快了，资本才能产出更多的仔，生出更多的金蛋。在流通中保存自己，扩大自己，扩大以后又从流通中返回来，并且不断重新开始同样的循环。

可见，加快企业资本的周转速度成了"新常态"的重要内涵，这要求我们减少审批程序，加快审批效率和速度，打破地方保护主义，破除资本周转在国家政策和管理的中的障碍，通过科学合理的生产园区的规划与布局、高铁和交通体系的构建、合理的固定资本折旧制度的制定等，加速资本的流通与运动。就"大众创业、万众创新"来说，就是要以企业为创业和创新的主体，最大限度地减少创新与创业之间的转换与互动环节，最终实现马克思所说的"科学在直接生产上的应用本身就成为对科学具有决定性和推动作用的着眼点"的目标。

提升周转速度，还需要改变供给与需求错位和不匹配的情况，以前只顾开发和提升需求侧的水平，忽视了供给侧质量的提升，造成供给侧和需求侧不匹配的状况，是产能过剩的一个重要原因。实现供给与需求的互动与平衡，逐步改变国内库存压力过大和国外疯狂采购并存的情况，才能真正促进和提升国内资本的周转速度与效率。

从加大要素驱动转向增强高新技术驱动

在马克思看来，只有当劳动资料不仅在形式上被规定为固定资本，而且扬弃了自己的直接形式，从而整个生产过程表现为科学在工艺上的应用的时候，资本才能获得充分的发展并找到与自己相适合的生产方式。高新技术和智力创造在多大的程度上变成直接的生产力，从而社会生活过程的条件本身在多大程度上受到一般智力的控制并按照这种智力得到改造并被生产出来，就显得至关重要。要实现这一点，就要努力改变资本的有机构成，把要素投入为主导的经济增长变为效益和质量为主导的经济发展。

科技与创新将是"新常态"提升效益和质量的最重要推动力，习近平同志指出，"当前，科技创新的重大突破和加快应用极有可能重塑全球经济结构，使产业和经济竞争的赛场发生转换"。新常态下中国经济增长的动力将以创新驱动为主，生产日益取决于马克思所说的"科学的一般水平和技术进步，或者说取决于这种科学在生产上的应用"。目标在于生产高品质个性化的产品，发展高附加值的产业，让技术创新在经济增长中发挥更重要的作用，实现从"求快求大"的量的增加到"求优求精"的质的增长的转变。

从简单劳动力供给转向高技术人才培育

马克思认为社会发展和进步的关键在于同发明创造、同科学相比、同社会的一般生产力相比，简单的直接性劳动变成一种从属或微不足道的要素。未来劳动者"越来越大的一部分生产时间将耗费在生产资料的生产上"。

鼓励大众创业、万众创新，关键在"人"：在加大教育和培训水平的基础上，通过激发全社会的创新创业热潮，全面激活全体中国人智慧，用"新人口"提升中国经济增长质量和效率。这要求我们在原有人口基数不变的情况下，增加公共产品、公共服务供给的水平和质量，改善民生和拉动需求，提升劳动人口的技能与知识水平，减少单位产品的社会必要劳动时间，从简单劳动生产转向技术创新和发明创造，推动更多的劳动力人口从第二产业流向第三产业，使得"发明就将成为一种职业"，增加人力资本在整个资本构成中的比例。这是此轮结构性改革的重要内容和重大举措，是实现国家强盛、人民富裕的重要途径。

资料来源：鲁绍臣，经济新常态是马克思主义的中国道路表达，http://news.sina.com.cn/o/2015-12-11/doc-ifxmpnqf9573359.shtml，有改动。

1.如何运用资本循环和资本周转理论分析经济新常态？

2.如何真正促进和提升国内资本的周转速度与效率？

3.如何改变资本的有机构成，把要素投入为主导的经济增长变为效益和质量为主导的经济发展？

案例五　新发展格局：马克思资本循环理论的继承与发展

一、新发展格局对马克思单个资本循环理论的继承与发展

马克思对单个资本循环理论的深刻分析，为我国构建新发展格局提供了基本遵循。

首先，单个资本循环是包括生产和流通两环节的统一循环过程。马克思认为，"产业资本的连续进行的现实循环，不仅是流通过程和生产过程的统一，而且是它的所有三个循环的统一"。因此，单个资本的循环不仅包括一个生产阶段，而且包括两个流通阶段。同时单个资本的循环还采取货币循环、生产循环、商品循环三种循环形式。因此，新发展格局中国内大循环的"大"，是指宏观意义上的整体循环，是全国统一大市场的系统循环。

其次，单个资本循环是一个不断反复的连续循环过程。马克思指出，"资本的循环，只有不停顿地从一个阶段转入另一个阶段，才能正常进行"。马克思把资本循环看作在货币资本、生产资本和商品资本三种不同形式上不断转化的运动过程，而且是不停顿的循环过程。如果资本在货币资本购买商品和劳动力转化为商品资本的第一阶段停顿下来，货币资本就会凝结为贮藏货币；如果在将商品资本转化为新的商品资本

的生产阶段停顿下来，则生产资料就会被浪费，劳动力就会失业；如果资本在将新生产出来的商品售卖转化为新的货币资本的第三阶段停顿下来，流通环节就会被堵塞。这就意味着，畅通国内大循环不仅是一次循环过程的畅通，而且是不断反复循环的畅通，因此，新发展格局中国内大循环的"循环"，是指经济循环的动态过程，是在循环往复的运动中不断实现更高水平的供求动态平衡。

最后，单个资本的循环是一个对外开放的循环过程。马克思最初确定写作的政治经济学宏大理论体系包括"资本、地产、雇佣劳动、国家、国际贸易、世界市场"六大部分，马克思的资本循环理论最后一定会上升到国际贸易、世界市场层面。但遗憾的是，马克思没能完成他的政治经济学六卷本写作计划。在经济全球化深入发展的今天，我们党在继承马克思资本循环理论基本原理的基础上，又进一步发展了这一理论，把国内经济循环融入世界经济分工协作体系中，充分利用两种资源、两个市场推进经济高质量发展，推动国内国际双循环相互促进。推动双循环必须坚持实施更大范围、更宽领域、更深层次对外开放，以更加开放的视野将国内大循环融入国际大循环，强调国内国际双循环相互促进，这实现了马克思主义经济学的中国化和时代化，意味着畅通国内大循环，不仅是国内内部循环的畅通，而且是国内循环与国际循环的畅通。因此，国内大循环的"国内"不是封闭的国内循环，而是开放的国内循环，是更高水平对外开放下的国内循环。

二、新发展格局对马克思社会再生产理论的继承和发展

马克思的社会再生产理论，表明社会再生产过程是由生产、分配、流通和消费四个环节构成的有机体系，从而为经济循环实现在生产、分配、流通、消费各环节有机衔接、畅通无阻提供了必须遵循的基本原理和方法。

第一，生产决定分配、流通和消费。没有生产就没有消费，分配是

生产的产物，流通是生产和由生产决定的分配与消费之间的媒介。这意味着畅通分配循环、流通循环和消费循环，不能仅着眼于分配、流通、消费的内部循环，还要注重生产循环对分配循环、流通循环和消费循环的决定性影响。也就是说，不畅通生产循环，就不可能从根本上畅通分配循环、流通循环和消费循环。这意味着，构建新发展格局，必须通过科技创新实现高水平自立自强，畅通生产循环。

第二，分配、流通和消费也反过来影响生产。没有消费，生产就无法持续推进，消费资料的分配和交换通过影响消费进而影响生产，而生产资料的分配则是生产的前提，生产资料所有制对生产具有决定性作用。这意味着，畅通生产循环必须以分配循环、流通循环和消费循环的畅通为前提，尤其是，生产资料所有制的形式必须与生产力的发展水平相适应。生产、分配、流通和消费四个环节相互影响、相互促进的有机关系，决定了构建新发展格局必须系统考虑生产、分配、流通、消费各环节，必须贯通生产、分配、流通、消费各环节。

第三，生产、分配、流通和消费在社会主义市场经济下的新特征。我国的社会主义市场经济制度建立在以公有制为主体、多种所有制经济共同发展的所有制基础之上，消除了资本主义制度下的阶级对立，使生产、分配、流通和消费之间没有了根本利益的对抗，从而使马克思再生产理论中所分析的供求矛盾上升为社会主要矛盾，正因如此，经济循环畅通成为构建新发展格局的关键。这也是为什么中央提出畅通国内大循环，既要注重坚持以供给侧结构性改革为主线，也要注重坚持以扩大内需为战略基点，强调把供给侧结构性改革与扩大内需有机结合起来的理论原因。

三、新发展格局对马克思产品实现理论的继承和发展

马克思的产品实现理论表明，经济循环过程存在着被堵塞的风险，这为我们防范和化解经济循环堵塞风险提供了基本原理和方法。

首先，畅通国内大循环，必须坚持社会主义基本经济制度不动摇，坚持走共同富裕道路。资本主义周期性爆发经济危机的根本原因是资本主义制度。资本主义生产的特征是扩大再生产，资本积累则是扩大再生产的重要源泉。马克思通过对资本主义积累一般规律的深刻揭示，指出资本主义积累必然导致财富在资本家一方的积累，贫困在工人阶级一方的积累，从而导致资本主义生产过剩经济危机的周期性爆发，使社会资本循环过程不可持续。只有用社会主义公有制代替资本主义私有制，才能从根本上解决生产过剩经济危机的周期性爆发，保障经济循环的持续畅通。

其次，畅通国内大循环，必须发挥党的领导这一最大制度优势，推进经济循环的整体性、协调性。资本主义市场经济倡导自由市场竞争，从本质上反对和排斥政府干预，认为对个人利益的追求会通过"看不见的手"有效地实现社会利益。但在资本主义市场经济运行过程中，特别

是随着自由资本主义向垄断资本主义的转变，市场不可能保障供求自动平衡，凯恩斯就依据1929—1933年大危机的事实，从理论上否定了供给自动创造需求的传统经济学命题，以有效需求不足为核心概念构建了宏观经济学理论体系。实际上，马克思在分析社会总资本再生产过程时就已指出，生产资料和生活资料两大部类必须保持均衡状态，才能为社会再生产提供符合一定比例的生产资料和生活资料，才能实现社会资本循环的畅通。但是，资本主义市场经济不可能实现生产资料和生活资料两大部类比例的平衡，因为"社会化生产和资本主义占有之间的矛盾表现为个别工厂中的生产的组织性和整个社会的生产无政府状态之间的对立"。在我国推进畅通国内大循环的工作中，党对经济工作的统一领导能够有效促进经济循环的整体性、协调性，形成生产资料和生活资料两大部类比例的平衡。

最后，畅通国内大循环，必须科学认识和把握社会主义社会的主要矛盾，充分发挥社会主义市场经济的体制优势。在社会主义市场经济体制下，马克思产品实现理论对我国畅通经济循环仍然具有指导意义。一

是必须科学认识和把握社会主义社会的主要矛盾。我们党继承马克思的主要矛盾分析方法，认为在进入社会主义社会后，社会主要矛盾已不再表现为阶级与阶级之间的对立，而是人民日益增长的物质文化需要与落后的社会生产之间的矛盾；随着中国特色社会主义进入新时代，社会主要矛盾又进一步转化为人民日益增长的美好生活需要和不平衡不充分的发展之间的矛盾。由于社会主义社会主要矛盾的主要方面是生产力发展的不平衡不充分，因而畅通国内大循环就需要坚持以供给侧结构性改革为主线，打通经济循环的堵点、断点。二是必须发挥社会主义市场经济的体制优势。社会主义市场经济运行也会出现买和卖脱节的现象，出现商品运动与货币运动的背离，因而畅通国内大循环就需要在发挥市场对资源配置起决定性作用的基础上，更好发挥政府作用，运用财政政策、货币政策、产业政策、收入政策等促进有效需求与有效供给之间的动态平衡，保障国内大循环的畅通无阻。

资料来源：黄泰岩，新发展格局：马克思资本循环理论的继承与发展，《光明日报》，2022年3月15日第11版，有改动。

案例讨论

1.马克思资本循环理论是怎样一个完整的科学理论体系？

2.如何利用马克思资本循环理论分析构建新发展格局？

3.构建新发展格局，应该如何发力？

第七章　剩余价值的分配

　　导言：马克思主义政治经济学是马克思主义的重要组成部分，也是我们坚持和发展马克思主义的必修课。马克思、恩格斯根据辩证唯物主义和历史唯物主义的世界观和方法论，批判继承历史上经济学特别是英国古典政治经济学的思想成果，通过对人类经济活动的深入研究，创立了马克思主义政治经济学，揭示了人类社会特别是资本主义社会经济运行规律。恩格斯说，无产阶级政党的"全部理论来自对政治经济学的研究"。列宁把政治经济学视为马克思主义理论"最深刻、最全面、最详尽的证明和运用"。习近平总书记指出："现在，各种经济学理论五花八门，但我们政治经济学的根本只能是马克思主义政治经济学，而不能是别的什么经济理论。"有些人认为，马克思主义政治经济学过时了，《资本论》过时了。这个论断是武断的，也是错误的。远的不说，就从国际金融危机来看，许多资本主义国家经济持续低迷、失业问题严重、两极分化加剧、社会矛盾加深。事实证明，资本主义固有的生产社会化和生产资料私人占有之间的矛盾依然存在，但表现形式、存在特点有所不同。国际金融危机发生后，不少西方学者也在重新研究马克思主义政治经济学、研究《资本论》，借以反思资本主义的弊端。2013年，法国学者托马斯·皮凯蒂撰写的《21世纪资本论》，在国际学术界引发了广泛讨论。他用翔实的数据证明，美国等西方国家的不平等程度已经达到或超过了历史最高水平，认为不加制约的资本主义加剧了财富不平等现象，而且将继续恶化下去。他的分析主要是从分配领域进行的，没有过多涉及更根本的所有制问题，但得出的结论值得我们深思。马克思主义政治经济学认为，分配决定于生产，又反作用于生产，而最能促进生产的是能使一切社会成员尽可能全面地发展、保持和施展自己能力的那种分配方式。从我国实际出发，我们确立了按劳分配为主体、多种分配方式并存的分配制度。实践证明，这一制度安排有利于调动各方面积极性，有利于实现效率和公平有机统一。由于种种原因，目前我国收入分配中还存在一些问题，主要是收入差距大、劳动报酬在初次分配中的比重较低、居民收入在国民收入分配中的比重偏低。对此，我们要高度重视，努力推动居民收入增长和经济增长同步、劳动报酬提高和劳动生产率提高同步，不断健全体制机制、完善具体政策，调整国民收入分配格局，持续增加城乡居民收入，不断缩小收入差距。本章聚焦分配问题，收集相关案例，供同学们思考和讨论。

案例一　利润至上已过时　互惠合作是企业发展的机遇

"疫情提醒着我们，生意的恢复与发展、企业自身的利润固然重要，但只有不断加强各国、各企业、各组织间的交流合作，为价值链上的所有利益相关方创造价值，企业才能收获可持续的发展。"玛氏公司前首席经济学家兼玛氏智库常务董事布鲁诺·罗奇（Bruno Roche）在10月12日接受21世纪经济报道记者专访时表示。

作为全球最大的食品生产商，玛氏年销售额超过350亿美元，旗下拥有包括德芙、M&M'S、士力架等在内的众多为人们所熟知的品牌。

布鲁诺·罗奇在7月份时曾与安联首席经济学家Ludovic Subran等学者在世界经济论坛官网上发表文章称，战后形成的多边主义和金融资本主义都是政治和经济力量的杠杆，而不是稳定的支柱，如今这两者均处于危机当中，新冠疫情则提供了一个重要的机会来改革资本主义。

布鲁诺·罗奇对记者表示，企业想要摆脱过度追求利润的金融资本主义，就不仅要关注自身利益，更应关注整个商业生态系统的价值，为商业价值链上的所有利益相关方创造价值。

弗里德曼的"金融资本主义"造成经济危机

过去50年里，商界一直被米尔顿·弗里德曼所谓的"金融资本主义"模型主导。这种模型认为，企业唯一的社会责任就是使股东利益的最大化。布鲁诺·罗奇认为，过于强调股东利益是导致2008年全球经济危机的主要原因。

"早在2007年，玛氏领导层提出了一个极具远见的问题'什么样的盈利水平才是正确的'？在这个问题的驱动下，玛氏提出'互惠经济'理论，旨在建立一个互惠互利、公平包容的商业资本环境。"布鲁诺·罗奇说。

不同于强调企业要以追求自身利益最大化为目标的传统经济学理论，"互惠经济"倡导企业加强对商业价值链上利益相关方的投资，解决商业生态系统中的痛点，改善薄弱环节，从而在创造商业价值的同时，强化社会和环境的韧性与活力，促进商业生态更健康和可持续发展，实现人类、地球和经济的绩效变革。

在过去的十余年中，玛氏研究了超过3000家企业，跟踪研究其40年间的发展轨迹，但最后发现规模增长和利润没有必然的相关性，因此单纯追求利润并不能为企业的商业价值增长做出巨大贡献。

布鲁诺·罗奇称，玛氏研究表明，企业增长与其管理水平和收入水平息息相关，关注整个生态系统价值的企业业绩超过了那些只关注自己利益的企业。

从玛氏自身的案例来看，通过采取互惠经济学的商业模式，玛氏在肯尼亚进行过四年以上的项目试点，通过对社会、人力、自然资本的管理，最终在当地业务增长上实现比传统商业模式快得多的成果，营收和利润也比传统商业模式增长超过 25%。

布鲁诺·罗奇称，从商业角度上，玛氏通过该案例获得了商业利润，也通过带动产业链上的利益攸关方的发展，促进了当地的经济发展。

布鲁诺·罗奇认为，企业不应将经济利润作为衡量其价值的唯一标准，而应放眼于创造和管理企业的长远利益。这就意味着我们应关注整个商业生态系统的价值，为商业价值链上的所有利益相关方创造价值，更加注重公司对社区、人才和生态系统进行投资和培育，同时使用金融指标和非金融指标来衡量和管理绩效，创造更多社会价值。

除了金融资本，互惠经济还重新定义了企业的其他三种资本——人力资本、社会资本和自然资本。

具体来说，人力资本被定义为个人的经验、技能、信心、志向、健康和福祉，并以这些指标进行衡量。

社会资本则以信任、社会凝聚力、社区集体行动的能力为定义和计量标准。人力资本和社会资本的衡量是由相关人员和社区使用的调研工具，在具体的商业环境下进行。

自然资本的衡量稍有不同，其研究重点在于找到适合自然资本管理（输入）的衡量方式，而不是适合汇报（输出）的方式。因此，考虑到可执行性，采用了 5 个关键的资源输入指标：非生物、生物、水、空气和表层土壤侵蚀。

对于企业而言，布鲁诺·罗奇称，企业需要衡量这四种资本的使用效率，如是否发挥了最大、最高效的作用，由此来判断在我们的企业增长过程中的业绩和效率情况，商业领袖或者企业的领导人就能知道自己在这些资本领域使用了多少，破坏了多少，又创造了多少，从而更好知道平衡点在哪里。这样一来，找到平衡点就变成了管理的问题。

利润至上已过时了

布鲁诺·罗奇认为，当前世界更加复杂多变，充满了不确定因素和多重挑战，传统的资本主义模式已经不再适应现代社会的发展需要。只有更灵活的商业经济模型和更广泛的合作交流才能很好地处理企业面临的问题，把握发展机遇。

"因此，我们需要重新调整商业机构存在的性质和资本主义的发展形态。关注自身利益的同时，兼顾价值链上各利益相关方和整个商业生态系统的价值。"布鲁诺·罗奇说。

他指出，企业过度追求利润最大化而忽视了对社会环境、人力资源和自然资源等资源的建设，极有可能打破资本和社会资源间的商业生态系统平衡，对企业的可持续发展造成阻碍。

当下，包括中国和欧盟在内的国家或地区都在推动绿色经济的发展上不遗余力。布鲁诺·罗奇认为，推动绿色经济是维系社会可持续发展的必要条件，企业应尽己所能在推动社会经济绿色可持续发展方面有所行动。

"互惠经济"理论当中就包含自然资本，布鲁诺·罗奇指出，自然资本对于企业做出更好、可持续的和有利于社会发展的决策是至关重要的。任何涉及自然环境的决定都应考虑整个社会的利益和成本分配，揭示对弱势群体的影响。

在玛氏"未来始于当下"的企业愿景和"五大原则"的指引下，玛氏持续开展了"一代人的可持续发展计划"，以科学为依据制定了一系列意义深远的目标，重点关注联合国可持续发展目标中的多个核心领域，包括环境改善、权益维护和福祉建设。

2020年8月，玛氏设立互惠经济平台，下属互惠经济基金会和互惠经济解决方案咨询中心两个机构，旨在通过各类研究、教育和宣传手段，与高校及其他认同互惠经济理念的企业、组织间广泛合作，共塑一个公平且负责任的商业资本环境。

布鲁诺·罗奇认为，中国正在构建的以国内大循环为主体、国内国际双循环相互促进的新发展格局具有战略指导意义和长远考量。

当前全球经济形势依然严峻，面对疫情产生的持续影响，世界经济能否好转很大程度上将取决于各国能否加强多边合作，共同推动疫情后的经济复苏。布鲁诺·罗奇认为，在中国"双循环"发展格局下，世界经济开放合作的发展趋势也会更加明显，更加紧密。

而在这个过程中，企业应紧跟开放创新的合作精神，统筹利用自身优势力量，为行业和各方创造更多商业和发展机会，助推世界经济的发展与复苏。

资料来源:玛氏前首席经济学家:利润至上已过时 互惠合作是企业发展的机遇,https://finance.sina.com.cn/chanjing/2020-10-16/doc-iiznctkc5891546.shtml,有改动。

㉒㉕㉗㉔

1.企业利润的本质是什么？利润对企业意味着什么？

2.如何理解利润至上主义？为何利润至上主义已经过时？

3.在社会主义市场经济中，你认为企业的目标应该是什么？

案例二　矫正扭曲的社会平均利润率

一个国家经济之本在于实体经济的良性健康发展。世界上很多国家都在此方面有过教训:20世纪90年代初开始的日本经济大衰退、之后爆发的亚洲金融危机以及本次的国际金融危机，很大程度上都与相关国家没有处理好虚拟经济与实体经济的关系、实体经济虚弱有关。重视实体经济的发展，特别要高度重视中小实体企业的培育和发展，这不仅是应对当前国际金融危机的举措，更是使我国具备长远竞争力的关键所在。

最近一个时期，我国经济发展中出现了一些令人担忧的现象：越来越多的企业不再青睐于实业或放弃对实业的坚守，将资本抽离实业去炒房、炒股、炒钱、炒矿、炒古董等。据央行温州支行2011年7月公布的《温州民间借贷市场报告》统计数字，约有65%的资本进入了非实体经济领域，特别是房地产行业成为人们最热衷的领域。

为什么大量资本逃离实业？根源在于实体经济利润率过低，而虚拟经济利润率过高对社会平均利润率产生了扭曲。

马克思的平均利润理论认为，各生产部门利润率的不同会引起资本在部门间的流动，结果会使得利润率平均化，实现等量资本取得等量利润。但实际上，利润率能否趋于平均化是需要具备一定条件的：一是资本私有，二是资本能够自由流动，三是行业成本差异不大，四是信息完全。相比之下，目前我国私有资本弱小，市场机制不完善，经济意识、经济行为不成熟，行业成本差异较大，信息不完全等，都使得等量资本难以得到等量利润。

一直以来，中国的产业资本以其低劳动力成本、低土地成本、低环境成本和较好的产业配套体系克服了资本边际收益递减的规律，成为资本获取价值的"洼地"，利润率回报十分丰厚。然而近年来，由于红利的减少，劳动力、土地、初级产品价格上涨以及人民币升值、外部环境恶化等种种因素的叠加，实体经济的利润率越来越低。据有关方面提供的数据，工业部门的利润率大致在7%左右，且少数大型企业提供的利润占了大多数。国有及国有控股企业的毛利率是所有经济形态中最好的，但也只有6.71%，最差的私营企业只有5.69%。

与之相反的是，房地产业、银行业、资本运作行业等，利润水平都在两位数以上。国土部公布的数据显示，2009年，我国房地产行业整体利润率30%～40%。银监会报告显示，中国银行业税后利润从2007年的4467亿元迅速增长到2010年的8891亿元，三年时间翻了一番。至于资本运作，虽然风险很大，但回报也远高于投资实体企业。

实体经济的利润率为什么会越来越低，不同行业的利润率为什么会相差如此悬殊？原因在于：

第一，中国实体经济一向处于世界产业链的最低端，像温州的支柱产业是眼镜、打火机、制鞋、灯具，这些低端产业缺乏核心技术和高附加值，产业竞争激烈，利润率也随之下降。

第二，由于过度依赖外向型经济，导致实体经济产业转型升级缓慢，在劳动力、原材料、土地等传统成本优势丧失的情况下，创新优势并没有及时建立起来，以致利润不断被挤压。

第三，民营企业、中小企业长期以来在市场准入资格、融资渠道和社会资源分配等方面受到限制。投资利润率较高的市场多被国有及国有控股企业占领，而中小企业只能投资到利润率偏低的行业和市场。中小企业融资渠道狭窄，一些企业不得不转入民间借贷领域。高额的融资成本，再加上危机后不断恶化的经营环境，使企业不堪重负。

第四，在实体经济经营环境持续恶化的情况下，房地产和金融业等虚拟经济领域却凭借优惠的政策和体制上的优势，获得了最佳的经营环境。

要使民间资本有信心、有条件专注于实业发展，关键在于实业发展必须有高回报、高利润，能够吸引民间资本。而治本之策则在于尽快启动深层次经济体制改革，通过改革理顺各种关系，实现资本优化配置，使得虚拟经济的利润率低于或等于实体经济的利润率。

第一，必须从宏观层面创造良好的环境，在制度上给实体产业新的定位、新的发展空间。一方面要打破垄断，放宽民间投资者进入垄断行业的基础和条件；另一方面各级政府要在财政补贴、税收减免、科技创新、土地政策、资源的优先配置等方面有针对性地出台更多的扶持政策，形成有效的资源配置激励导向，把更多的政府资源投入到实体经济的发展中去，并发挥"种子资源"的作用。第二，要加快推动产业结构调整，促进中小、小微型实体企业的转型升级，从根本上形成实体经济领域的"投资效应洼地"，增强对民间资金的吸纳力。第三，各级政府

▲
▲
▲

应采取积极有效措施，对民间资金进入实体经济领域实施战略性的规划和引导。第四，规范民间资本市场，发展区域性金融机构。第五，中央要下决心把房价压下来，避免资金进一步流向房地产等泡沫严重的领域。

总之，实体经济是中国经济的基础，必须采取强有力的措施，保护实体经济，保护投资实体产业投资者的利益，防止实体产业被虚拟经济掏空。

资料来源：郭素芳，矫正扭曲的社会平均利润率，《光明日报》2012年4月27日第11版，有改动。

案例讨论

1.如何理解社会平均利润率下降的规律？

2.如何协调金融与实体经济的关系，使得扭曲的社会平均利润率得以矫正？

案例三　金融：脱实向虚与脱虚向实

实体经济是金融的根基，服务实体经济是金融业的天职。

材料1：

习近平总书记指出："金融活，经济活；金融稳，经济稳。经济兴，金融兴；经济强，金融强。"而从大国到强国，实体经济发展至关重要，任何时候都不能脱实向虚。金融是促进我国经济发展的血液。只有让血液顺畅流入实体经济，才能切实推动我国经济高质量发展。"十四五"规划纲要明确提出，"把发展经济着力点放在实体经济上"，且"金融机构要坚守服务实体经济的本分"已被写入政府工作报告。

21世纪以来，西方发达资本主义国家的金融创新、金融工程推陈出新，虚拟经济严重脱离服务实体经济轨道而进入盲目扩张阶段，进入自我创新自我循环的"空转"阶段。直至2007年美国次贷危机爆发导致西方金融危机，世界资本主义经济陷入衰退，美国等发达资本主义国家才重新审视实体经济与虚拟经济的关系，提出"再工业化"的发展战略。初步认识到，没有强大的实体经济支撑虚拟经济，后者只是无源之水，终将遭遇危机。但是，从当前发展情况来看，经济过度金融化趋势依然是全球经济健康发展的重大威胁，还需要经历一个较长的调整过程。对我国而言，过去一个阶段，金融机构的发展偏离了正常轨道，出现了脱实向虚、自身空转及不顾风险后果的追求高额利润回报等不良倾向。面对实体经济融资难、融资贵等问题，理论界与实业界一致呼吁金融机构要增强"脱虚向实"的内生动力、构建多层次银行体系、扩宽企业融资渠道、疏通货币政策传导机制和发展中国特色资本市场等，通过综合施策破解企业融资问题。对此，党中央、国务院高度重视，提出金融要为实体经济服务，满足经济社会发展和人民群众需要。只有坚持以人民为中心的发展思想，坚持金融为实体经济服务，全面提升服务效率和水平，把更多金融资源配置到经济社会发展的重点领域和薄弱环节，才能更好地满足人民群众和实体经济多样化的金融需求。

材料2：

近些年来，中国经济在高速增长的同时出现了"脱实向虚"的现象，具体表现为：一方面，金融资源在金融体系内部循环，偏离服务实体经济的轨道，造成了资金空转，使得实体经济投资收益下降；另一方面，越来越多的实体企业脱离主营业务，依靠大量的金融投资盈利，造成了实体企业金融化的现象。

根据Wind数据库统计显示，2010—2020年期间中国实体企业金融资产的平均配置规模由1.44万亿元增长到9.77万亿元，年平均增长率为6.75%。

材料3：

2008年美国金融危机又名美国次贷危机，引发了雷曼兄弟的倒闭，也导致了地球上百分之五十的股价蒸发。

这次危机的原因可追溯到 2000 年初。当时美国房地产业利率下降，导致房价升高，人们对房子的需求也逐渐增加。银行决定开放次级贷款，并且把贷款的债券卖给投资银行。投资银行进一步把债券转手卖给投资客，并把收回来的贷款拆成小份，以最大化地规避风险。投行和风险评级机构合作，将自己的产品打造成几乎无风险的投资来吸引更多的投资客。

2007 年 4 月，美国第二大次级房贷公司——新世纪金融公司的破产就暴露了次级抵押债券的风险；从 2007 年 8 月开始，美联储作出反应，向金融体系注入流动性以增加市场信心，美国股市也得以在高位维持。

然而，2008 年 8 月，美国房贷两大巨头——房利美和房地美股价暴跌，持有"两房"债券的金融机构大面积亏损。美国财政部和美联储被迫接管"两房"，以表明政府应对危机的决心。问题的根源在于：首先，美国政府不当的房地产金融政策为危机埋下了伏笔；其次，金融衍生品的滥用，拉长了金融交易链条，助长了投机；最后，美国货币政策推波助澜。美国许多金融机构在这次危机中难以幸免，次贷问题的严重程度也远远超过人们的预期。从美国次贷危机引起的华尔街风暴，后来演变为全球性的金融危机，其过程之快，影响之巨，可谓始料未及。这是自第二次世界大战以来将全球经济拖入全面持续衰退的最严重的一次金融危机。

美国 2008 年金融海啸过后，奥巴马政府对于金融资本的救助政策是以牺牲制造业为基础的饮鸩止渴。原本就十分薄弱的制造业在美元的过度增发下雪上加霜。金融资本的救助政策不但没有振兴实体产业，相反还引发了更为严重的粮食危机。

资源来源：

材料 1：程恩富、罗玉辉，金融"脱虚向实"发展的四个维度，http://www.ddcpc.cn/detail/d_pinglun/11515115723391.html，有改动。

材料 2 为作者自己整理。

材料 3：2008 年美国金融危机又名次贷危机，引发了雷曼兄弟的倒闭，https://www.toutiao.com/article/7101846626922283555/?log_from=086ab

f6c91f9_1663724657885&wid=1715025566652，有改动。

案 例 讨 论

1.金融为什么会"脱实向虚"？

2."脱实向虚"的金融会产生哪些危害？

3.如何引导金融"脱虚向实"？

案例四 农业中资本主义经济关系的产生和发展

与手工业、采矿与冶炼业、航运业相比，西欧封建社会农业中资本主义经济关系的产生和发展要缓慢得多。农业中资本主义经济关系的产生和发展缓慢的原因何在？要知道，从政治上说，乡村是封建主阶级统治的中心，封建主阶级一直不愿放松对乡村地区的控制，农民中一部分是有人身依附关系的农奴，他们受封建主的支配。

农民中还有一部分是人身自由的农民，但在封建主的领地上，他们仍要受到封建主的管辖，他们虽然不像农奴那样在人身方面依附于封建主，他们中的许多人依然是封建主的佃户，要缴纳地租。

从经济上说，农业中的基本生产资料是土地，而土地是掌握在封建主阶级手中的。无论是有人身依附关系的农奴还是人身自由但向封建主租佃土地耕种的农民，都摆脱不了这种封建土地关系的束缚。封建土地关系是农业中资本主义生产和发展的最大障碍。在商品生产与货币关系的发展过程中，封建主和农奴之间的关系也在缓慢地、逐渐地变化。

变化首先表现在有些地方把以劳役为主改变为以分成制为主。劳役并未完全取消，只是不占重要位置而已。在法国，尽管"分成制租田"的名字和按比例分成一半或接近一半的惯例很早就在一些省份存在，但这种制度主要限于葡萄种植区，而不曾在法国全境推广。

16世纪起，分成制的地区扩大了。同劳役制相比，分成制提供较高的效率。但在西欧其他地区，尤其是在英国，封建主与农奴之间关系的变化要比法国大得多。这些变化是：

第一，尽管长期以来英国封建主从农奴那里得到的主要是实物地租，但实际上在诺曼人征服以前，地租已有一部分是以货币支付的。

封建主对货币的需要量越来越大，单纯靠外出劳动的农奴和有农奴身份的手工业者所缴纳的一些货币已经满足不了封建主的需要了。他们希望农奴在缴纳实物地租和服劳役之外更多地缴纳货币地租，有了货币就可以买到一切需要的东西。货币地租又称为代役租，顾名思义，这是对农奴服劳役的一种替代。

劳役的效率是十分低下的，所以封建主认为，可以把一部分劳役折算为货币。农奴也感到以货币缴纳代替服劳役是合算的，因为这样一来，农奴可以腾出时间去从事经营。不管封建主在多大程度上采取了货币地租形式，这个变化是重要的，这不仅加速了农奴的分化，而且使农奴自主经营程度提高了。

第二，封建主中有越来越多的人迁入城市居住。一方面，城市中的生活支出浩大，需要有更多的货币，于是封建主更急于从农奴那里得到货币，更急于收取一部分货币地租；另一方面，封建主把领地上的许多事情交给管家去做，其中包括同农奴之间的事务处理等，而封建主自己则较多地关心领地以外的事情，而不像从前那样亲自在领地上处理事务。

第三，摆在农奴面前可供选择的机会增多了。在集市贸易、城市和采矿业发展之前，农奴几乎只有留在领地上，没有其他生路，封建主派下的无论多重的劳役也只有承受，不管多高的地租也只好从命。

而在集市贸易兴起以后，农奴和有农奴身份的手工业者可以到那里去赚些钱。城市产生和发展起来以后，他们可以逃到城市里去，争取摆脱封建主的统治。此外他们还可以到边远的采矿地区去谋生。这就给封建主与农奴之间的关系中增添了一些可调整的余地。在西欧，劳役逐渐转换为货币地租，这被称为"折算"。封建主把每天的服役折算为一定的货币，于是农奴就不必服劳役而改缴货币了。在英国，"折算"大体上开始于13世纪。而据科斯明斯基的研究，在英格兰，13世纪时货币地租已在数量上占据主要地位。西欧其他地方实行货币地租的时间虽要晚些，但也不迟于15世纪。

也有些地方由于商品生产和货币交换关系不发达，所以即使实行了货币地租，但一直不占重要位置，始终以实物地租和劳役为主。在货币地租流行的地方，封建主依然是土地所有者，他们凭借土地所有权无偿地取得农奴的劳动成果，农奴仍然受到剥削。但货币地租的实施却使得封建主与农奴之间的关系有了变化。

在实行货币地租时，占有并耕种一部分土地的农民和土地所有者之间的传统的关系，必然会转化为一种由契约规定的，即按成文法的固定规则确定的纯粹的货币关系。因此，从事耕作的土地占有者实际上变成了单纯的租佃者。

这就是说，在封建主转而收取货币地租之后，即使农奴仍是人身不自由的人，即使他们仍然没有基本的生产资料土地，但他们在这块土地上经营的自由度大大增加了，他们在支配个人的劳动和时间方面有了较大的自主性。由于他们必须设法种植可以卖得出去的产品和养殖可以卖得出去的家畜家禽，才能得到货币，他们同市场的联系越来越密切，他们离不开市场，离不开前来购物的商人和消费者。

而市场上的价格是随供求关系的变动而变动的，农奴在越来越依赖市场的同时，他们中间的分化也就加剧了。从经济学的角度分析，缴纳货币地租同实行分成制是各有利弊的。

分成制的好处是：地主同佃户共担风险。只要地主遵守所订立的契约，在灾年歉收时，佃户的损失会较小。而实行货币地租的风险就全部压在佃户身上，除非契约另有规定。

货币地租的好处则在于：由于租金数额在契约已载明，是固定的，于是就能调动佃户更大的积极性，增产可以使自己得到更多的收入。至于农产品价格变动，对分成制没有多大影响，而对货币地租的影响则大

▲
▲
▲

得多。

农产品价格下降，佃户受损失；农产品价格上升，佃户则受益。西欧实行货币地租后，农产品价格呈现上升趋势，所以佃户一般是得到好处的。货币地租（尽管货币地租通常只占农奴应缴纳的地租的一部分）也使封建庄园经济发生了变化。

首先，庄园内没有必要再保留那么多作坊，也没有必要保留那么多工匠了。既然封建主手中有了货币，需要什么样的手工业品都可以到集市上去购买，或到城市中去购买，于是他们就关掉了庄园里的作坊，让原来在那里干活的手工业者去务农，或外出打工，以便增加货币缴纳。

其次，庄园内本来有一块自营耕地，这是由农奴们提供劳役来耕种的。在封建主转而征收货币地租之后，他们感到由农奴继续服劳役来耕种这块自营地，是不合算的，不如把自营地划成小块份地，让农奴租佃耕作，收取货币地租。这要比封建主自营好得多。当然，这并不排除在某些地区，由于封建主指望自己能从市场上得到更多的货币收入，也有反其道而行的，如扩大自营地、增加劳役天数等。例如，在13世纪的英格兰，大修道院领地中仍然实行着徭役制度，甚至还有所加强。

再次，有些封建主因开支浩大而收不抵支，在商品生产和货币交换发展的条件下，把土地抵押给商人或高利贷者，而由于存在着货币地租这种形式，商人或高利贷者也愿意接受土地的抵押，他们认为收取货币地租要比收取实物地租简便，更不像要求农奴服劳役那样费心。

最后，在农奴同封建主之间存在着人身依附关系的基础上，封建主对农奴还实行一些所谓的"陋规"，如禁止农奴手工碾磨粮食，而必须到封建主的磨坊中去碾磨，并按比例缴纳一部分面粉；禁止农奴自己酿葡萄酒，除非向封建主缴纳货币或实物，等等。在封建主转为征收货币地租后，有些地方把这些"陋规"可能给封建主带来的收入一并计入货币地租之中。这样，农奴只要缴纳了货币地租，在经济生活中的自由度就相应地增大了。正如恩格斯指出的，当货币地租取代劳役地租和实物地租以后，主与奴都已经向地主与佃农迈出了踏实的第一步，因而封建主义的政治制度在农村中也丧失了它的社会基础。

资料来源：厉以宁，《厉以宁讲欧洲经济史：插图版》，中国人民大学出版社，2016年版，第145—153页，有改动。

㊣ 例 ㊣ 论

1.在西欧，农业地租是如何演进的，其内在逻辑什么？

2.农业地租的本质是什么？它对资本主义的产生有什么影响？

案例五 制度-垄断地租和中国地方政府对营建环境的投资

在《超常增长：1979—2049年的中国经济》一书中，史正富接纳了张五常的观点，指其对"重新认识社会主义市场经济中政府的属性，具有革命性的意义"。史正富试图进一步发展张五常的观点，他提出，第一，土地财政的功用，在于将商住房地产市场取得的租金以及税收等收入，转而补贴工业用地的低价出让以及在招商引资中引致的各种成本，据此刺激了投资率，使之达到其他国家在历史上难以企及的水平，造就了中国经济的超常增长。第二，地方政府为吸引投资而支付的成本，可以被视为一种投资，他写道："中国地方政府的投资激励性支出，花费之后所产生的是一个不断放大的价值创造与分享流程，最终以税收增长、股权增值、土地升值等多种方式回流到政府财政。正是在这个意义上，地方政府的投资激励性财政支出是为了未来预期收益的投资行为。"此处将土地财政界定为地方政府特有的投资战略和投资活动，是极为深刻的洞见。

然而，在将地方政府的经济行为概括地理解为投资时，需要辨别两种不同的投资行为。中国城市土地在用途上大体可以划分为工业用地和商住用地两个部分，两类土地的经济性质是不同的，前者属于生产的条件（或生产要素），后者则可被视为金融资产。作为金融资产的土地，与股票、债券等一样，是虚拟资本的表现形式。史正富所指的投资激励性支出，仅仅是指工业用地的投资（如几通一平、建造厂房等）。然而，在作为金融资产的土地市场上，地方政府同样从事着投资和协调投资的活动。因此，对地方政府的投资行为，应该从上述两个维度来理解。我们可以借用哈维的术语，对地方政府的投资行为作一个概述——这是对其行政辖区内的"营建环境"的投资。哈维的"营建环境"概念囊括了一切嵌入土地，并用于支持生产、流通、交换、消费的物质结构。

地方政府通过投资于营建环境而取得的收入，具有租金的性质，其主要成分是地租。改革以来，一种常见的理论倾向，是沿用李嘉图和马克思的地租理论，将级差地租看作城市地租的主要形式。这种观点虽可用于解释许多现象，但它忽略了：第一，级差地租理论是以土地作为生产要素或生产的条件为前提的，如果我们将土地看作金融资产，就需要寻求另一种理论解释城市地租的形成。第二，依照级差地租理论，土地的利用解释了地租的形成和土地的价值，而在存在各种垄断因素的情况下，地租和土地的价值也决定了土地的利用方式。单纯依靠级差地租理论，其实难以解释改革以来城市化的发展。20世纪70年代，西方马克思主义者也面临类似的问题，当时土地和住宅价格迅速攀升，房地产市场的金融属性表现得格外明显。为了便于分析这类现象，典型的做法是将地租看作垄断地租，大卫·哈维便是这一潮流的代表。哈维不仅是成绩卓著的地理学家，而且是蜚声国际的马克思主义经济学家。在笔者看来，哈维关于都市化和阶级-垄断地租的理论，在相当程度上可用于解释中国地方政府通过投资于营建环境所取得的租金的性质。

哈维的阶级-垄断地租（class-monopoly rent）是在特定制度环境下形成的垄断地租。在理解这一概念时，需要特别指出以下几点：第一，这一概念里的阶级，并不具有政治经济学通常理解的含义，用哈维的话来说，它指的是在支付地租时发现彼此之间享有共同的利益，并与其他集体的利益相冲突的那些集体。哈维认为，他所界定的阶级可以看作传统阶级概念之下的"次生阶级"（sub-class）。

第二，阶级-垄断地租是以"阶级垄断"或"阶级垄断权力"为前提的，哈维采用过的一个最简单的阶级垄断定义如下："我们所谓阶级垄断是指在结构性稀缺的形势下一个生产者阶级（或消费者阶级）对一个消费者阶级（或生产者阶级）所拥有的权力。"在哈维看来，阶级垄断的概念在马克思那里也出现过。在《资本论》第三卷中，马克思曾这样说：无论哪种商品，若其"需求超过了供给，那么，在一定限度内，一个买者就会比另一个买者出更高的价钱，这就使这种商品对全体买者来说都昂贵起来，提高到市场价值以上；另一方面，卖者却会共同努力，力图按照高昂的市场价格来出售"，对占优势的一方而言，"每一个属于这一方的人就都会得到好处，好像他们实现了一种共同的垄断一样"。在哈维看来，类似的，当某一个土地或房产所有者以高价出租或出售城市土地或住宅时，其他土地或房产所有者也能获益，这便在土地或房产所有者之间形成了共同的阶级垄断。依此界定的阶级-垄断地租，不同于建立在纯粹自然垄断之上的垄断地租，后者可称为个别垄断地租，因其形成条件是某种特殊的难以复制的自然条件。在阶级-垄断地租的场合，只要具有类似的制度环境，就会派生这种地租。在笔者看来，其实这种垄断地租可被称为制度-垄断地租。

第三，阶级-垄断地租的实现取决于一个具有等级制特征的制度结构，在这个等级制结构的顶端，是国家和金融资本。依照哈维的概括，国家和金融资本推行的制度和政策旨在实现三项基本目标：首先，确保在建筑业、经济增长和新的家庭之间形成稳定的关系。其次，通过将建筑业和住宅部门作为凯恩斯主义的调节工具，确保经济增长的稳定性，并大致熨平经济的周期性波动。再次，透过住宅供应，调节社会福利的分配，以确保国内的和平和稳定。政府在房地产市场起着重要的作用，以美国为例，这种作用既包括直接干预（即政府从事住宅生产），也包括间接干预，后者在美国是更为常见的形式，它是指政府通过减免税收、担保利润、消弭风险等方式来帮助金融机构、开发商和建筑商发展。此外，政府还通过各种制度手段对房地产市场的运作进行限制或约

▲
▲
▲

束，其中最主要的是对都市的区域划分和土地利用进行有计划的控制。最后，政府还可凭借公共服务、公共设施、道路交通来改变住宅的外部环境，影响住宅的价值。

阶级-垄断地租（或制度-垄断地租）概念被哈维用于解释现代资本主义经济发展过程中的都市化现象。哈维提出都市化必然会促进城市地租的发展。在其早期的著作中，哈维比较了级差地租和垄断地租在资本主义不同发展阶段的意义。他认为，在19世纪，以芝加哥为代表的新兴工商业城市所拥有的交通系统，以及城市本身的生产性，意味着级差地租可能是这一阶段地租的主要形态。这同时也意味着，土地的利用决定着地租的规模。在垄断资本主义阶段，垄断地租则在大都市中心具有更为重要的意义。这一现象意味着，地租此时将进入企业的成本，并决定土地的利用。

哈维在一个马克思主义框架里分析了都市化和阶级-垄断地租的意义。首先，他采纳了美国垄断资本学派的观点，认为现代资本主义的核心矛盾是剩余的增长和剩余吸收的困难之间的矛盾。在此背景下，对都市化和房地产部门的依赖，被视为垄断资本主义阶段资本积累的根本特征。他写道："通过借贷的方式修建高速公路、完善基础设施，通过郊区化、利用第二次世界大战期间涌现出来的新型建筑技术重建整个大都市而不仅仅是狭义的城市，摩西（纽约都市化改造的设计师——引者注）找到了利用过剩资本和剩余劳动力赚取利润的方法。随着资本主义逐步向美国西部和南部地区扩张，这股郊区化的浪潮也蔓延到了美国各地，这不仅对战后美国经济的平稳发展非常有利，而且对以美国为核心的整个资本主义世界的稳定发展都起到了关键的作用。"

其次，在哈维眼中，资本积累对都市化和房地产部门的依赖，不仅表现在将这些部门作为资本积累正常开展的部门，而且表现在将都市化作为转嫁资本积累内在矛盾的新空间，使之成为与资本的初级循环截然不同的次级循环。对初级循环和次级循环的划分，来自法国马克思主义理论家列斐伏尔（Henri Lefebvre）。前者大体对应于产业部门的资本循环或积累，后者则是在营建环境的生产中经历的资本循环。列斐伏尔最先提出了资本由初级循环转入次级循环是现代资本主义的结构性特征的观点。在他看来，现代资本主义发生了如下转变，即"全球剩余价值在工业中形成和实现的比例下降，在投机、建筑和房地产开发中形成和实现的比例却在同时上升"。换言之，资本的次级循环已经取代了资本的初级循环。哈维的贡献则体现在，他进一步指出，资本积累从初级循环转入次级循环的结构性条件是阶级-垄断地租在次级循环中普遍形成。这样一来，资本积累转入次级循环的动因就来自两方面，其一是初级循环领域的过度积累，其二是次级循环领域内租金的形成。事实上，如果我们将哈维和列斐伏尔关于次级循环的定义加以一般化，即不仅将其看作围绕营建环境的生产所经历的循环，而且将一切虚拟资本的循环都纳入其中，便会发现，哈维在这里事实上提出了一个解释当代资本主义金融化的分析框架。

在将哈维的理论运用于中国经济时，需要留意如下一点：阶级-垄断租金（后文将改称为"制度-垄断租金"）的功能，是助推资本积累向次级循环转移，其结果是造成了金融化。在此意义上，制度-垄断租金在哈维那里具有双重意义的非生产性：一方面，从其来源来看，制度-垄断租金具有非生产性，因为这一租金是在金融资产市场上通过价值转移而实现的；另一方面，从使用来看，这种制度-垄断租金也具有非生产性，因为它重新进入次级循环，使金融化得到进一步发展。如果我们将中国地方政府取得的地租视为制度-垄断租金，则它与哈维所研究的发达资本主义经济中的制度-垄断租金既有一致性，也存在重要区别。两者的一致性在于，它们都是在金融资产市场上以非生产性方式形成的；差异则在于，在发达资本主义经济中，制度-垄断租金得到了非生产性使用，而在过去数十年间，中国地方政府在大多数情况下是这种租金的生产性使用者和分配者。只是在最近一段时期，对制度-垄断租金的追求助长了中国经济的金融化，这使得地方政府行为在某种程度上具有非生产性。因此，如果我们对地方政府行为的考察像这样划分为前后两个不同时期，则哈维原先的分析框架更为适用于第二个时期，并不适用于第一个时期。

中国地方政府通过投资于营建环境而取得的收入在相当程度上具有制度-垄断租金的性质。商住用地的土地出让金是这类收入的典型形式，其主要成分是制度-垄断地租，尽管其中也包括一些城市级差地租（对商业服务业用地而言）。所谓土地金融，即在土地出让金未来增加的基础上形成的地方政府债务，本质上也是以制度-垄断租金的增长为基础的。

与哈维的观点相似，中国房地产市场的制度-垄断租金也是依靠政府和金融机构的特定制度和政策安排而形成的。陶然等人对土地出让金的形成作了如下描绘："地方政府在工业用地和商住用地出让上的做法存在显著差异。在商住用地方面，地方政府成立土地储备中心，垄断城市一级市场，通过限制商住用地供应并以'招拍挂'的竞争性方式出让土地来最大化出让金收入，而工业用地出让绝大部分通过协议方式完成……为了弥补协议出让工业用地带来的亏空，一些地方不得不通过商住用地出让收入进行横向补贴。"其结果是："工业用地因投资竞争而形成'全国性买方市场'，但在商住用地方面形成了众多'局域性卖方市场'。地方政府完全可以通过'招拍挂'方式高价出让土地，并将这种高地价转嫁给本地服务业消费者。结果可以观察到，地方政府通过设立'土地储备中心'来调节和控制商住用地的供地规模，提高商住用地出让金收入。"在现实中，除了这些做法外，地方政府还设计了各种配套制度，强化了商住用地的"绝对空间"性质，即使空间固有的排他性这一物理属性和制度属性进一步相结合，以制造稀缺，提高制度-垄断租金。

值得指出的是，由于中央和地方政府兼有土地所有者和收税者的身份，某些形式的税收与地租也往往难于区别，如土地使用税就可看作城市绝对地租的表现形式。如前所述，张五常主张企业的增值税属于租金，但他没有明确这种租金的性质。依照张五常的理解，增值税只与企业利用土地进行生产和销售有关，而与其能否取得利润无关。从马克思主义经济学的角度来看，增值税在此意义上似乎也可理解为城市绝对地租。在社会主义市场经济中，国家是城市土地的唯一所有者，绝对地租是由国家的土地所有权直接派生而来的。在工业用地出让时，地方政府只收取很少甚至是负数的出让金，通过增值税，中央和地方政府又以税收的形式取得了一部分绝对地租。此外，在2016年营改增改革全面推行之前，服务业部门上交的是营业税，并不缴纳增值税。根据陶然等人的观察，营业税在房地产建设和销售的短期内，会有很高的增长，这意味着，该税种也与营建环境的投资相关，在一定意义上是对制度-垄断租金的扣除。

资料来源:孟捷,吴丰华,制度-垄断地租与中国地方政府竞争:一个马克思主义分析框架,《开放时代》,2020年第2期,有改动。

案 例 讨 论

1.如何理解地租的作用，特别是生产性使用？

2.如何用制度-垄断租金理论分析地方政府的土地财政？

3.新时代，如何进一步优化央地财政关系？

案例六　日本房地产泡沫的破裂

日本是二战后第一个由发展中经济体跨入发达经济体的国家。作为曾经的世界第二大经济体，日本经济经历了"高速增长—中速增长—长期停滞"的换挡、遭遇美国战略遏制、人口的老龄化、房地产泡沫的形成与破裂、产业结构的变迁等，对当前中国经济发展提供了较为丰富的历史借鉴。

一、日本房地产泡沫的形成与破裂

20世纪80年代中期，日本股市、房地产市场不断升温，资产泡沫逐渐形成。1990年开始，日本股市率先下跌，随后传导至房地产市场，土地价格也开始了漫长的下跌。

在房地产泡沫形成过程中，日本房地产相关投资明显增加。1985年至1991年期间，按不变价计算的日本建筑投资增长了43％，实际GDP分项中的私人住宅投资增长了42％。因此，在房地产泡沫破裂之初，人们并没有充分认识到冲击的严重性。

房地产泡沫破裂后，日本房地产销售在短暂调整后出现反弹。一方面，1991年至1994年期间日本房价已出现明显调整，使得部分前期被抑制的住房需求得到释放；另一方面，1993年9月日本央行将贴现率下调至1.75％的历史低位，并在1994年4月再度下调至1.0％，房贷利率也随之大幅回落，刺激了房地产销售反弹。

日本房地产泡沫破裂初期，实际上并未对房地产业本身造成太大冲击，居民与企业部门资产负债表受损后，消费、设备投资支出的下降才是日本经济增速下滑的主要原因。

二、日本房地产泡沫破裂的土地人口背景

从自然禀赋来看，日本土地资源较为稀缺，更易产生房地产泡沫。二战后，日本人口迅速增长，土地稀缺的问题也更加突出。另一方面，日本作为岛国，土地以山地、丘陵为主，多数土地难以用于居住。同时，人口结构的转型以及城镇化步伐的放缓，也使得当时日本的房地产市场更为脆弱。

三、日本房地产泡沫破裂的直接触发因素

通过研究发现，土地稀缺、人口结构转型、城镇化步伐放缓等因素并非日本房地产泡沫膨胀与破裂的充分条件；20世纪80年代日本政府在货币政策、财政政策、税收政策上的一系列失误，才是导致其房地产泡沫破裂的直接原因。

1. "广场协议"签订及"日元升值萧条"

20世纪70年代开始，随着日本经济的发展和产业结构的升级，日本出口竞争力不断加强，贸易顺差明显扩大。1978年到1983年，随着美联储大幅加息，美日政策利差不断扩大，日元汇率在震荡中趋于贬值。日本高额的贸易顺差与持续贬值的汇率，引起了美国的忌惮。1985年9月，美国、日本、法国、英国及德国五国签订了"广场协议"。日本政府表示将"灵活管理货币政策，适当关注日元汇率"并"使日元充分体现日本经济的内在实力"。"广场协议"签订后日元大幅升值，并引发"日元升值萧条"。

2. "广场协议"后日本货币政策的四次失误

第一次失误：为应对经济下行压力，日本央行短时间内连续多次降息。日元过度升值，及其引发的日本经济下行，使得日本央行对当时的经济状况出现误判，货币政策操作出现失误。在1986年1月至1987年2月约一年的时间内，日本央行连续五次下调政策利率，将贴现率由6.0%降至2.5%的超低水平。

第二次失误："卢浮宫协议"签订及"黑色星期一"的出现，使日本央行继续维持超低利率政策。1987年2月，美国、日本、英国、法国、德国、意大利、加拿大等七国财政部长及央行行长在法国卢浮宫召开会议，决定联合稳定美元汇率。会议上日本政府承诺扩大内需，并继续实施扩张性政策。作为对"卢浮宫协议"的遵从，日本央行继续维持了超低的政策利率。日本央行极度宽松的货币政策使得货币供给量迅速

增加，过剩的流动性大量流入股市及房地产市场，这是造成日本房地产泡沫的主要原因之一。日本央行行长黑田东彦曾表示，如果1987年和1988年日本央行能够及时收紧货币供给，而不是继续实行扩张性货币政策，日本的资产泡沫也不至于如此膨胀。

第三次失误：日本政府为刺破泡沫，主动收紧货币政策。1989年开始，日本通胀压力加剧，日本政府选择主动收紧货币政策。同时，1990年开始日本大藏省实行了对房地产融资的总量控制政策，要求金融机构的房地产贷款增速不超过总贷款余额增速，日本央行也对商业银行的新增贷款增速进行窗口指导。此举导致日本房地产业的融资活动迅速减少。

第四次失误：在资产泡沫破裂后犹豫不决，补救不及时。1990年日本股市大幅回调并未引起政策部门的警觉。在此情况下，日本央行继续实施紧缩性的货币政策，甚至在1990年下半年将贴现率提高到6%的相对高位，并持续至1991年6月才开始缓慢降息。而此时资产泡沫的破裂已经蔓延到了房地产领域。

3. 财政与货币政策疏于配合

除货币政策的"大开大合"外，泡沫经济时期日本的财政政策同样为人诟病。1973年石油危机后，日本经济受到较大冲击，财政陷入两难境地：经济不景气使得税收收入下降，但要推动经济复苏又需要扩大财政支出。为此，日本政府只得大规模发行国债以补充财源，其债务依存度由1973年的12.0%猛增至1980年的32.6%。为了减轻财政对国债的依赖程度、恢复健康的财政收支状况，20世纪80年代，日本政府开始推行以调整收支结构、充实政府职能为主要目标的"财政重建"改革。

日本政府在财政扩张方面的谨慎态度，同样助推了房地产泡沫的形成：一方面，财政政策与货币政策的配合失衡，在"扩大内需"的总目标下，较为紧缩的财政政策使得货币政策的负担加重，导致货币政策过度放松；另一方面，由于财政政策专注于"财政重建"，没有采取扩大公共投资的政策，城市的基础设施和住宅建设相对落后，导致房地产的有效供给不足。

4.房地产税改革不合时宜

二战后日本政府进行的一系列房地产税收政策改革，也是造成日本房地产泡沫膨胀与破裂的重要原因之一。20世纪80年代初日本政府对房地产税收采取的一系列宽松措施，被认为是20世纪80年代日本房地产泡沫形成的推手之一。而在1991年房地产泡沫破裂的同时，日本政府却增加土地取得、持有和转让环节的税负，加剧了房地产市场的下行压力。

泡沫经济时期，日本政府尝试通过行政管制抑制土地价格上涨，但并未取得良好效果。1991年起，日本政府实施土地税制改革，并对已有税种的操作标准进行调整，试图通过增加税负来抑制房地产价格。其中，开征地价税和特别土地保有税被视为最强有力的调控手段。此外，日本政府还调整了其他既有税种的征收标准，如调高遗产税、强化对城市区域的农地征税、提高土地使用权转让所得税等。

资料来源：平安证券研究团队专题研究报告《日本房地产泡沫如何走向破裂》，有改动。

案例讨论

1.日本房地产泡沫是如何形成并最终破裂的？

2.日本房地产泡沫破裂对中国的政策启示有哪些？

3.如何看待房产税改革？

第八章　资本主义再生产和经济危机

导言："政治经济学本质上是一门历史的科学"，是恩格斯对"广义的"和"狭义的"政治经济学划分的立论基础。在《反杜林论》中，恩格斯指出："政治经济学作为一门研究人类各种社会进行生产和交换并相应地进行产品分配的条件和形式的科学，——这样广义的政治经济学尚待创造。"20世纪是马克思主义政治经济学发展的第一个完整的世纪，其显著特点就是社会主义政治经济学的形成和发展。在马克思那个年代，狭义政治经济学是对占据"主体"地位的资本主义经济关系的研究。在20世纪，特别是在当代中国，社会主义经济关系已经占据"主体"地位，中国特色社会主义政治经济学就是21世纪接续发展的马克思主义狭义政治经济学。党的十八大以来，习近平经济思想就是21世纪马克思主义狭义政治经济学发展的最新形态。也是在20世纪，世界经济社会关系发生着前所未有的历史巨变。20世纪下半期，世界经济格局的深刻变化就是，不同的经济制度和经济体制、不同的政治制度和政治体制，以及不同的历史和文化背景的国家和地区长期并存格局的形成，也就是以经济全球化为背景的"共同体"内异质的经济关系和经济制度并存格局的形成，这就对马克思主义广义政治经济学发展提出了新的要求。党的十八大以来，习近平经济思想从广义政治经济学上，对以异质经济关系和经济制度为基本格局的人类命运共同体政治经济学作出原创性贡献。在对当代资本主义政治经济学探索中，要高度重视对资本主义经济关系新情况新趋势的研究，凸显对其本质和规律性问题的研究，特别要加强对资本主义结构性矛盾以及生产方式矛盾、阶级矛盾、社会矛盾作出批判性揭示，对资本主义危机、资本主义演进过程、资本主义新形态及本质作出深入分析。要在对这些方面问题的深入分析中形成新理论和新观点，进而正确认识资本主义发展趋势和命运，准确把握当代资本主义新变化新特征，加深对当代资本主义变化趋势的理解。本章在习近平经济思想的指导下，结合当代资本主义发展最新情况，收集相关案例，供同学们思考和讨论。

案例一　遮掩不住的美国贫富分化冷酷现实

美国是贫富分化最为严重的西方国家，在富者愈富、穷者愈穷的困局中越陷越深。美国人口普查局最新数据显示，2021年美国基尼系数达0.494，再创新高。贫富分化已成为美国社会痼疾，是美国民主人权的严重污点。

20世纪70年代以来，美国收入不平等和财富悬殊程度日益加深。美联储的数据显示，2021年美国最富有的1%的人口财富总和达45.9万亿美元，这一数字超过了底层90%美国人的财富总和。彭博社指出，财富越来越往"金字塔"顶端集中，这是美国贫富差距继续扩大的最新信号。与此同时，美国仍有3700万人生活在贫困线以下。据美国皮尤研究中心最新发布的调查结果，1/4的美国家长表示，在过去的一年中，他们有时无法负担家人所需的食物或无法支付房租、抵押贷款。诺贝尔经济学奖得主斯蒂格利茨犀利指出，美国已经成为一个满是穷人的富国，一个巨大的鸿沟正横亘在上层阶级与其他阶级之间。

新冠疫情发生以来，美国贫富分化问题进一步恶化。由于货币超发和大规模财政支出助推股价和房价猛涨，美国最富裕阶层迅速扩大了自己的财富。美联储关于家庭财富的报告显示，截至2021年第四季度，美国最富有的1%的人口财富总和在疫情期间增加超过12万亿美元,增长1/3以上。与此同时,疫情引发的经济衰退导致大量美国人失业,低收入者经济状况进一步恶化。美国《大西洋月刊》报道说,美国低收入人群感染新冠病毒后,通常会延迟去看医生,因为他们根本没有钱。更讽刺的是,疫情期间,越是需要救助的特困人群,越是难以触及美国各项福利措施。联合国人权专家指出,美国应对新冠疫情的政策辜负了穷人。

贫富分化加剧美国社会不公。在美国,高等教育资源总是不成比例地向富人倾斜,低收入人群失去平等受教育的机会。一项统计显示,在38所美国精英大学中,来自收入水平前1%美国家庭的学生数量多于来自收入水平处于后60%美国家庭的学生数量。美国住房和城市发展部报告显示,2020年全美有超过58万人无家可归,其中22.6万人露宿街头、住在汽车或废弃建筑物中。《美国医学会杂志》的一篇研究报告指出,受新冠疫情影响,美国加州最贫穷阶层和最富裕阶层的平均预期寿命差距扩大到15.51岁。种族矛盾加深、城市骚乱频发、暴力犯罪严重……美国社会乱象丛生,都与贫富差距扩大密切相关。

贫富分化痼疾难除,与美国的政治制度和美国政府代表的资本利益密切相关。"在美国政界,有两样东西很重要,第一是金钱,第二我就不记得了。"100多年前,美国联邦参议员汉纳这样形容美国政治。在金钱政治的影响下,美国政府的权力更倾向于为拥有资本的少数富人服务,而不是为大多数选民的利益服务。美国智库尼斯卡宁中心的研究显示,美国国会议员对富人的反应速度要远快于对穷人的反应速度。穷人代表的缺失已扩散至美国政治的各个层面。新加坡学者马凯硕指出:"美国是一个富豪统治国家,而不是一个民主国家。民主代表的是民有、民治、民享的政府,富豪统治则意味着,政府是被那1%的富豪有、富豪治、富豪享。"

作为头号资本主义国家,美国光鲜的面纱遮掩不住贫富分化的冷酷现实。无法解决贫富分化问题的美式民主,无疑是虚伪的。美国应倾听底层民众的呼声，正视国内贫富差距加剧的严峻现实并解决问题。

资料来源：遮盖不住的美国贫富分化冷酷现实，《人民日报》，2023年2月24日第17版，有改动。

（案）（例）（讨）（论）

1.为什么美国的贫富差距会越来越严重？

2.资本主义可以解决贫富差距问题吗？

案例二　皮凯蒂与《21世纪资本论》

2013年9月法国青年经济学家皮凯蒂出版了法文版《21世纪资本论》，2014年3月出版了该书的英文版。英文版一经面世，立即成为畅销书，并持续名列亚马逊和《纽约时报》畅销书榜首，引起了世界学术界和思想界的广泛关注。

围绕收入和财富分配问题，皮凯蒂集中研究了两个方面的主题：一是收入不平等和收入分配，二是财富分配和财富–收入关系。

关于第一个方面，皮凯蒂认为："我的工作只是突破了库兹涅茨之前的研究在时间和空间上的局限性，他对于美国1913—1948年收入不平等演化的研究是开创性的。通过这种方式，我能够把库兹涅茨（已经相当精确）的发展置于更广阔的视角，从而从根本上挑战他对于经济发展和财富分配关系的乐观理解。"具体来说，皮凯蒂将库兹涅茨的方法拓展到了法国以及其他约20个国家的范围，其中包括印度和中国，从而建立了世界顶级收入数据库，一个关于收入不平等演变过程的最大的历史数据库，这是"本书数据的主要来源"。

关于第二个方面，皮凯蒂认为："实际上收入包含两部分：劳动收入（工资、薪金、奖金、工资以外劳动所得，以及其他法定划分为与劳动有关的报酬）和资本收入（租金、股利、利息、利润、资本所得、版权所得，以及其他因拥有以土地、房地产、金融工具、工业设备等形式存在的资本所带来的收入，这里再次忽略精确的法律划分)。"对于劳动收入及其不平等，皮凯蒂主要是通过所得税申报表来进行统计分析的，关于资本收入及其不平等，皮凯蒂则主要是通过地产税申报表、财产继承和储蓄来进行统计分析的。皮凯蒂列举了以前的学者对于财富分配问题的研究，同时指出了自己的研究所具有的特点："本书的亮点之一是我致力于收集尽可能完整和一致的历史资料，用以研究长期收入和财富分配的动态过程。"

经过研究，皮凯蒂发现并指出了一个非常重要的事实和现象：发达资本主义国家进入21世纪以来收入和财富分配不平等呈现出了与19世纪相似的两极分化情形。如何解释这样一个事实和新的现象，正是《21世纪资本论》的主题。

对于收入和财富分配不平等重新恶化的问题，皮凯蒂首先指出："财富分配的历史总是深受政治影响，是无法通过纯经济运行机制解释的。""不平等是所有相关力量联合作用的产物。"他进一步认为："知识和技能的扩散对于整体生产率的增长和一国与各国间不平等的削减起着关键性的作用，也是在一国范围内国民收入分配方面的'推动更进一步平等的主要力量'，但是，那种认为由于工人的知识和技能不断得以提高就可以使劳动收入占国民收入的比重就会上升的'人力资本上升假说'在很大程度上是不现实的。"

在产生收入和财富分配的"趋同"和"分化"两种力量之间，皮凯蒂认为"一个至关重要的事实是，无论传播知识和技能的力量有多么强大，特别是在促进国家之间的趋同过程中，它都可能被强大的敌对力量阻挠和击溃，从而导致更大的不平等"。那么这个"强大的敌对力量"是什么呢？皮凯蒂认为，当经济增长疲软和资本回报高的时候，在财富积累和集中的过程中会伴随着一系列的分化力量，而这个因素"无疑是导致长期财富分配不平等的主要因素"，这个因素就是 $r > g$（这里 r 代表资本收益率，包括利润、股利、利息、租金和其他资本收入，以总值的百分比表示；g代表经济增长率，即年收入或产出的增长）。"在某种意义上，它囊括了我所有结论的整体逻辑。"在皮凯蒂看来，资本收益率大于经济增长率是导致收入和财富不平等加剧的"关键角色"。不过，皮凯蒂并没有认为资本收益率在任何时候都是大于经济增长率的，只有在"相对缓慢的经济增长"条件下，收入和财富的两极分化才会变成一种主要倾向和现象，例如19世纪和21世纪头十年。相反，在1914—1945年，由于两次世界大战、大萧条、苏联等外部因素的冲击，发达国家的收入和财富分配反而呈现出更加平等的态势。

对于如何解决目前存在于以发达国家为典型的收入和财富分配不平等加剧的问题，皮凯蒂提出的解决方案是："理想的工具是全球累进资本税，配合非常高度的国际金融透明度。"不过他自己认为，这是"一个有用的乌托邦"。

《21世纪资本论》之所以在出版之后迅速成为畅销书，这不仅是因为该书用无可争辩的事实揭示了21世纪头十年普遍存在于资本主义世界的收入分配和财富占有的两极分化事实，而且是因为该书具有较高的学术价值。概括起来说，该书的学术贡献主要表现在：

第一，皮凯蒂对于收入和财富分配问题的研究不同于以往的同类研究的最主要特点在于，他不是依据抽象的理论和逻辑来分析这一问题，而是完全依赖于对历史数据的收集和整理。这一研究方法以及由此而得到的结论与西方主流经济学的研究方法和理论推导出来的结果都是完全不同的。从这个角度来说，皮凯蒂的这本书是对西方主流经济学的一定程度的"颠覆"。毫无疑问，在2008年资本主义国际金融经济危机爆发之后所发表的这一学术成果，不啻是使已经备受质疑的西方主流经济学进一步"雪上加霜"。特别值得指出的是，皮凯蒂的这一学术成果对于我们反思中国经济学教育和研究存在的严重西化倾向和问题，对于我们深化认识新自由主义经济学的巨大局限性和弊端，对于我们努力创建具有中国特色的经济学，无疑都具有极大的启发和借鉴意义。一定意义上来说，皮凯蒂对于西方主流经济学研究范式的反叛，正是使他成为一位

▲
▲
▲

具有杰出学术贡献的经济学家的先决条件和前提。皮凯蒂给予我们的启示正在于，我们要创立中国特色的经济学理论，就必须学习和借鉴皮凯蒂的"反主流"精神，打破对于西方主流经济学的盲目崇拜，不能一味地充当西方主流经济学的"小贩子"。

第二，皮凯蒂第一次系统地收集了从18—21世纪头十年约300年、近20个国家的收入和财富分配方面的统计数据，前后持续了近20年。相比以往同类研究成果而言，皮凯蒂进行的这一工作是具有开创性的。因为有了皮凯蒂的这一工作，世人对18—21世纪头十年主要国家的收入和财富分配及其变化轨迹才有了清晰的认知。不仅如此，皮凯蒂还摒弃了基尼系数的计算方法，重点统计和考察了富裕群体中占前10%和1%的那部分人的收入和财富变化情况，从而使人们对于收入和财富分配的不平等状况有了更加深切的认识。

第三，正因为皮凯蒂收集的数据时间跨度长，因而从数据统计中他得出了与库兹涅茨完全不同的结论，即从长期来看，经济增长并不会自动导致收入和财富的均等化趋势，而是相反，收入和财富分配的不平等和两极分化是自由的市场经济条件下正常的经济增长所产生的必然趋势。换句话说，库兹涅茨得出的结论是长期的经济增长过程中收入分配呈现的是倒U型，而皮凯蒂认为呈现的是U型。毫无疑问，皮凯蒂的这一学术成果，不仅是对西方主流宏观经济学理论的"颠覆"，而且从实践方面来说，对于各个国家正视和努力解决收入分配和财富占有方面存在的严重问题无疑也具有极为重要的促进作用。

第四，皮凯蒂不仅用历史资料揭示了18—21世纪头十年出现的收入和财富分配严重不平等的现象，而且他还提出了一个用于解释这两个不同历史阶段所出现的共同现象的一般理论，试图对此进行解释，这个理论即：资本收益率（r）与经济增长率（g）之比理论（r>g）和资本与收入之比（β）理论（α=r×β）。皮凯蒂还进一步认识到21世纪头十年出现的收入和财富分配严重不平等与19世纪存在的收入和财富分配严重不平等在程度或水平和形成原因方面的差异性，具体来说，他认为21

世纪头十年出现的收入和财富分配的严重不平等与19世纪相比情况还是要好得多。"财富集中度仍然很高，只是不再像100年之前那样极端。人口中最贫穷的一半仍然一无所有，只是不过现在有了所谓'世袭中产阶层'，其财富占了社会财富的1/4~1/3。如今最富有的10%人群占有了全部财富的2/3，而不是此前的90%。"与19世纪收入和财富分配严重不平等相比，21世纪头十年收入和财富分配严重不平等的产生还有一些特殊的原因，主要有通货膨胀、资本主要表现形式的重大变化、税收和监管政策的重大调整及其弱化，等等。

第五，皮凯蒂对于资本形式变化及其对收入和财富分配产生的不同影响进行了研究，他先后考察了法国、英国、德国、美国、加拿大等国家的情况。其中，皮凯蒂考察了英法两国在土地资本、殖民地和外国资本、公共债务、公共资本等方面的变化及其与国民收入之比的关系，考察了德国"莱因资本主义"或"利益相关者模式"在私人资本与国民收入之比方面与英法两国的差异，考察了美国私人资本收入比之所以相对稳定的原因，考察了加拿大资本发展的特殊性等。皮凯蒂的分析表明，虽然这些国家在1700—2012年的资本收入比存在一些差异，但是，资本收入比在20世纪后半期开始呈现出共同的上升趋势。

第六，皮凯蒂不仅关注了一国范围内的收入和财富分配不平等现象，而且对于全球范围内国家之间的收入和财富分配的不平等问题也进行了研究。他指出了国家之间收入和财富不平等的状况和变化趋势："欧美这两个区域在工业革命期间的全球产出比重是其人口占世界人口比重的2~3倍……所有迹象表明，这个人均产出分化的阶段结束了，随之进入了一个趋同的时期。但是，分化导致的'追赶'效应还远远没有结束。目前预测这个进程何时结束还为时尚早。"从年人均产出来看，截至2012年，全球人均产出为1万欧元，而不同地区和国家的状况是：欧盟国家（5.4亿人）超过2.7万欧元，其中西欧国家为3.1万欧元，前东欧国家则为1.6万欧元，俄罗斯和乌克兰（2亿人）为1.5万欧元，美国和加拿大（3.5亿人）为4万欧元，拉美国家（6亿人）为1万欧元，撒哈拉以南非洲（9亿人）仅为2000欧元，印度略好于撒哈拉以南的非洲，北非则更好一些，中国为8000欧元（略低于世界平均水平），日本为3万欧元。皮凯蒂进一步指出了全球收入分配比产出分配更不平等的事实："一般而言，全球的收入分配比产出分配更不平等，原因是人均收入最高的国家更可能拥有其他国家的部分资本，因而能够得到来源于人均产出更低国家的资本收入。""许多研究也表明，自由贸易带来的好处主要来自知识的扩散、开放国境所带来的生产率提升，而不是来自和分工有关的静态收益，后者的作用看似较为微弱。"皮凯蒂进而认为："落后国家是通过提高科技水平、专业知识与技能和教育水准来追赶发达国家的，而不是通过成为富国的资产。"而科技水平、专业知识和技能以及教育水准的提高都有赖于"一个合法而高效的政府"。皮凯蒂的这一观点，对于我们坚定中国特色社会主义信心，坚持中国特色社会主义道路和模式，无疑具有极为重要的启发意义。

198

　　第七，皮凯蒂研究了人口增长率与收入和财富分配之间的关系。根据历史统计，皮凯蒂做出了如下估算：1700—2012年，全球平均人口年增长率约为0.8%，其中18世纪为0.8%，19世纪为0.9%，20世纪为1.6%。"未来几个世纪的全球人口增长率将大大低于0.8%，而联合国做出的0.1%～0.2%的极长期预测颇具合理性。"皮凯蒂之所以专门对全球人口增长率进行估算，是因为他认为人口增长率与经济增长率有某种经验上的正向关系，即低的人口增长率与低的经济增长率是相对应的。不仅如此，人口增长率还会进一步影响到收入和财富的分配："在其他各种条件相同时，强劲的人口增长往往能发挥均等化的作用，因为它削弱了继承财富的地位——每一代人在某种意义上都必须依靠自己的努力。"换句话说，平均每个家庭子女数量越少，从父辈继承的财富就会在资本总额中占有更高的比例。对此，皮凯蒂对发达国家的这一状况进行了统计和估算。就发达国家存在的低人口增长率和经济增长率以及由此而产生的财产继承和"世袭社会"这些方面来说，21世纪似乎与19世纪具有高度的相似性。据此，皮凯蒂把19世纪和20世纪下半叶以来都称作

"世袭资本主义"或"拼爹资本主义"。皮凯蒂的这一研究成果，对于我们认真研究和解决中国正在发生的人口增长上的巨大变化及其对于财富分配和占有产生的重要影响，无疑也具有极为重要的启示作用。

第八，皮凯蒂在区分资本收入和劳动收入的基础上，对这两个部分内部存在的巨大差异进行了分析。关于资本收入，皮凯蒂认为，不同规模的资本收益率并不是相同的，富裕者的平均资本收益往往会高于那些财富规模不大的人，"这样的机制自动导致资本分配的两极分化"，"因此资本收益率的不平等也会在很大程度上放大并加速$r>g$的不平等效果"。对此，皮凯蒂通过对全球财富排行榜和美国高校基金会的分析进行了证实。关于劳动收入，皮凯蒂指出，自1980年以来，虽然从总体上来看，所有发达国家的劳动收入的不平等有所增长，但是，在英语国家与非英语国家之间又存在明显的差别，具体来说，在英语国家（美国、英国、加拿大、澳大利亚），主要是因为"超级经理人的崛起"，才使这些国家的收入不平等呈现出更加严重的状态。就此，皮凯蒂对用于解释劳动收入变化的"教育和技术赛跑理论"提出了质疑。皮凯蒂还指出，在收入和财富分配不平等的形成中，资本收入不平等的作用是大于劳动收入不平等的作用的。

第九，针对如何解决20世纪末以来出现的收入和财富分配不平等重新严重化的问题，皮凯蒂对与之相关的一些问题进行了讨论，并提出了自己的观点和主张。首先，他通过对2008年金融危机与20世纪30年代大萧条所产生的不同影响进行比较，说明了政府和中央银行在当代市场经济中的重要地位和作用。其次，他讨论了教育特别是高等教育在推动社会流动性方面的作用问题；对资本化的养老金体系与现收现付制这两种不同的养老金制度进行了比较分析。再次，他考察了累进所得税和遗产税在英国、法国、美国等国家的发展状况，说明了税收在调节国民收入和财富分配中的重要作用。最后，他集中讨论了"全球税"问题。皮凯蒂认为，在解决收入和财富分配不平等问题上，仅有"社会国家"（即福利国家）和累进所得税这两个20世纪的重要发明是不够的，"为了管理21世纪的全球承袭制资本主义，理想的工具是全球累进资本税，配合非常高度的国际金融透明度"。在皮凯蒂自己看来，全球累进税是一个"有用的乌托邦"，虽然在可预见的未来，这一"理想的制度"不会被付诸实践，"但它仍然可以作为一个有价值的参考点，一个可以用来衡量其他备选方案的标准"。同时，"资本税的最主要目的不是为社会国家融资，而是管理资本主义制度。首先其目标是终止无限增加的财富不平等；其次，是对金融和银行体系施加有效管理以避免危机"。针对发达国家普遍存在的高额公共债务问题，皮凯蒂对资本税、通货膨胀和财政紧缩等三种不同的解决方式进行了比较分析，认为"针对私人资本的特别税是最公平和有效的解决方案"。皮凯蒂承认，"累进资本税面临纯粹的意识形态障碍，这需要花时间来克服"。

资料来源：邱海平，《21世纪资本论》评述——兼论皮凯蒂对马克思理论的一个误读，《山东社会科学》，2015年第6期，有改动。

案例讨论

1. 皮凯蒂是如何分析西方发达资本主义国家贫富差距的？

2. 与马克思相比，皮凯蒂理论的弱点主要表现在哪里？

3. 累进资本税能否解决西方发达资本主义国家的贫富差距问题？

案例三　人工智能会加剧资本主义失业风险吗？

人工智能既可能影响就业数量，也可能对就业结构造成影响。对就业数量的影响而言，人工智能是否导致失业取决于就业创造效应和就业破坏效应之间的相对力量大小。对就业结构的影响而言，人工智能会导致就业结构"T"型分化，就业呈现高端化趋势。那么，在现实经济中，人工智能对就业量和就业结构的影响如何？

一、人工智能背景下就业创造效应不断减弱

1946年，美国生产出第一台计算机，自此人类进入了以电子计算机、新能源技术、生物技术、空间技术等为代表的第三次科技革命时代。新的科学技术极大提高了生产力水平，推动了经济增长和就业繁荣。20世纪末21世纪初，以人工智能、大数据、云计算等为特征的技术变革使人类进入了第四次科技革命时代。在技术进步背景下，就业人数如何变化？根据1945—2017年美国非农部门每年新增的就业岗位数据，第三次科技革命对美国非农部门就业的创造效应先增后减:1945—1978年就业创造效应不断增强，1978—2000年就业创造效应不断减弱。在世纪之交，人类进入第四次工业革命以来，技术进步的就业创造效应仍呈现不断减弱的趋势。1945—2000年，第三次科技革命年均创造的就业岗位为160.7万个；而2001—2017年，第四次科技革命年均创造的就业岗位为85.8万个，比第三次科技革命创造的就业岗位年均减少了一半，仅相当于1984年新增就业岗位的1/5左右。

美国劳工统计局的商业就业动态（Business Employment Dynamics）数据调查了美国私人部门每年创造和损失的就业岗位以及就业岗位占就业的比重数据。1994—2019年，就业创造率和就业破坏率都是不断减弱的，但是就业创造率的下降幅度明显大于就业破坏率。换言之，在就业创造效应不变的情况下，就业破坏率是不断增强的。若将考察时间段缩短到最近几年，这种趋势依然存在且更加突出。2012—2019年，就业创造效应从11.4%下降到了10.7%，而就业破坏效应从8.9%上升到9.2%。就业破坏效应增强与就业创造效应减弱同时存在，必然导致经济社会中净增加的工作岗位及比率不断下降，若无其他可行措施阻止这种下降趋势，经济社会必然存在极大的失业压力和风险。

总之，自20世纪40年代中期进入第三次科技革命到20世纪70年代中后期，美国技术进步对就业岗位的创造效应十分明显。但是，这种就

▲
▲
▲

业创造效应在 20 世纪 80 年代后发生了逆转，技术进步对就业的创造效应不断减弱。特别是世纪之交发生以人工智能为特征的第四次科技革命以来，技术进步的就业创造效应进一步减弱，就业岗位的净增加率越来越低，使得美国经济社会面临较大的失业风险。

二、人工智能背景下劳动就业呈现高端化趋势

第一次工业革命主要通过"去技能化"的方式，增加了社会对中低技能劳动者的需求。第二次工业革命使得中技能的白领工人和高技能的管理者、经理阶层、科学研究者的需求大大增加，促使劳动者就业结构呈现升级趋势。第三次科技革命带来的计算机的使用，使很多容易被程序化的中等技能常规性工作任务被自动化，而高技能的非常规认知任务和低技能的非常规体力任务需求出现了增长，从而出现了就业极化现象。以人工智能、云计算等为特征的新科技革命，对劳动者技能提出了新的要求。2018 年世界经济论坛的一项调查报告显示，现今有 42% 的核心工作技能到 2022 年将会发生根本性改变。布金等人利用美国职业信息网络数据，将劳动技能分为体力与手工技能、基本认知技能、高级认知技能、社交与情感技能、技术技能 5 个类别，并细分为 25 个小类，考察了美国和 14 个欧洲国家 2016—2030 年的就业技能演变。研究发现增长最快的是技术技能、社交与情感技能，而对体力与手工技能，基本认知技能的需求出现了较大下降。沿用布金的研究数据，可以得出，2016—2030 年，美国和 14 个欧洲国家劳动者技能需求将会发生巨大变化，美国高技能劳动需求将增加 27%，而低技能和中技能劳动需求将分别减少 11% 和 14%；欧洲国家高技能劳动者将增加 22%，而低技能和中技能劳动者将分别减少 16% 和 17%。因此，新科技革命将使低技能和中技能劳动者减少的同时，增加高技能劳动者需求，使得劳动者技能出现高端化趋势。在这种情况下，若想继续获得工作，处于低技能和中技能的工人就必须向高技能就业岗位转移。然而，这种转移往往是很难实现

的。一方面是因为这些中低技能工人缺乏相应的劳动技能，另一方面是因为高技能就业岗位的增长远远赶不上这类工人人数的增长。正如马丁·福特所指出的那样，假设工人的技能符合正常的分布逻辑，那么处于低技能和中技能的工人人数至少占据了劳动力的50%以上，如此多的工人要想实现向高技能就业岗位的转变是相当具有挑战性的。这种就业结构"T"型分化趋势，必然会导致大量中、低技能劳动者失去工作岗位。

三、人工智能背景下就业不稳定性加剧

人工智能发展促使就业结构出现就业高端化趋势的一个重要影响是迫使大量从中、低技能的稳定就业部门游离出来的工人转向临时性就业。随着信息技术、大数据、云计算等技术的发展，生产组织形式和工作性质出现了巨大变革。越来越多的企业倾向于雇用临时工人采取合同制用工方式，形成了规模巨大的"零工经济"。以美国为例，2005—2015年，临时与合同制工人从600万增加到1200万，10年内增长了100%，而非临时与合同制工人仅增长了100万，增长率仅为0.74%，几乎没有增长。这10年时间美国工人就业增长几乎全部来自临时与合同制就业的贡献，其他形式就业的贡献率极低。在非临时与合同制就业内部，自雇型就业从1600万减少到1500万，减少了6.25%；长久固定就业10年时间里也只增长了1.67%。临时与合同制就业工人的增加，也使得工人就业不稳定性加剧。

资料来源：唐永，张衔，人工智能会加剧资本主义失业风险吗——基于政治经济学视角的分析，《财经科学》，2020年第6期，有改动。

案例讨论

1.资本主义制度下失业的根源是什么？

2.人工智能对资本主义失业的影响是什么？

3.人工智能对就业的影响与历次科技革命的就业效应相同吗？

案例四　美国经济衰退风险加大

近日，美国商务部经济分析局数据显示，美国 2023 年一季度 GDP 年化环比增长 1.1%，大幅低于市场预期的 2%，较去年四季度 2.6% 的增幅有所回落，已连续两个季度放缓。《华尔街日报》网站报道称，在通货膨胀仍然高企、利率不断上升的情况下，美国第一季度经济增长下滑，增加了人们对今年晚些时候可能出现经济衰退的担忧。

"美国经济正在走向衰退。"华尔街经济学家的担忧似乎正成为现实。

"危险信号"频出

美国消费者新闻与商业频道（CNBC）近日发布最新"全美经济调查"显示，69% 的美国成年人对美国当下以及未来的经济形势持负面看法，创这项调查 17 年历史中的最高纪录。CNBC 评论称，在持续的通货膨胀、加息和对经济衰退的担忧中，美国人对本国经济的看法从未如此消极。

当前，美国多项经济数据释放"危险信号"。美国劳工部最新数据显示，今年 3 月消费者价格指数（CPI）同比上涨 5%，远高于美联储 2% 的长期通胀目标，通胀水平仍处高位。其中，食品价格上涨 8.5%，住所价格上涨 8.2%。高物价让数百万个美国家庭"不堪重负"。

金融领域，银行业危机仍在发酵。今年 3 月以来，美国硅谷银行、签名银行和第一共和银行等 3 家银行机构先后"爆雷"，因出现流动性危机而被关闭或被接管。据美国福克斯新闻网站报道，有研究显示，美国至少有 186 家银行面临与硅谷银行等机构类似的情况，这些银行一旦遭遇挤兑就可能陷入危机。

银行业风险正在向商业地产行业传导。据美国《纽约时报》网站报道，超过1万亿美元的商业房地产贷款将在2025年底前到期，随着银行收紧贷款条件，许多借款人可能难以为债务再融资。专门研究房地产金融的哥伦比亚大学商学院教授托马斯·皮斯科尔斯基说，如果商业房地产违约率大幅攀升，数百家银行可能陷入资不抵债的境地。

此外，美国建筑行业和制造业明显降温，个人消费显著放缓，加息对经济增长的抑制作用正在显现。据美联社报道，美国2月和3月消费者支出持平，表明许多消费者在面对物价和借贷成本上涨时变得谨慎。即使就业市场表现出令人惊讶的韧性，但也出现裂缝。招聘已经减速，招聘的工作岗位已经减少，越来越少人辞职去寻找其他通常收入较高的职位。

风险不断传导

据美联社报道，美联储近日加大力度对抗高通胀，宣布再次加息25个基点。这是美联储自2022年3月以来第十次加息，累计加息幅度已达500个基点，升至16年来的最高水平。这一决定是在阴云密布的经济背景下做出的。"经济似乎正在降温"。

"经济学家对美联储持续10次加息表示担忧，认为此举可能导致美国经济过度放缓甚至引发衰退。"美国《财富》杂志报道称，美联储自2022年3月开始加息以来，信用卡、抵押贷款和汽车贷款的利率一直在飙升。美联储近日宣布再次加息以抑制通胀，将使得上述利率继续上升，会给消费者与企业带来沉重的贷款成本，将令借钱购买大件商品的消费者备受打击。

专家分析，新冠疫情发生后，美国联邦政府扩张资产负债表，推出量化宽松政策，同时出台系列法案，加大政府支出，推行"债务货币化"，以扩大政府债务为代价推出大规模刺激经济举措，最终导致通胀高企和资产泡沫。为遏制通胀，美联储不得不持续加息，货币政策进入紧缩周期，美联储货币政策转型给中小银行带来持续的流动性冲击。在此背景下，中小银行整体营收能力下降，流动性较差银行甚至面临存款"挤兑"风险，银行业危机不断发酵。

当前，美国银行业危机有向商业地产行业蔓延的趋势，加剧金融体系脆弱性。中小银行负债端压力增加，商业地产贷款信贷条件紧缩，将信贷风险传导至商业地产市场。随着商业地产资产价格下降、商业投资下滑，美国商业地产空置率大幅上升，这将对美国商业贷款产生较大打击。商业地产信贷作为金融体系的底层资产之一，一旦爆发危机，就可能将风险扩散至整个金融市场，美国经济可能因此面临更大风险。

专家表示："美国金融市场悲观情绪蔓延，股票、债券市场动荡，企业直接融资能力下降，金融行业对实体经济的输血能力减弱，连带消费、投资形势趋紧。在这些因素的综合影响下，美国经济承受较大风险，衰退预期显著加强。"

进入艰难时期

"美联储加息政策正在挫伤美国整体经济。"美国密苏里大学堪萨斯城分校经济学副教授林伍德·陶希德警告，美联储试图通过加息抑制通胀，或导致美国经济危机进一步恶化。

《纽约时报》报道称，随着美联储进一步激进加息，3家银行的倒闭只是一个开始，美国金融体系的其他部分也可能承压。国际货币基金组织总裁格奥尔基耶娃近日也预测，美国银行业将会暴露更多的脆弱性，"痛苦可能还没有结束"。

当前，美联储货币政策似乎已"骑虎难下"。美联储手里能发挥作用的工具已非常有限。美联储希望在控制通胀和避免银行业危机之间保持平衡，现实则存在较大技术难度，未来美联储利率如何调整还需密切观察。在美联储货币政策仍处于加息周期或持续高利率的情况下，中小银行面临的风险将持续存在，类似第一共和银行"爆雷"的情况还可能出现。

美国企业研究所经济学家德斯蒙德·拉赫曼表示，美联储的行动似乎忽视了银行业危机引发的信贷紧缩以及迫在眉睫的债务上限危机可能给金融市场带来的冲击。美国面临经济硬着陆的风险。

美国联邦政府面临的债务上限问题也将对美国经济造成较大影响。目前，民主、共和两党能否在激烈博弈过程中就债务上限问题达成一致，仍存在较大不确定性。在债务危机影响下，美国政府在应对经济问题方面的财政政策空间更加有限。如今，美国金融市场风险累积，实体经济增长乏力，宏观调控手段受限，叠加当前全球大宗商品价格上涨、全球经济复苏迟滞等国际因素影响，美国经济可能进入一段艰难时期。

"作为全球最大经济体和全球最大市场，美国经济困境将对全球带来明显溢出效应。"专家分析，一方面，美国经济增速下降，对新兴经济体而言意味着外部需求下降，新兴经济体对外出口将受较大影响，经济增长承受更大压力。另一方面，美国资金价格变化对全球流动性影响巨大，新兴市场为防止资金大量外流，不得不跟随保持高利率，加剧全球流动性紧缩情况。此外，美国金融市场和货币政策的溢出效应，将加大新兴市场和发展中国家融资难度，加重新兴市场的债务负担，加剧全球经济减速的风险。

资料来源：高乔，美国经济衰退风险加大，《人民日报》（海外版），2023年5月9日第10版，有改动。

案 例 讨 论

1.为什么资本主义国家会不断爆发经济危机？

2.运用马克思主义政治经济学基本原理，分析美国此次银行业危机爆发的根源及其可能造成的影响。

案例五　"再工业化"美国的战略选择

"再工业化"是奥巴马政府重振美国经济的战略选择，这一经济复兴战略有丰富的内涵以及深层次的长远考虑，即营造经济新时代。如今，美国的"再工业化"虽已初见成效，但面临的挑战日益严峻。未来几年将是这一战略能否成功的攻坚阶段，其发展前景值得世界高度关注。

战略选择的深层考虑

奥巴马政府竭力寻找引领美国经济走出困境的突破口，最终把目光聚焦到"再工业化"。从远期看，美国真正的目标是要在世界经济领域掀起一场"战略大反攻"，以此作为抢占世界高端制造业的战略跳板。

对美国人来说，"再工业化"一词并不陌生。早在20世纪70年代，美国就曾针对其东北部重工业基地改造，提出通过"再工业化"重振相关地区的经济和发展。今天，当人们谈论"再工业化"时，其内涵已与当年的概念有天壤之别。奥巴马政府第一任上台不久，就把"再工业化"作为美国整体经济复苏的重大战略逐步推出。可以说，"再工业化"是奥巴马政府确立的一项国家战略。

20世纪后期，信息时代的到来，劳动力成本高企等因素，促成了全球经济的再分工。"去工业化"中的美国，金融业突飞猛进和制造业蜂拥外迁，成了这一时期的两大突出现象。也恰恰由于金融衍生品的泛滥和第二产业的空洞化，导致美国陷入了自大萧条后的最大经济危机，导致失业率飙升到10%上下、房地产大面积崩溃等，即使是上百年来让美国人骄傲的汽车制造业，也面临着破产的现实威胁。

面对一片狼藉，奥巴马政府痛定思痛，竭力寻找引领美国经济走出困境的突破口，最终把目光聚焦到"再工业化"。从一开始，奥巴马政府就是把"再工业化"作为一种国家战略来策划和实施的。第一任内，奥巴马政府就先后推出"买美国货"、《制造业促进法案》、"五年出口翻番目标"，以及"促进就业措施"等一系列政策措施及战略部署。从表面看，奥巴马政府是在扶持国内的制造业，吸引美国制造业从国外回归。然而，"再工业化"战略的实质，是要推动美国制造业的脱胎换骨，要催生一种新的生产方式，造就类似于信息革命那样的大趋势，掀起第四次工业革命。

今天再回头来看，奥巴马政府实施的"再工业化"战略，中期目标是要重振美国制造业，创造就业，推动美国经济走出低谷等，而远期目标则是要在世界经济领域掀起一场"战略大反攻"，以"再工业化"作为抢占世界高端制造业的战略跳板，促使主导"新型制造业"的先进技术和设备在环保、能源、交通，乃至所有经济领域遍地开花，以达到巩固并长期维持其世界第一经济超级大国地位的战略目标。奥巴马政府期望，"再工业化"战略能延续美国经济霸主地位。由此看来，其思考不可谓不深刻，其部署不可谓不长远。

"再工业化"战略初见成效

奥巴马在其连任后的国情咨文中称，美国的制造业在10多年流失就业机会后，过去3年已开始扭转这一颓势。

据统计，自2010年2月以来，制造业已为美国人创造了53万个就业计划，实现连续31个月增长，创过去近25年以来最佳表现，其中多为高新尖端技术就业机会。奥巴马还自豪地宣布："卡特彼勒公司正在把工作机会从日本迁回美国；福特正在把就业机会从墨西哥转回美国；今年，苹果也将在美国本土重新开始生产Mac电脑。"

从外贸的角度看，奥巴马的出口翻番战略虽困难重重，但也在艰难前行。日前荷兰国际集团发表的研究报告显示，美国出口额在国内生产总值中所占的比例，也已从1995年的9%，上升至今天的13.5%，且这一势头有进一步加快的迹象。

从制造业在美国经济中所占比例的变化也可见一斑。哈佛大学美国制造业生态教授的研究结果表明，1950年美国制造业占其GDP的27%，为美国总就业贡献了31%。到2010年，这两个比例已分别下降至12%和9%。今天，制造业的比例已回升至15%，制造业就业机会更是随着苹果等高端企业的回迁而显得前景明朗。

雄心勃勃但挑战巨大

美国人不但抢占下一场制造业革命先机的决心极大，且已制定出详细的国家战略，并开始投入大量的资金以抢占研发高地。但是，这并不等于美国的"再工业化"之路就一定能畅通无阻。

像任何一次产业革命一样，新的制造业时代的到来，必须借助重大技术发明创造的翅膀。今天，在全球的研发开支中，美国就占到31%，远超欧盟的17%和日本的11%。2012年，奥巴马政府在俄亥俄州的洋斯顿市的一个废弃了的仓库里，创建了美国第一座聚焦制造业创新和研究的科研机构，专攻3D打印技术。奥巴马声称，仅3D打印技术一项的发展，就有可能在制造业内形成一场革命。奥巴马在其2013年的国情咨文中，不仅宣布美国今年将再建造3座同类型的研发基地，且要求国会和白宫一道，努力在全美建立一个由15座研发基地组成的网络，以"确保下一场制造业革命会在美国爆发"。

然而，这并不等于美国人就一定能顺利实现自己的愿望。首先，制造业研发需要巨额资金的支持，尤其是风险资金。面临日益萎缩的财政支出，美国政府难以拿出足够的资金。其次，主张小政府的共和党出于党派斗争的考虑，势必要给奥巴马的创新战略设置种种障碍，而任何障碍都可能让奥巴马政府的美好设想化为泡影。再则，革命化的技术突破，需要的人才不是以千或万计，而是以十万乃至百万计。今天，包括中国在内的世界主要国家都在大力吸引人才。最后，新的制造业革命的模式，很可能不像前三次工业革命那样，主要发源于一个国家，而会在一部分国家先后展开，数个国家各领风骚。这样，美国从中得到的红利将没有设想的那么大，对其就业、经济的拉动作用也将大为缩水。

尽管这样，可以肯定的一点是，美国不仅出台了国家战略以推动“再工业化”，而且在不少方面已捷足先登，加上现有的多种优势，其“再工业化”进程及其可能诱发的第四次工业革命进展，值得世界各国密切关注。

英国探寻“再工业化”道路

不久前，位于泰晤士河塔桥附近的伦敦市市政府人来人往，热闹非凡，来自世界各地的创新企业与世界顶级的投资公司在这里集聚，一方拿着创新产品，一方手持资金，而伦敦市市政府的任务就是为他们穿针引线，并期待能把他们留在伦敦。

这个由全球顶级的咨询公司与伦敦市政府共同举办的、题为“伦敦投资者的早晨”的系列活动，可以说是当前英国探寻再工业化道路的缩影。受到金融风暴与欧债危机的双重打击，伦敦作为世界金融中心受到严重冲击，产值下滑，失业人数剧增，有人甚至预言，伦敦将失去世界金融中心的地位。为破解这一困境，伦敦市政府有意在高端制造业上下功夫。首先，英国一向以创新能力而闻名于世，其国内拥有一大批创新人才。其次，作为金融中心，多数世界级的投资公司都集聚于此。伦敦市政府认为，他们在再工业化的道路上已经占据天时和地利，下一步的目标就是要把高端制造业融入金融行业。

事实上，由于过去一味追求世界金融中心的地位，英国曾错失过不少巨大商机。1967年，苏格兰发明家约翰·巴龙发明了自动提款机，目前全球用此提取现金数量已经相当于当时全球国民生产总值的总量，但是由于英国在制造和推广使用自动提款机方面没有做好商业化运作，使这一商机付之流水。同样的，世维网和飞机引擎也都是英国人率先发明，但是他们获得的商机却并不如意。分析人士指出，英国当前探寻的再工业化道路，绝非简单地把在"去工业化"时停运的机器再转动起来，而是转向高科技制造，抢占制造业新的制高点，除了传统的车间生产和机械操作外，更多的是从事研发、设计、销售、售后服务等配套工作。在这次活动中，有不少创新产品受到投资者的关注，如瑞典一家公司设计的桌面、网页及手机用户身份验证系统，英国本土公司设计的新一代对话设计平台等。

作为世界上第一个发生"工业革命"的国家，英国曾被视作"世界工厂"。随着第三产业的崛起，以及发展中国家廉价劳动力和土地的优势显现，英国等发达国家逐渐完成了"去工业化"的过程。如今，制造业在英国经济总量中仅占10%的比例。国际金融危机爆发后，"再工业化"被提上日程，政府、机构、学者等纷纷呼吁制造业的回归。

英国商业、创新与技术部国务大臣普锐斯克对于英国再工业化的发展方向曾给出明确的表态，他说："我们的策略是，高价值设计和创新。"普锐斯克的底气主要来自哪里？以汽车业为例，尽管英国多个汽车品牌已经易主他国，但这些汽车的设计和生产仍然在英国进行，并已从传统制造形态向高附加值领域转变，如把更多精力放在技术和设计创新上，使得英国豪华车和赛车一直保持全球领先地位。在节能技术方面，英国汽车业也享有盛名。也就是说，英国在汽车高端技术领域已经占有先机，这自然会让普锐斯克有着十足的信心。

当然，英国的再工业化也并非一定要给自己设定高门槛，日益严重的就业问题也需要迁入劳动密集型产业来为失业提供饭碗。据当地媒体报道，近年来，越来越多的英国制造商将海外生产业务回迁英国，包括纸品生产商 Filofax 公司、服装生产商 Topshop 和 River Island 等均加入这个行列。根据英国制造商协会 2011 年的统计数据，约有七分之一的英国生产商正在将生产业务迁回本土。

另外，英国制造业行会组织也一直加紧向政府施压，希望多出台有利于产业发展的政策，帮助企业将产品推向市场、以较低成本开展业务，并吸引国际公司加大对英国的投资。

尽管英国再工业化的发展道路仍处于探寻阶段，但是为了摆脱经济困境和产业空心化给英国经济造成的伤害，其重振工业化的步伐已经跨出。

"再工业化"指向重构转型

从"去工业化"到"再工业化"，新一轮制造业争夺战正在全球范围内打响。

国际金融危机使得世界各国不得不重新审视以往的经济增长模式。发达国家忽视曾具有经济"造血"功能的制造业，在过度依赖以金融业为代表的虚拟经济的道路上越走越远，是国际金融危机爆发的重要原因。意识到过度脱离制造业实体的危险，反思其产业政策和经济结构，不仅美国这一制造业强国和英国这一曾经的制造业强国开始了从"去工业化"到"再工业化"的进程，欧盟和日本等也纷纷出台重振制造业的强力政策，同时，越南、印度等亚洲发展中国家也在致力于加快经济结构调整和产业升级。

20世纪80年代开始，世界制造业格局发生了较大变化。变化的一个主要特点是发达国家经历了"去工业化"过程，劳动力迅速从第一、第二产业向第三产业转移，制造业占本国GDP的比重和占世界制造业的比重持续降低，制造业向新兴工业化国家转移，发展中国家尤其是中国制造业快速崛起，发达国家汽车、钢铁、消费类电子等以往具有优势的制造业不断弱化。

发达国家在"去工业化"的过程中，利用发展中国家相对低廉的劳动力和资源成本，在获取收益的同时，扩大了产品市场，确实尝到了甜头。但同时，这一过程的持续也带来了"苦头"——制造业对经济的贡献不断萎缩，并随着全球产业分工调整出现了"产业空洞化"，失业率

▲
▲
▲

上升、贫富差距扩大等问题随之出现，动摇了经济和社会发展的基础。

需要看到，发达国家以重振制造业为核心内容的"再工业化"，并不是简单的制造业回归，而是对制造业产业链的重构，是制造业的升级和以发展新兴产业为核心的结构转型。如美国推出"高端制造合作伙伴"计划，在清洁能源技术、医疗卫生、环境与气候变化、信息通信和材料与先进制造领域出台了一系列新的计划与政策措施；欧盟建立欧洲创新技术学院，实施联合技术倡议，研发卫星监测环境与地球安全、微电子工艺燃料电池、药物创新等高端技术与工艺。可以说，发达国家"再工业化"，实际上是在走一条经济转型之路，是力图夺回和保持制造业的制高点，推动经济结构和产业结构的合理化，推动科技创新、技术创新，创造新的产业，培养世界级人才，为经济和社会长远发展奠定基础。

"再工业化"不同于当年的工业化。如果说工业化是发达国家崛起与富强的基础，那么"再工业化"则是向新的产业革命迈进。一个亘古不变的规律是，产业革命决定一个国家的财富与竞争力，决定一个国家的经济发展未来。发达国家的"再工业化"战略必然影响到全球产业尤其是制造业活动的空间分布，以及各国经济结构调整。实际上，新一轮制造业争夺战涉及各国的政策取向、制度设计、科技研发、生产经营环境、劳动力素质、基础设施等诸多方面，竞争是全方位的。

当然，发达国家"再工业化"进程是否能够如其所愿，还难以料定。鉴于资本的逐利本性，鉴于现代大规模生产过程能够以相等的效率在世界各地实现，发展中国家在成本、市场以及成长性等方面的比较优势，仍对以实现利润的最大化为目标的投资者具有巨大的吸引力。

资料来源：李正启，"再工业化"美国的战略选择，《经济日报》，2013年4月17日第9版，有改动。

案例讨论

1.如何看待美国等西方发达资本主义国家实施的"再工业化"战略？

2.发达资本主义国家的"再工业化"战略对我国产业结构转型升级有哪些启示？

案例六 荷兰"郁金香泡沫"：
1637年人类史上第一次金融危机

郁金香，一种原产于小亚细亚的百合科多年生草本植物，因其花瑰丽多姿、叶青碧苍翠、秆刚劲挺拔、整体气质高贵，而深受追慕。16世纪末，在巴黎香榭丽舍大街，手持郁金香的贵妇成了一道最时髦的风景。进入17世纪，郁金香风靡欧洲，价格飞涨。

（一）

精明的荷兰商人看到了其中的商机，大规模囤积郁金香球茎。郁金香成了当时最紧俏的商品，价格暴涨，郁金香商人赚得盆满钵满。于是，更多的人卷入这场大投机中，希冀跳上一夜暴富的马车。从1634年开始，荷兰全国都开始为郁金香疯狂，更有甚者不惜倾家荡产购买郁金香球茎。在一个300荷兰盾能够满足一家人全年开销的年代，一株名为"永远的奥古斯都"的稀有郁金香，售价竟高达6700荷兰盾，而这笔钱可以买到阿姆斯特丹运河边的一幢豪宅。投机者们认为，郁金香无论多昂贵都值得，因为美丽更因为"未来可期"。在郁金香价格持续快速上涨的幻景中，几乎没人能拉住投机逐利的缰绳。

由于荷兰商业发达，在狂热到达巅峰时，人们不仅买卖已收获的郁金香球茎，而且还提前买卖生长中的球茎。一个类似于现代期货市场的交易应运而生。为了方便郁金香交易，阿姆斯特丹证券交易所开设了固定的郁金香交易场所，之后鹿特丹、莱顿等城市也相继效仿。刚刚形成的"期货"市场由于没有明确规则，对于买卖双方没有具体约束，使得商人更加便利地买进卖出、翻云覆雨，让已经吹得很大的郁金香泡沫继续膨胀。沉浸在郁金香狂热中的人们没有意识到，一场惊天动地的大崩溃即将来临。

1637年2月4日，郁金香交易市场看起来一如往常，阿姆斯特丹以及各地的交易所按照之前的规模和热度继续进行，没有任何预兆，有人开始将自己的郁金香合同倾售一空，推倒了刺破泡沫的第一张多米诺骨牌。紧接着，更多人开始抛售手中囤积的郁金香合同，郁金香价格坠崖式崩盘。一星期后，郁金香的价格平均已经下跌90%，投资者们血本无归。最终，荷兰政府不得不下令终止所有郁金香合同，郁金香的故事在阵阵恐惧哀号中惨淡收场。

（二）

1637年荷兰的郁金香危机，被认为是世界经济史上第一个泡沫破裂案例和第一次金融危机。郁金香泡沫破灭后，阿姆斯特丹乃至整个荷兰陷入了一种末日般的气氛中。荷兰经济陷入混乱，加速了这个曾经强盛的殖民帝国走向衰落的步伐。

荷兰地处欧洲西北部，通过海上交通枢纽的地理优势，大力发展贸易。荷兰人独特的商业天赋和先进的造船技术，助力荷兰成为16世纪西欧经济最为发达的地区。荷兰原本是西班牙的领地，经济的高速发展促进其民族觉醒，爆发资产阶级革命，成为世界上最早确立资本主义制度的国家。17世纪，荷兰拥有当时世界上最强大的船队，商船数量多达1.5万艘；阿姆斯特丹是世界贸易和金融中心，诞生了世界上第一个具有现代意义的证券交易所；成立东印度公司，触手伸至锡兰、爪哇和我国的台湾地区，垄断东方贸易，被称为"海上马车夫"。

郁金香危机给荷兰社会带来巨大震动，导致以金融贸易立国的荷兰国力严重受损，也因此人们常把荷兰的大国衰落全部归咎于斯。郁金香危机只是荷兰资本主义发展缺陷的一个缩影，更深刻的历史逻辑是工业资本取代商业资本的资本主义发展规律。

荷兰虽率先建立资本主义制度，但并没有率先采用资本主义生产方式。商业是荷兰发展的柱石，荷兰国王将权力给予商人，只注重商业发展，缺乏对国家长远发展的蓝图擘画。商人们总是试图用最快方法、尽最大可能去追逐财富，对投资工农业生产没有兴趣，希冀通过贸易与金融"一夜暴富"。荷兰过于注重商业发展，阻碍了工业化进程。然而，没有实体经济和生产力的扎实进步，任何迅速膨胀起来的繁荣都将是空中花园，流通中的"增值"只是人们信心预期生发的幻象。同时，荷兰工业能力的欠缺决定了其军队难以成为世界一流军队。在英国崛起后，荷兰在3次英荷战争中全面落败，世界新老霸主交替。

（三）

泡沫膨胀到极点必然破灭，投机狂潮总有终结的时刻。郁金香危机启示我们，当市场理性被狂热浮躁裹挟，不惜代价的投资与赌博行为并无二致。一夜暴富与一贫如洗，只是投机中一枚硬币的两面，经济规律那只"看不见的手"在不知不觉间就将硬币翻动。

抑制过度投机泡沫。泡沫是金融危机的前兆，纵观世界各国金融危机，前期都与郁金香危机如出一辙，大众追求一夜暴富，社会在投机奇迹中狂欢。但是，泡沫总会被刺破，之后就是痛苦的衰退、萧条，甚至影响一国长远发展。因此，要持续加强市场监管，坚决抑制过度投机，遏制泡沫野蛮生长，保持经济长期健康平稳有序发展。坚决整治严重干扰金融市场秩序的行为，严格规范金融市场交易行为。加强社会信用体系建设，健全符合我国国情的金融法治体系。

防范化解金融风险。金融安全是国家安全的重要组成部分，防止发生系统性金融风险是金融工作的永恒主题。党的十八大以来，我国防范化解重大金融风险取得重要成果，但在国内外多种因素作用下，金融风险仍处于易发多发期。因此，要把主动防范化解系统性金融风险放在更加重要的位置，科学防范，早识别、早预警、早发现、早处置，着力防范化解重点领域风险，着力完善金融安全防线和风险应急处置机制。统筹处理好金融创新和风险管控的关系，确保市场秩序与公平。

做优做强实体经济。实体经济是财富创造的根本源泉，是现代化经济的坚实基础，是国家强盛的重要支柱。只有拥有坚实发达的实体经济，才能在风云变幻的国际经济中站稳脚跟。因此，必须坚持把发展经济的着力点放在实体经济上，推进新型工业化，加快建设制造强国、质量强国、航天强国、交通强国、网络强国、数字中国。金融要把为实体经济服务作为出发点和落脚点，把更多金融资源配置到经济社会发展的重点领域，更好满足人民群众和实体经济多样化的金融需求，促进经济高质量发展。

资料来源：宋艳丽，荷兰"郁金香泡沫"：1637年人类史上第一次金融危机，《学习时报》，2023年7月21日第A2版，有改动。

案例讨论

1.1637年荷兰的郁金香危机，反映了资本主义哪些矛盾？

2.通过郁金香危机，谈谈你对实体经济与金融之间关系的理解。

3.郁金香危机，对当前我国经济发展有哪些启示？

第九章　资本主义的历史地位和发展趋势

　　导论：习近平总书记强调："时代在变化，社会在发展，但马克思主义基本原理依然是科学真理。尽管我们所处的时代同马克思所处的时代相比发生了巨大而深刻的变化，但从世界社会主义500年的大视野来看，我们依然处在马克思主义所指明的历史时代。这是我们对马克思主义保持坚定信心、对社会主义保持必胜信念的科学根据。马克思主义就是我们党和人民事业不断发展的参天大树之根本，就是我们党和人民不断奋进的万里长河之泉源。背离或放弃马克思主义，我们党就会失去灵魂、迷失方向。在坚持以马克思主义为指导这一根本问题上，我们必须坚定不移，任何时候任何情况下都不能动摇……世界格局正处在加快演变的历史进程之中，产生了大量深刻复杂的现实问题，提出了大量亟待回答的理论课题。这就需要我们加强对当代资本主义的研究，分析把握其出现的各种变化及其本质，深化对资本主义和国际政治经济关系深刻复杂变化的规律性认识。当代世界马克思主义思潮，一个很重要的特点就是他们中很多人对资本主义结构性矛盾以及生产方式矛盾、阶级矛盾、社会矛盾等进行了批判性揭示，对资本主义危机、资本主义演进过程、资本主义新形态及本质进行了深入分析。这些观点有助于我们正确认识资本主义发展趋势和命运，准确把握当代资本主义新变化新特征，加深对当代资本主义变化趋势的理解。对国外马克思主义研究新成果，我们要密切关注和研究，有分析、有鉴别，既不能采取一概排斥的态度，也不能搞全盘照搬。同时，我们要坚持把自己的事情办好，不断发展中国特色社会主义，不断壮大我国综合国力，充分展示我国社会主义制度的优越性。"[①]本章结合习近平总书记相关论述，收集相关案例，供学生讨论和思考。

案例一　无形经济崛起后的当代资本主义

无形经济崛起后的当代资本主义，出现了诸多新情况、新问题，值得当代中国马克思主义经济哲学深入探究。英国经济学者乔纳森·哈斯克尔等所著的《没有资本的资本主义——无形经济的崛起》，提出了"有形经济"和"无形经济"两个重要范畴，值得我们深入思考和研究。它对我们认识当代资本主义发展的趋势和内涵，有着一定的借鉴意义。

220

何谓"有形经济"和"无形经济"

何谓有形经济？用经济学话语来说，资产是指可以触摸的实物，而投资是指建造或购买实物资产。这样的物品经济是工业革命以来，人类积极打造的原子式资本经济时代的总特征。实体性、物质性、物品性是该时代交换经济的哲学内涵。一切经济活动，都围绕着追求可触摸实物多寡的中心议题而竞争。因此，所有的资产、资本、财富等隐喻着一种权力，即对一定数量可触摸到的实物的占有或支配。

何谓无形经济？它是经济活动中的"暗物质"，不是实物，而是由意念、知识和社会关系构成的经济要素。实物资产一次只能在一个地方使用。相比之下，无形资产通常可以同时在多个地方反复使用。虚拟性、意象性、倍增效应是这种比特式的资本经济时代的哲学内涵。应当说，人类进入互联网时代以来，随着数字要素对生产力的浸入，经济活

[①]《习近平谈治国理政》第二卷，外文出版社，2017年版，第66—67页。

动的要素变得主要依赖非物质事物，如数据、符号、图像、知识产权、创意、软件等。与有形经济不同，那些你摸不着的无形经济，不论是从竞争及风险，还是资产的评估，都使我们对当代资本主义有了全新认识。原子式的传统生产型社会，正在向比特式的消费型社会过渡。马克思恩格斯在《德意志意识形态》中特别强调唯物史观的分析方法：考察资本主义社会发展的现代性过程，工业史、货币史、交换史、交往史的分析方法是十分必要的。对资本主义的分析与批判，是从观念论出发，还是从实践论出发，这是马克思当年最关心的问题，对于我们今天研究当代资本主义的无形经济仍然具有指导意义。

无形经济崛起给当代资本主义带来新变化

首先，有形经济范畴的提出，是否意味着一种历史哲学的考量。有形经济代表着一种经济学认知的传统。其次，是否可以如此大胆求证，亚当·斯密开创的经济学理论应属于有形经济的思考？如果成立，无形经济范畴的提出，是否意味着一种新的经济哲学世界观的到来？人类经济生活的哲学范式，已经进入"完全抽象的意象经济学"时代？在高科技的作用下，无形经济变得高度抽象、高度理性、高度智能。从摸得着的传统物品经济流转，到摸不着的智能化数字运动，可以断言，这是后现代主义经济学的一种特有征兆。它的出现，也深层次地反映了人类自由自觉创造历史、追求历史进步的秉性。

我们依据这两个范畴作出一个重要判断，西方资本主义400多年发展的历史，可以划分为两种形态：以有形经济为主的资本主义，包括17世纪早期资本主义、18世纪工业革命时期的资本主义、19世纪自由竞争的资本主义、20世纪垄断的资本主义；随着新技术革命的兴起，尤其是1971年美元金本位制度解体（布雷顿森林体系解体）意味着资本的虚拟形式越来越多样化，资本的虚拟化程度也越来越高，以无形经济为主的金融化资本主义诞生。21世纪，资本主义发展最典型特征表现为金

▲
▲
▲

融化资本主义、科技资本主义、数字化资本主义。它们之间相互渗透，相互作用，共同指认一个总特征：无形经济崛起后的当代资本主义。笔者以为，这是我们当前认知当代资本主义的一个重要提示。

实际上，无形经济的最初表达，与19世纪德国青年经济学家李斯特最早提出精神生产力的范畴相关。当时李斯特也有对精神资本的思考。直到20世纪60年代至70年代，美国未来学家阿尔温·托夫勒用三次浪潮的理论来表达信息文明与工业文明的不同。他指出："一旦我们认识到第二部类可计算的生产（和生产力），和第一部类无法计算的生产（和生产力）这个无形经济之间的强大紧密关系时，我们就被迫重新对这些关系作出解释。早在上世纪六十年代中期，美国经济研究局经济学家维克托·富克斯意识到这个问题。他指出服务行业的兴起，使传统的衡量生产力的方法已经过时。富克斯说：'消费者的知识，经验，诚实和动机，影响着服务行业的生产力。'"托夫勒已预感到第三次浪潮的经济学应当关注人的个性结构的性质本身、计算机模式和矩阵等非实物要素的影响。美国学者丹尼尔·贝尔在他的《后工业社会的来临》一书中也谈论了无形经济的问题。他认为，后工业社会出现了五种变化：（1）经济方面：从产品经济转变为服务性经济；（2）职业分布：专业与技术人员阶层处于主导地位；（3）中轴原理：理论知识处于中心地位，它是社会革新与制定政策的源泉；（4）未来的方向：对科技的控制以及技术评估；（5）制定决策：创造新的"智能技术"。

随着互联网时代的到来，非物质事物具有愈来愈重要的经济意义。社会学家热衷于谈论"网络社会"和"后福特主义"经济，经济学家开始思考如何将研发和因此产生的构想纳入他们的经济成长模型中。剑桥大学学者科伊尔以《无重量世界》为书名非常简洁地概括了这种经济体。有作家就暗示，人类将很快进入"靠无形事物过活"的时代。2002年，在世界经济学一次重要的学术会议上，不少经济学家感兴趣的话题是，如何确切测量各种所谓新经济投资要素等无形经济问题。后来重大的国际财务事件发生了，全球市值最高的公司微软，其资产的认定使众人惊讶：2006年，微软的股票市值约为2500亿美元。但若看看微软资产的负债表，该公司资产账面价值约为700亿美元，其中600亿美元是现金和各种金融工具。厂房和设备等传统资产的价值为30亿美元，仅仅占微软总资产的4%和公司市值的1%，显得微不足道。以传统的资产会计法衡量，微软是一个现代奇迹，被西方学者称为"没有资本的资本主义"。

无形经济的崛起，带来了当代资本主义发展的新情况、新问题、新原理，主要呈现出如下变化。

第一，资本主义社会财富总量有了巨大提升。有形财富和无形财富的累加。除了机器、厂房、设备、土地、矿山、公路、机场等有形资产外，还包括芯片、软件、金融工具及衍生产品、人力资本、知识产权、数字标识、商品和公司品牌等无形资产。财富空间放大，财富存在的形式多元复杂。人们发现，随着美国实体经济的衰落，社会实物财富的贡献率愈来愈小，占比社会财富的总量也愈来愈小，而无形经济带来的虚拟财富占比愈来愈高。无形经济一方面有着财富发展的倍增效应，另一方面却又存在着"财富过山车"的风险效应，客观上使资本主义国家政治、经济始终处在重大波动和风险危机中。

第二，资本的剥削形式和剥削程度，变得更加难以量化、难以精准把握。无形经济带来了传统有形实物资本向无形虚拟资本的过渡和运动：一是股权制带来了资本与劳动关系的定位复杂多变，雇佣与被雇佣关系，变成股权分享的关系，由一对一的主客体关系，变成多对多主体间性的关系。委托代理、项目合作、平台挂靠等形式打破了传统的劳动人事制度。合同诚信变成一切关系的前提。剩余价值、剩余时间、剩余劳动因工作时空的弹性变化，变得难以衡量、难以确认。二是无形经济产业的劳动主体是白领阶层，他们受无形资本的剥削程度最直接、最隐蔽、最深重，因而异化最明显。英国学者福克斯曾依据一系列的全球大型上市公司案例研究，撰写了著作《数字劳动与卡尔·马克思》，书中揭示了数字媒体的劳动力成本，考察了资本主义信息通信技术（ICT）

公司剥削人类劳动的方式，以及这种剥削对工人的生活、身心健康的影响。这部著作被大家称为21世纪媒体版的《资本论》。

不可否认，无形经济的崛起，并没有证伪马克思《资本论》的经济哲学经典判断。当代资本主义社会仍然实存着致命矛盾，那就是资本的内在否定性，个人资本动力学机制与生产社会化的全球发展趋势之间的矛盾对立不可调和。

无形经济崛起对经济哲学研究的启示

加强对当代资本主义的研究，分析把握其出现的各种变化及其本质，根本武器应当是马克思主义政治经济学批判学说的在场和出场。应当看到，无形经济的崛起，人类越来越通过范畴、符码、数字、图像等理性工具的运用，达到自身存在的高度自觉与自信。但是，这又引来了另一个严重的人的异化问题："形式化人类"和"人类的形式化"。亚里士多德的形式因对质料因的主动性、能动性、统摄性，使人类越来越远离"原始丛林的本能行为"，而与各种形式化的工具理性越来越近，这是人类自身进化的一大进步。但是，对符号、符码、数字、芯片的依赖越来越严重，较大地限制了现代人的自由、自主，为生命价值的实现带来了极大障碍。人对人的伤害更加精准，人对第一自然的摧残更加不可逆。"人类的形式化"表现在：在现代性的规制下，数字资本逻辑对人类生存逻辑的宰制更加快捷、更加精准、更加隐蔽、更加肆无忌惮。灵性的人类被锻造成追逐数字资本利益的"钢铁侠"，如比特币疯狂炒作掀起的金融狂飙等。

中国式现代化道路的顶层设计，为人类走出极端形式化迷宫提供了新的方案。创新、协调、绿色、开放、共享的新发展理念，是我们党在深刻总结国内外发展经验教训的基础上形成的，它集中反映了我们党对经济社会发展规律认识的深化。发展务必以坚持人民至上原则为宗旨，既追求经济效益，也注重社会效益，最终实现经济效益与社会效益的有机统一。这与以资本为轴心的资本主义社会有着根本区别。特别值得指出的是，中华优秀传统文化有着深厚的人性论哲学反思底蕴，如关爱生命意识、超越物我精神、天人合一的境界、共同体意识等。它能够为"人类的形式化"生存遭遇提供开解之道。

资料来源：张雄，无形经济崛起后的当代资本主义，《光明日报》，2022年7月18日第15版，有改动。

案例讨论

1.无形经济崛起给当代资本主义带来了哪些新的变化？这种变化对资本主义意味着什么？

2.如何运用马克思主义政治经济学基本原理对无形经济进行分析？

3.如何理解数字资本的逻辑？

案例二　三百年大变局，资本主义会终结吗？

西方民主与自由经济均面临危机

民粹主义的兴起是近些年来国际政治光谱中的焦点，远至拉美国家陷入"中等收入陷阱"，近至美欧国家选举或政治发展中"意外"连连，皆被人归咎于此。民粹主义被说成是西方民主危机的集中表现，它的源头始自经济全球化中未获益者不满情绪的上升，这种不满通过公投或选举的方式一浪高过一浪地表达出来，最新也最强烈的一次，就是特朗普战胜希拉里当选美国总统。因此，民粹主义如一把双刃剑，一面指向全球化时代的经济发展，另一面指向西方民主制度。

西方政治制度和资本主义形态从来都是并辔而行或者说是一对双胞胎，西方民主制就是自由市场经济在社会领域的一种表达。过去300年来，资本主义经济模式与现代民主制度交替推挽着西方社会向前滚动。当以英国为代表的工业生产和贸易模式不再能推动资本主义全球发展时，美国接棒前行，把世界经济推进到了金融资本主义时代，西方现代民主制也随之达到顶点。

可以说，美式金融资本主义是资本主义的最高阶段，当年总面积达3300平方公里的大英殖民帝国，也没能达到如此的广度和深度。无论国土多大，大英帝国版图都有可感边界，而美国的金融资本主义，在冷战结束后则可谓无远弗届，遍及全球。其他国家即使拥有领土、法律、军队、政府等一切主权形式，但凡美元所及之处，都被不同程度的美式资本主义所覆盖。美国将金融资本主义的能量发挥到了极限，其标志就是全球化。

物极必反。现在，美国推动的金融资本主义出了问题，原因就在于它过度依赖虚拟经济。当全球实体经济每年GDP总规模只有70多万亿美元时，资本全球流动的规模竟高达2000万亿。如此一来，实体经济如何支撑虚拟经济"钱生钱"的游戏？所以，当金融资本的全球性流动这种资本主义模式走到尽头时，世界经济也就走到了它的转折点。

与此同时，西方民主制度同样开始了由盛及衰的过程。这套制度在面对封建体制、为追求社会公平正义而战时生机勃勃，但在随后金融资本的贪婪、贫富差距的拉大中，原初的动力和能量慢慢耗尽，现在已俨然是身染沉疴的老人。西方体制内越来越多的政党早已忘记这套体制的初衷，更多考虑如何上台，实现自己的政党利益，其结果就是把原本追求效率的民主制度变成令人绝望的扯皮制度。

面对制度困境，西方国家非但没能抱团修复，反而各自为政越走越远，就连西方一度以为可以"终结历史"的普世价值也因此受到威胁。美国总统特朗普公布的移民禁令虽然遭遇波折，但它意味着美国未来一定会在普世价值观上倒退。因为难民或移民政策的根基就源于西方普世价值。民主、自由、人权等普世价值要素中的后两项，均涉及人的自由迁徙与生存保障。如果特朗普推出严苛政策限制甚至遣返移民，那么美国作为普世价值的灯塔形象将会逐渐坍塌。

美国在普世价值观上的倒退并非其首创，而是对欧洲的追随。英国脱欧公投的部分原因，就在于英国人想自主制定本国移民政策，拒绝被欧盟尤其是争当欧盟道义旗手的默克尔绑架。在难民问题折磨下，欧盟国家的"反动"思潮愈发强烈，未来不排除更多国家脱欧的可能。如果欧盟瓦解，各国自主制定本国移民政策，那将意味着强调自由流动的申根协定终结，整个西方都会从普世价值观上倒退，民主制度的吸引力亦将式微。

资本主义社会形态将逐渐被新形态取代

这样一来，西方引以为豪的两个方面都将面临崩盘，一是给西方经济带来长期发达的自由经济模式，二是西方民主制度及其背后的普世价值观。这就是西方现在面临的世纪危机，同时也预示着整个人类社会在300年后又面临新的变局。资本主义主导的时代或将结束，新的社会形态将取而代之，就像300年前资本主义取代封建制度一样。

只是很多人并未意识到这种即将到来的变化，他们认为西方300年来的资本主义理念已经够用，依然习惯性地认为西方人定义的民主、自由、人权等就是人类共同的目标。问题是300年的人类社会实践已证明，民主、自由、人权这套理念过于虚幻，唯一可具体操作的，不过是三权分立、多党制以及票选政治这些在互联网时代明显过时的工具和方式。

互联网的普及，正在改变我们曾经习惯的一切，包括社会制度。它为人类提供了大数据云计算特别是区块链技术等更为精确的工具，因而有利于我们建立更实际也更容易实现的目标。更重要的是，它从经济和政治两个方面都对资本主义体制形成不可修复的冲击，因而给即将取而代之的新社会形态带来破旧立新的机会。

经济方面，互联网在世界经济面临转折的关键节点，提供了可资新社会形态利用的思路和概念。在以往传统社会模式中，国家之间都以你死我活、成王败寇的零和博弈规则争夺利益。但现在互联网时代的经济强调合作协调、互利共赢。为什么"众筹"模式会被发明出来？其中部分原因就在于，这种方式抛弃了投资人和大资本，从而使过去300多年来"资本为王"、由资本决定社会财富最终归属这一人类不公平不正义的历史结束。

政治层面，互联网也为人类社会带来崭新前景。西方民主制度建立之初，资产阶级主要通过两大工具对抗封建王权：一是政党政治，二是报纸传媒。前者是其力量组织模式，后者是其民众动员方式。靠着这二者，资产阶级完成了对封建王权的革命。成功之后，这种模式就构成了西方资本主义的基本政治模式，其中，政党制和舆论监督是所谓民主制度的两大要素。

但在今天，互联网作为一种新经济也是新政治工具，正在逐渐实现对新社会力量乃至全体社会成员的赋权。这里既包含新组织模式又包含新动员方式。这种新工具的出现，使传统西方民主政治模式顿显陈旧。当每个互联网移动终端都是可以随时随地表态的投票器时，四年一次的票选民主，显然已完全跟不上互联网政治的前进速度。

这就是互联网时代。互联网本身天然支持多元化而非霸权，因为它的特性就是扁平化和去中心化，进而实现去权力化，最终支持的就是多元化和多极化。这种多元化多极化恰是中国的主张。因此，这场大时代的变局为中国提供了机会，我们既不应沉浸于自身传统的老思路中，也不应完全接受西方那一套。这种思维软化状态更有利于新理念的创造和形成。

社会形态一定会继续向前演进，只是任何新的形态或潮流都要有其理论原点。在这一点上，面对未来，善于虚心学习的中国，更有希望。但仅有希望还远远不够，还需有意识地去探索和创造。

资料来源：乔良,三百年大变局,资本主义会终结吗?《环球时报》,2017年2月6日第14版,有改动。

1.资本主义是否已经走到尽头,即将终结?

2.互联网对西方资本主义的政治、经济产生了哪些影响?

3.中国道路为未来社会形态的发展变化提供了哪些新的探索?

案例三　当代资本主义政治经济学的拓新与 习近平经济思想的创新

习近平经济思想中涵盖的对当代资本主义政治经济学的研究,是21世纪马克思主义广义政治经济学发展的显著标志。

进入21世纪以来,以美国为首的国际垄断资本主义在全球的霸权地位持续衰退;美国帝国主义霸权地位赖以支撑的经济、政治、文化和军事等因素,受到多方面的冲击而陷于困境。2008年以来,受国际金融危机的持续影响,世界主要工业化国家经济低迷,国际金融市场跌宕起伏,国际经济交往特别是国际贸易和国际投资命运多舛。2017年以来,经济全球化逆流泛起,一些国家保护主义和单边主义盛行,地缘政治风险和冲突愈加显露。当代资本主义政治经济学研究的根本问题,不再是国际垄断资本霸权地位是否正在衰落的问题,而是伴随这一不可避免的衰落过程国际垄断资本主义的新变化及其本质特征和历史趋势的新课题。

首先,要从21世纪时代发展的新变化中,深刻理解关于当代资本主义的政治经济学研究的重要性。2017年9月,习近平在谈到继续推进马克思主义中国化时代化大众化问题时指出:"发展21世纪马克思主义、当代中国马克思主义,必须立足中国、放眼世界,保持与时俱进的理论品格,深刻认识马克思主义的时代意义和现实意义"。对于21世纪马克思主义政治经济学的发展,要"立足中国",深化中国特色社会主义政治经济学研究；同样要"放眼世界"，拓新对当代资本主义的政治经济学研究。对于当代资本主义的政治经济学研究，习近平指出："世界格局正处在加快演变的历史进程之中，产生了大量深刻复杂的现实问题，提出了大量亟待回答的理论课题。这就需要我们加强对当代资本主义的研究，分析把握其出现的各种变化及其本质，深化对资本主义和国际政治经济关系深刻复杂变化的规律性认识。"推进21世纪马克思主义广义政治经济学的发展，是习近平经济思想研究的重大课题。

其次，在当代资本主义的政治经济学研究方面，《资本论》仍然有着重要的指导意义。2016年5月，习近平在哲学社会科学工作座谈会的讲话中指出："有人说，马克思主义政治经济学过时了，《资本论》过时了。这个说法是武断的。远的不说，就从国际金融危机看，许多西方国家经济持续低迷、两极分化加剧、社会矛盾加深，说明资本主义固有的生产社会化和生产资料私人占有之间的矛盾依然存在，但表现形式、存在特点有所不同。"一个不争的事实就是："国际金融危机发生后，不少西方学者也在重新研究马克思主义政治经济学、研究《资本论》，借以反思资本主义的弊端。"对于当代资本主义的政治经济学研究，要坚持《资本论》科学原理和科学精神相统一的原则。在对法国学者托马斯·皮凯蒂撰写的《21世纪资本论》一书评价时，习近平对该书"用翔实的数据证明，美国等西方国家的不平等程度已经达到或超过了历史最高水平，认为不加制约的资本主义加剧了财富不平等现象，而且将继续恶化下去"的观点表示赞赏，但对该书的"分析主要是从分配领域进行的，没有过多涉及更根本的所有制问题"的倾向提出质疑，强调"马克思主义政治经济学认为，生产资料所有制是生产关系的核心，决定着社会的基本性质和发展方向"。脱离资本主义生产资料所有制关系及其经济关系"总体"，只从分配上来谈资本主义经济关系的矛盾及其发展取向，在理论上显然是有偏颇的。

第三，要从大历史观上，树立历史辩证法的科学理念，深刻理解关于资本主义的政治经济学在21世纪发展主题的特征。习近平提出："世界上的事物总是有着这样那样的联系，不能孤立地静止地看待事物发展，否则往往会出现盲人摸象、以偏概全的问题。正所谓'有无相生，难易相成，长短相形，高下相倾，音声相和，前后相随'。在观察社会发展时，一定要注意这种决定和被决定、作用和反作用的有机联系。"在对当代资本主义的政治经济学研究中，要深刻领悟马克思恩格斯关于"两个必然"和"两个决不会"历史辩证法的观念。习近平指出："马克思、恩格斯运用社会基本矛盾推动社会发展的规律，对未来社会发展作出了科学预见。《共产党宣言》提出：'资产阶级的灭亡和无产阶级的胜利是同样不可避免的。'这就是'两个必然'，是就人类历史总的发展趋势而言的，是历史规律的必然指向。这里还要说到马克思提出的'两个决不会'，马克思说：'无论哪一个社会形态，在它所能容纳的全部生产力发挥出来以前，是决不会灭亡的；而新的更高的生产关系，在它的物质存在条件在旧社会的胎胞里成熟以前，是决不会出现的。'""两个必然"揭示的是社会主义取代资本主义趋势的历史必然性，"两个决不会"探索的是社会主义取代资本主义过程的内在规定。显然，"两个决不会"不是对"两个必然"的否定，而是从过程演进中对"两个必然"的完善。习近平认为："马克思的这一重要论点，可以帮助我们理解为什么资本主义至今没有完全消亡，为什么社会主义还会出现苏联解体、东欧剧变那样的曲折，为什么马克思主义预见的共产主义还需要经过很长的历史发展才能实现。"

第四，坚持马克思主义政治经济学基本原理和方法论，并不意味着排斥国外各种经济理论的合理成分。习近平认为："我们要坚持去粗取精、去伪存真，坚持以我为主、为我所用，对其中反映资本主义制度属性、价值观念的内容，对其中具有西方意识形态色彩的内容，不能照抄照搬"；应该清楚的是，"经济学虽然是研究经济问题，但不可能脱离社会政治，纯而又纯。在我们的经济学教学中，不能食洋不化，还是要讲马克思主义政治经济学，当代中国社会主义政治经济学要大讲特讲，不能被边缘化。"

第五，要高度重视对当代资本主义经济关系新情况和新问题的研究，特别是对当代资本主义经济关系的本质特征和规律性问题的研究。习近平指出，特别要加强对资本主义结构性矛盾以及生产方式矛盾、阶级矛盾、社会矛盾等进行批判性揭示，对资本主义危机、资本主义演进过程、资本主义新形态及本质进行深入分析，对这些方面问题的深入分析中形成新理论和新观点，"有助于我们正确认识资本主义发展趋势和命运，准确把握当代资本主义新变化新特征，加深对当代资本主义变化趋势的理解"。

正是在马克思主义政治经济学科学精神和科学方法的结合中，习近平对关于当代资本主义的政治经济学的基本问题作出深入探索和研究，其中涉及以下 10 个主要方面：一是当代资本主义基本矛盾的变化及其特征问题；二是新工业革命和科学技术进步与当代资本主义发展问题；三是资本主义经济演进过程及"新形态"问题；四是资本主义国家经济发展长期低迷趋势及其根源问题；五是国际金融市场关系的作用及其变化问题；六是资本主义经济关系中阶层分化和就业、失业问题；七是资本主义经济关系中的贫困化和两极分化问题；八是新兴工业国发展及其与当代资本主义关系问题；九是当代资本主义经济危机的变化及其性质问题；十是资本主义结构性矛盾以及生产方式矛盾、阶级矛盾、社会矛盾问题。

"马克思主义政治经济学要有生命力，就必须与时俱进。"无论是在对资本主义还是对社会主义的政治经济学研究中，"我们既要立足本国实际，又要开门搞研究。对人类创造的有益的理论观点和学术成果，我们应该吸收借鉴，但不能把一种理论观点和学术成果当成'唯一准则'，不能企图用一种模式来改造整个世界，否则就容易滑入机械论的泥坑"。在总体上，习近平指出："哲学社会科学要有批判精神，这是马克思主义最可贵的精神品质。"

资料来源：顾海良，习近平经济思想与21世纪马克思主义政治经济学，《马克思主义与现实》，2022年第4期，有改动。

（案）（例）（讨）（论）

1.如何运用马克思主义政治经济学基本原理研究当代资本主义?

2.习近平经济思想对研究当代资本主义有何指导意义?

3.当代资本主义有哪些新变化，新原理?

第九章　资本主义的历史地位和发展趋势

▲
▲▲
▲